LA RÉPUBLIQUE DU FOOT

Clément Pernia
Jean-Baptiste Guégan

LA RÉPUBLIQUE DU FOOT

PAS LE MÊME PARTI, MAIS LA MÊME PASSION

AMPHORA

À ma fille, à ma femme
et à nos proches qui nous supportent.

À tous ceux qui sont là.

Une pensée pour nos pères
et pour tous ceux qui sont partis.

À Francisco, pour son match.
Et à tous les autres.

SOMMAIRE

Avant-propos 11

1. Le football est politique 15

2. Politisation du football, footballisation des esprits 27

3. Une affaire de présidents : du chapeau de Gaston Doumergue à François Mitterrand 49

4. Une affaire de présidents : Chirac, président des footballeurs 69

5. Une affaire de présidents : le trio des amateurs et le corps des présidents 81

6. Sarkozy-Macron : PSG-OM, le classico du pouvoir 93

7. François Hollande : un discret passionné 107

8. Assemblée nationale, terre de foot 117

9. Manuel Valls, De Barcelone à Paris, «le foot est la vie» 137

10. Zemmour, vert de nostalgie 155

11. Le football est-il extrême-compatible? RN-LFI, même combat? 165

12. Karl Olive : ici, c'est Poissy! 181

13. Une gilet-jaunisation des tribunes? 197

14. Qui c'est les plus forts, évidemment, c'est les Verts? EELV face au football, de l'ignorance à l'absence 225

15. L'équipe de France des présidents 245

16. Les Bleus, une affaire d'identité et de sincérité 269

17. Où sont les femmes au pays de l'égalité? Genre, foot et politique 289

18. L'état du football français 317

Remerciements 331

Ce que je sais de la morale,
c'est au football que je le dois.

Albert Camus

Quand on gagne,
on a toujours raison.

Carlos Bilardo

AVANT-PROPOS

Diego Maradona est mort. Pour certains, le football est mort avec lui. Ses gestes et ses inventions ont émerveillé la planète entière, le temps d'une époque. Il n'y aura plus jamais de Diego Maradona, bien qu'il existe un certain Lionel Messi. *El Pibe de oro* n'était pas qu'un footballeur de génie, comme son héritier en sélection. Il est un péroniste assumé, ayant grandi dans un bidonville de la banlieue de Buenos Aires et revendiquant toujours plus de justice sociale en Argentine, mais aussi à travers le monde. Proche de Fidel Castro, devenu son «second père», et soutien d'Hugo Chávez le Vénézuélien, Maradona était un gaucher radical. En football, en politique.

La plupart des grands leaders de gauche latino-américains ont eu grâce à ses yeux avec, en toile de fond, le rêve de mettre fin à l'impérialisme américain. Toute sa vie, longue de soixante ans, le petit, trapu, aux bouclettes noires, n'a eu de cesse de mêler sa carrière de footballeur à ses engagements idéologiques.

Difficile de trouver une once d'équivalence à ce mélange des genres. Mais elle existe. L'Argentin était unique. Sócrates aussi. Beaucoup ne connaissent pas le Brésilien.

Il est la preuve incarnée que le football est une injustice. Éliminé au second tour du Mondial 1982 et par les Bleus de Michel Platini quatre ans plus tard, «le docteur» aurait mérité sa coupe du monde. Pour tout ce qu'il a apporté.

Au football, aux côtés de Falcao et Zico, avec le brassard de capitaine sur le bras, il donnait vie au ballon, par les talonnades dont il avait le secret.

À la vie, lui, l'artisan de la démocratie, en pleine dictature militaire brésilienne. Diplômé en médecine, il initie, avec quelques camarades, la démocratie appliquée au football, au sein des Corinthians. Toutes les décisions sont débattues puis votées. Une vraie réussite et une influence politique unique pour un joueur de foot. Le mot «démocratie» est floqué sur leurs maillots : l'idéal de Sócrates restera à tout jamais ancré dans l'histoire brésilienne.

La relève de ces grandes figures semble aujourd'hui moins incarnée, et surtout moins prononcée. Il y a bien Raí, petit frère de Sócrates et connu en France pour avoir été le capitaine emblématique du PSG à la fin du XXe siècle. L'ancien numéro 10 parisien est très impliqué au sein de la Fondation Gol de Letra, qu'il a fondée en 1998, et vertement opposé, comme Juninho, au président de son pays Jair Bolsonaro. Il est un homme engagé, il participe aux manifestations pour venir en aide aux plus démunis. Il refuse de voir son Brésil sombrer, comme face à la pandémie et à l'exploitation de l'Amazonie, et souhaite poursuivre le combat de son frère aîné, en faveur de la démocratie et des libertés.

Grand sur le terrain et en dehors, «*Captain Raí*» est de la génération X, un quasi-baby-boomer. Il poursuit son combat, mais qui sont leurs héritiers, au Brésil, en France, dans le monde? Éric Cantona en fait partie, mais il est bien seul avec Marcus Rashford et George Weah. Il y a Lilian Thuram, Vikash Dhorasoo ou encore Cristiano Lucarelli, mais ils ne sont pas légion.

Le joueur de foot se veut plus éloigné de la politique. C'est trop dangereux. L'image, la communication, tout est sous contrôle. L'entourage, les agents, les conseillers. Ils barricadent. Le moindre faux pas, à l'heure des réseaux sociaux, peut être fatal. Kylian Mbappé se veut engagé. Plus que ses prédécesseurs Platini ou Zidane, il assume, au moins dans une certaine mesure, de parler.

Engagements, identité, conflits, amour de la France. Le jeune prodige veut être un exemple. Il n'a jamais été comme les autres et le prouve dans sa communication. À 22 ans, il s'affirme en tant qu'homme. Ses convictions se dessinent. «Un grand sportif se doit d'être engagé», dit-il dans *L'Obs*. «Les Américains sont fiers d'être Américains. Pourquoi les Français ne sont-ils pas fiers d'être Français?» Mbappé est différent. Peut-être, après sa carrière, le retrouvera-t-on en politique?

L'autre versant de la montagne est, lui aussi, un vrai sujet. Quelle relation entretiennent nos représentants, nos dirigeants politiques avec le sport le plus populaire au monde? Au fil des époques, des générations et de l'avènement du football moderne, vous verrez que l'importance prise par le football dans les décisions politiques a évolué. L'intérêt de nos responsables aussi. Ailleurs, on sait l'affection que portait le roi d'Espagne Juan Carlos Ier pour le Real Madrid, la passion mise par Silvio Berlusconi dans l'AC Milan ou encore l'amour que voue le prince William pour le club d'Aston Villa. Chez nous, Nicolas Sarkozy est le plus affiché, éternel supporter du Paris Saint-Germain. Rares sont les rencontres au Parc des Princes où il n'est pas présent. François Hollande est fou de foot, mais beaucoup de gens l'ignorent. Manuel Valls pourrait vous parler des heures de son club, le FC Barcelone. Emmanuel Macron? Il a choisi l'OM, pour la vie. Plus largement, la politique semble totalement décorrélée du football en France.

Deux mondes antinomiques. Comme si l'intérêt politique pour le foot était moins présent que chez nos voisins occidentaux. En tout cas plus réservé, plus masqué, presque plus secret. Mais qu'est-ce qui explique cette absence d'expression? Est-ce un déficit culturel? Une volonté délibérée? Comment, dans ce contexte, nos hommes politiques exercent-ils leur passion? D'où vient-elle et comment voient-ils le football d'aujourd'hui et de demain? Les footballeurs ont-ils un rôle politique à jouer? *La République du foot* ne vous a pas livré tous ses secrets.

1

LE FOOTBALL EST POLITIQUE

« En France, tout est politique. Même le sport. »

Ces mots sont de François Hollande et, dans le cas présent, c'est de football qu'il parle. Évidemment, il n'est pas le seul à le dire. De Mickaël Correia, l'auteur d'*Une histoire populaire du football* (La Découverte, 2018) en passant par Lilian Thuram, l'émir Al Thani, Francis Lalanne ou Nicolas Sarkozy, l'unanimité est criante. N'en déplaise à quelques-uns. Le football est politique et il n'y a pas à transiger.

À l'instar du sport en général, le football a « toujours été pris "dans le filet des idéologies", aussi bien dans les dictatures que dans les pays de démocratie libérale », comme a pu l'écrire l'historien Ronald Hubscher. Ceux qui vous disent le contraire mentent ou montrent leur incompétence. C'est vous qui voyez. À moins qu'ils ne participent à un mythe bien commode : celui de l'apolitisme et de la neutralité du football, un mythe qui arrange tout le monde, à commencer par Gianni Infantino[1] ou Sepp Blatter[2], des références en la matière[3].

Mais revenons-en au ballon rond et à sa dimension politique. Jorge Alberto Valdano, l'ancien joueur et entraîneur argentin, est lyrique quand il en parle : «De toutes les choses qui n'ont aucune importance dans la vie, le football est celle qui compte le plus.» Et l'on serait tenté d'aller plus loin en reprenant les mots cent fois rabâchés de l'ancien manager de Liverpool, Bill Shankly, pour qui «le football, ce n'est pas une affaire de vie ou de mort. C'est bien plus important que cela.»

QU'EST-CE QUI PEUT L'EXPLIQUER ?

Le football est éminemment politique parce qu'il traverse les sociétés, transcende les clivages, les appartenances et les différences, tout en les soulignant au passage.

Kylian Mbappé s'avère un observateur attentif du *beautiful game*. Pour notre attaquant précoce préféré, «le football est plus qu'un sport, il suffit de voir l'impact qu'il a sur la société. Les gens viennent au stade pour oublier leur vie pendant quatre-vingt-dix minutes, et c'est à nous de nous charger de leur donner satisfaction, de les faire se lever de leur chaise pour qu'ils s'endorment avec des

1 Actuel président de la FIFA.
2 Ancien président de la FIFA.
3 Dès 1966, Jean Meynaud expliquait déjà dans *Sport et Politique* que l'apolitisme du sport et sa supposée neutralité sont en fait des constructions idéologiques et pratiques, plus qu'une réalité avérée.

étoiles plein les yeux.» Spectacle sportif de premier plan, le football est plus qu'un jeu collectif, un sport que l'on pratique, que l'on regarde ou une économie qui fait rêver. C'est «la bagatelle la plus sérieuse du monde», l'une des dimensions les plus minorées de nos vies[4].

Le football est donc une affaire importante, politique à souhait.

Le ballon rond l'est d'autant plus qu'il s'impose comme une affaire d'engagement(s), de loyauté, d'identification et d'identité. Comme l'a si justement écrit Eduardo Galeano, «dans sa vie, un homme peut changer de femme, de parti politique ou de religion, mais il ne change pas de club de football».

Du village jusqu'à l'État-nation, le football est ancré dans les territoires. Il les représente, il les incarne et les donne à voir. Il participe à la construction du sentiment d'appartenance à une communauté et à une société, quelle qu'en soit l'échelle. Les clubs et les sélections en délimitent les géographies, les représentations, les relations, leurs évolutions, mais aussi les appartenances.

La dénomination des stades et des clubs en est un bon indicateur. Le football est empreint de l'histoire des lieux et des hommes qui les habitent, les bouleversent et les traversent. On ne compte plus les stades Léo Lagrange, par exemple. Sous le Front populaire, le socialiste fut sous-secrétaire d'État aux sports et à l'organisation des

4 Christian Bromberger, *Football, la bagatelle la plus sérieuse du monde*, Pocket, 2004.

loisirs. Son action est fondamentale dans notre histoire sportive nationale, d'autant qu'il s'opposa aux Jeux de Berlin de 1936 en soutenant les Olympiades populaires de Barcelone. Donner son nom à un stade de football l'inscrit dans cette histoire partagée, une histoire que l'on entretient par le sport.

Le Red Star en est un autre archétype. La politique s'invite dans toutes ses composantes, du nom du club jusqu'à celui donné au stade ou à ses tribunes. Le stade Bauer qui accueille ses matchs renvoie au docteur Jean-Claude Bauer. Ce médecin juif et communiste était un résistant qui paya de sa vie le prix de ses engagements. Arrêté par la police française, il est fusillé en 1942 mais il reste dans l'imaginaire collectif et politique de Saint-Ouen par son nom. Rino Della Negra [5] a connu le même sort. La tribune d'honneur de Bauer lui rend hommage et immortalise le parcours de ce jeune ailier, membre du groupe Manouchian et fusillé au mont Valérien en 1944. Or, Saint-Ouen est historiquement une ville populaire de gauche longtemps dirigée par la SFIO et le PC avant que Karim Bouamrane n'en devienne le maire. Les exemples ne manquent pas, du stade Pierre-Mauroy à Lille au stade Gaston-Petit à Châteauroux, qui rend hommage à l'ancien maire de la ville, la toponymie n'est jamais anodine.

Nommer, c'est prendre parti. Au sens le plus politique du terme. C'est d'ailleurs l'une des difficultés qu'a le *naming*

5 Jean Vigreux et Dimitri Manessis, *Rino Della Negra, footballeur et résistant*, Libertalia, 2022. Éric Carpentier, « Rino Della Negra ou la réalité devenue mythe », *So Foot*, 5 février 2019 : https://www.sofoot.com/rino-della-negra-ou-la-realite-devenue-mythe-465691.html.

pour s'imposer en France. Changer le nom d'un stade, c'est remettre en cause l'histoire du lieu, ses mémoires et le sentiment d'appartenance qui lie un territoire, une communauté et l'imaginaire qui les accompagne.

FIERS DE NOS COULEURS

Au-delà des noms, il en va de même pour les maillots que l'on porte et les couleurs que l'on supporte. Demandez à Fabrice Fiorèse. Ils sont autant des signes distinctifs que des marques d'appartenance. Tout symbole a une dimension politique. Rien n'est fortuit, rien n'est innocent. Comme l'a rappelé l'arrivée par drone du drapeau de la Grande Albanie en plein match lors de la rencontre Serbie-Albanie qualificative pour l'Euro 2016 qui se jouait à Belgrade. Véritable provocation, l'incident a déclenché une bagarre générale sur le terrain et l'hystérie des supporters serbes interrompant définitivement le match[6].

Ce qui vaut pour les sélections vaut aussi pour les clubs. Parce qu'ils sont fiers de leurs couleurs et de l'endroit d'où ils viennent, les Parisiens hurlent : «Ici c'est Paris» au Parc... et ailleurs. Simples supporters à distance ou ultras venus de Baille ou de la Canebière, les Marseillais imposent leur hymne «Aux Armes» à leurs adversaires. Mais, s'ils n'ont pas la même passion, ils se retrouvent

6 « Euro 2016 : le match Serbie-Albanie, interrompu par un drone, se termine en bagarre générale », Les Sports, 14 octobre 2014 : https://www.dhnet.be/sports/football/euro-2016-le-match-serbie-albanie-interrompu-par-un-drone-se-termine-en-bagarre-generale-543d85ca3570102e508f6f68.

pourtant sous le même maillot tricolore. Les Bleus transcendent souvent les rancœurs et la détestation entre adversaires héréditaires. En 1998 comme en 2018, sur les Champs-Élysées, on était d'abord Français avant d'être Parisien, Stéphanois ou Marseillais.

Ce qui est vrai en France l'est plus encore ailleurs. Fidèles à l'idée d'argentinité, les supporters de Boca et de River s'affrontent toute la saison par équipes interposées. Ils ne se fréquentent pas lors des *asados*[7], mais se retrouvent sous le maillot national. La mort du dieu Maradona l'a rappelé. L'ancien joueur d'Argentinos, Boca et Newell's a porté les couleurs de Buenos Aires et de Rosario, il s'est expatrié, et pourtant il a rassemblé derrière lui plusieurs générations d'Argentins. De la revanche symbolique de la guerre des Malouines face aux Anglais, lors des quarts de finale de la Coupe du monde 86, au titre mondial, en passant par ses frasques et l'espoir qu'il suscita en reprenant la sélection, il est l'un des visages de l'Argentine. Au même titre qu'Eva Perón, Jorge Luis Borges ou le Che, Diego fait partie des figures qui font l'unité et l'identité *albiceleste*[8].

La majorité des sélections reprend et décline les couleurs de leur drapeau national. Marqueur des États-nations et objet de ralliement des communautés nationales, la tunique des sélections a toujours du sens. Souvenez-vous du maillot de l'Ukraine lors du dernier Euro. Il a fait

7 *Asado* est le nom donné au barbecue argentin typique.

8 Eduardo Archetti développe le sujet dans trois articles «Masculinity and football : the formation of national identity in Argentina», « And give a joy to my heart. Ideology and emotions in the Argentinian cult of Maradona » et «The spectacle of a heroic life, the case of Diego Maradona», dans le livre *Game without Frontiers : Football, Identity and Modernity*, Routledge, 1994, de Richard Giulanotti et John Williams.

beaucoup parler, notamment dans la Russie de Vladimir Poutine. Ce maillot affichait la Crimée et un slogan : « Gloire à nos héros. » Des renvois clairs à la lutte des Ukrainiens pour récupérer les territoires annexés du Donbass et de la Crimée. Le président ukrainien Volodymyr Zelensky ne s'en cachait pas d'ailleurs : « Le nouveau maillot de la sélection de football ukrainienne n'est en effet pas comme les autres. Il peut choquer. Il comporte plusieurs symboles importants qui unissent les Ukrainiens. » Rien de tel pour que l'on parle de géopolitique et qu'on hurle au loup du côté de Moscou. La porte-parole de la diplomatie russe, Maria Zakharova, non sans hypocrisie, s'est ainsi fendue d'une déclaration qui a fait sourire tout le monde : « Le sport n'est pas un champ de bataille, mais de compétition, ce n'est pas une arène politique », oubliant l'usage fait par la Russie poutinienne de la Coupe du monde 2018 ou des Jeux de Sotchi[9]. Qu'on se rassure, en France, nous ne sommes pas en reste. Le football est transcourant, il transcende les clivages.

LA PASSION DE L'HUMANITÉ

C'est pour tout cela que le football est le reflet de notre société, de ce que nous sommes et de ce que nous pouvons être. Avec ses bons et ses très mauvais côtés, il concerne la cité et l'humanité tout entière. Il mobilise autant la politique intérieure que la géopolitique. Le football est

9 « Euro de foot : le maillot « politique » de l'Ukraine provoque la colère de Moscou », *Les Échos*, 10 juin 2021 : https://www.lesechos.fr/monde/europe/euro-de-foot-le-maillot-politique-de-lukraine-provoque-la-colere-de-moscou-1322557.

l'une des rares choses qui soient aussi communément partagées.

Pierre de Coubertin, l'homme des Jeux, s'en étonnait lui-même dans ses notes sur le football dès 1897[10] : « Il y a dans les mœurs, comme dans l'histoire, des conquêtes imprévues. La marche triomphale du football à travers les habitudes jusqu'alors si sédentaires de notre jeunesse française en est un nouvel exemple. Le football avait tout contre lui. » Avant d'ajouter que cela doit tenir « à la valeur intrinsèque du jeu lui-même, aux émotions qu'il procure, à l'intérêt qu'il présente ».

Chacun peut s'emparer d'un ballon pour jouer, filles comme garçons, nous l'avons tous fait. Au-delà des différences de genres, de races, de mœurs, d'origines ou de classes, et j'en passe, le football ne choisit pas. Regardez *Footeuses*[11] et *Ballon sur bitume*[12] sur YouTube, et vous le comprendrez. Que vous soyez en vétéran ou que vous usiez les terrains de five avec vos potes, l'important, c'est de jouer et de supporter ensemble.

10 « Un seul sport n'a connu ni arrêts ni reculs : le football. À quoi cela peut-il tenir sinon à la valeur intrinsèque du jeu lui-même, aux émotions qu'il procure, à l'intérêt qu'il présente? » dans Charles Pierre Fredy de Coubertin, *Notes sur le football*, 1897.

11 Un documentaire de Yard TV mis en ligne en 2020 accessible à l'adresse suivante : https://youtu.be/tzc22HXRliQ.

12 Un documentaire de Yard TV sorti en 2016, anciennement disponible sur Netflix et accessible à l'adresse suivante : https://youtu.be/FhW2CwKXsfE.

FAIT SOCIAL TOTAL ET PHÉNOMÈNE DE SOCIÉTÉ

On aurait pu interroger Drake, Dre ou encore Kendall Jenner pour le confirmer. Ce sont de grands amateurs de football et ils ne rechignent jamais à en parler. On a pourtant préféré demander à des spécialistes de sciences humaines. On a choisi les meilleurs et ils ne disent pas autre chose.

Si l'on suit le sociologue Christian Pociello, le ballon rond est à l'image du sport. Il peut «mettre en branle la totalité de la société et de ses institutions parce qu'il engage toutes ses dimensions (politiques, économiques, culturelles, sociales, technologiques) et qu'il façonne, en même temps, les diverses formes de la vie quotidienne des individus qui la composent».

Il n'y a plus qu'un pas à franchir : «Le football constitue un fait social total parce qu'il concerne, à peu de choses près, tous les éléments de la société[13].» Ce n'est pas nous qui l'affirmons, c'est l'anthropologue Marc Augé, sommité dans son domaine et auteur de *Match retour*[14].

Et c'est en cela qu'il est politique. Par essence[15].

Preuve en est : l'audience et l'attention qu'il suscite. Et les indicateurs qui le montrent ne manquent pas. Économie,

---

13 « Un sport ou un rituel ? », *Football et passions politiques, Manière de voir,* n° 39, 1998.
14 *Match retour,* Rivages, 2019.
15 Au sens grec de *polis*, la vie de la cité.

fréquentation des stades, nombre de Unes consacrées ou temps d'antenne… le ballon rond est omniprésent. Il pèse même plus que le cinéma français. Et que dire de son exposition? En 2021, année de l'Euro, le football occupait cinq des dix premières audiences de la télévision française. Il monopolisait même le podium devant les annonces d'Emmanuel Macron concernant la Covid [16]! Sans cette crise, les Bleus auraient d'ailleurs cumulé 9 des 10 plus importantes audiences télévisuelles de tous les temps, entre les victoires de 1998 et 2018 et les Euros 2000 et 2016. Aucun autre événement positif ne rassemble aussi largement. Albert Camus écrivait qu'«il n'y a pas d'endroit dans le monde où l'homme est plus heureux que dans un stade de football». Et c'est encore plus vrai lorsqu'il s'agit de le regarder au travers de nos écrans. Si ce n'est pas avoir le «monopole du cœur»…

LE FOOTBALL, CATÉGORIE POIDS LÉGER

Comme le disait Machiavel, «tout n'est pas politique, mais la politique s'intéresse à tout» dès lors qu'on pèse dans le *game*.

La crise de la Covid nous a montré que, si le football était politique, il ne comptait pas tant que cela. Tout le monde se souvient de la Une de *L'Équipe* du 28 mai 2020. Barré

16 Florian Guadalupe, « Les 100 meilleures audiences de la télévision en 2021 », Pure Médias, 24 décembre 2021 : https://www.ozap.com/actu/les-100-meilleures-audiences-de-la-television-en-2021/611892.

d'un «Comme des cons» mémorable, le journal illustrait la faiblesse politique du football français.

Roxana Maracineanu l'a dit froidement. Le sport et le football, en premier lieu, ne sont pas prioritaires dans notre société. Face à la situation sanitaire, sa prise de position n'a rien de scandaleux. Elle est juste révélatrice de la hiérarchie des enjeux et de notre rapport au jeu. Or, à l'instar de la Belgique, des Pays-Bas, du Luxembourg et de... Gibraltar, la France s'est empressée d'arrêter toutes les compétitions. Privant les Français d'une respiration, nos dirigeants et notamment le premier d'entre eux sont allés à rebours de leurs voisins et concurrents européens.

La France a beau avoir des idées, elle n'a pas su faire ce que la NBA et les vrais grands championnats européens sont parvenus à faire : des bulles sanitaires respectueuses des règles et des gestes barrières. Il ne restait plus qu'à regarder *The Mandalorian* sur Disney + ou les replays des grands matchs du passé. Question de mentalités, de culture sportive et de poids politique. Dominique Courdier poursuit d'ailleurs dans cette veine : «Si la situation a un peu changé depuis trente ans, le football est bien moins important chez nous que chez nos quatre grands voisins, à savoir l'Angleterre, l'Espagne, l'Italie et l'Allemagne.» La vérité est amère.

Avec cette pandémie, toute l'incapacité du football français à peser politiquement éclate au grand jour. Inaudibles, dans l'impossibilité de parler d'une seule voix ou de faire valoir ce qu'ils représentent socialement et économiquement, ses dirigeants ont illustré à merveille la fameuse «spécificité française». Celle d'un championnat qui se veut membre d'une élite européenne à laquelle il n'appartient manifestement pas : le fameux Big 5 européen[17].

Notre football a le poids politique que l'on mérite.

17 Les cinq plus grands championnats européens : la Serie A italienne, la Bundesliga allemande, la Premier League anglaise, la Liga espagnole et la Ligue des champions française.

2

POLITISATION DU FOOTBALL, FOOTBALLISATION DES ESPRITS

«Le sport est un phénomène de civilisation tellement important qu'il ne devrait être ni ignoré ni négligé par la classe dirigeante et les intellectuels [18].» Pour les intellectuels, il y a encore du chemin à faire. Trop vulgaires, trop populaires, le sport et le football demeurent pour beaucoup illégitimes. Le temps où on se cachait pour lire *L'Équipe* n'est pas (encore) révolu même si ça change.

Pour ce qui est de la classe politique, a contrario, le message de Pasolini est clairement passé. On n'ira pas jusqu'à dire qu'il a été bien compris. En tout cas, il a été entendu : le football constitue un sujet, un moyen et une opportunité.

---

18 Pier Paolo Pasolini, *Les Terrains : écrits sur le sport*, Le Temps des Cerises, 2012.

LE FOOTBALL, C'EST LA PUISSANCE ET LE POUVOIR

Sa politisation est une «*long story*». D'emblée, le football prend une place croissante dans les sociétés qui se construisent au cours du xxe siècle. Il accompagne l'affirmation de la démocratie parlementaire, du capitalisme et des nationalismes. Ici comme ailleurs.

À mesure que l'on investit le sport de vertus, qu'on le transforme en «école de dignité» [19], le football devient un symbole et un marqueur politique. Celui d'une action ou d'une ambition. De l'heure des grands récits collectifs jusqu'à aujourd'hui, il s'affirme d'ailleurs comme le meilleur des alliés pour le pouvoir.

Depuis l'usage qu'en firent Videla ou Mussolini, la boucle ne s'est jamais vraiment refermée. Que l'on pense à Nicolas Sarkozy, à Viktor Orban en Hongrie ou à la pression mise par Donald Trump pour sécuriser l'obtention par les États-Unis de la Coupe du monde 2026, le football a servi à tout. Les présidents de la FIFA le savent mieux que quiconque. Demandez à Gianni Infantino pourquoi il est allé reprendre le trophée de la CAN 2022 des mains des joueurs pour le faire monter jusqu'à Paul Biya, le président du pays hôte, le Cameroun.

---

19 Discours prononcé à l'occasion de la remise des prix de l'Académie des sports, Institut de France, Maurice Druon, 1996 : https://www.academie-francaise.fr/discours-prononce-loccasion-de-la-remise-des-prix-de-lacademie-des-sports-institut-de-france.

Instrument de storytelling ou de *personal branding*[20], élément de stratégie ou de *nation building*, objet de diplomatie publique ou de *nation branding*, son usage recouvre tout l'éventail des possibles.

Le meilleur pour en parler, c'est Vladimir Poutine. Il a coché toutes les cases en organisant la Coupe du monde 2018. Et il n'est pas dit qu'il n'en soit pas de même du côté de Doha, de Djeddah ou de Beijing dans les années à venir.

Dès lors qu'il permet de conquérir, d'imposer ou de conserver le pouvoir, le football est au garde-à-vous. Même Mouammar Kadhafi a su en profiter[21]. Ainsi s'est-il servi du football pour faire gagner la Libye en visibilité et en légitimité. De ses investissements dans la Juventus qui embarrassent encore le club aujourd'hui à l'accueil de la CAN en 1982 ou de la Supercoupe d'Italie, il n'a reculé devant rien. À l'inverse de Saadi, son troisième fils, son amour du jeu n'avait rien de sincère. Bien au contraire. Au point d'écrire, dans le troisième tome du *Livre vert*, son bréviaire politique, sa détestation de l'aliénation sportive avec un certain cynisme : « Les milliers de gens qui

---

20 Le *nation building*, c'est l'idée que l'on peut créer de l'unité nationale et un sentiment d'appartenance par le sport. Le *nation branding* est différent, cela consiste à promouvoir son pays comme une marque. Le *personal branding* consiste, pour sa part, à faire la promotion d'une personne et à construire sa marque personnelle, comme on le ferait pour un produit. Par storytelling, on entend la création d'un narratif qui fonctionne comme un récit ou les histoires que l'on écoutait, enfant. Le storytelling affirme une vision du monde en la contrôlant pleinement. La diplomatie publique, c'est la diplomatie des États à visage découvert, utilisant notamment tout ce qui nourrit le *soft power*, la culture, le sport ou la langue.

21 Alexis Billebault, « En Libye, l'intérêt très calculé de Kadhafi pour le football », Jeune Afrique, 19 septembre 2020 : https://www.jeuneafrique.com/1046417/politique/en-libye-linteret-tres-calcule-de-kadhafi-pour-le-football/.

s'entassent dans les stades pour regarder, applaudir et rire sont des imbéciles qui se privent de pratiquer eux-mêmes ces activités. Ils se pressent dans les gradins, comme en léthargie, applaudissant ces héros qui les dépouillent de toute initiative, qui dominent le terrain, manipulent le sport et détournent à leur profit les installations mises à leur disposition par les masses.»

Un beau plaidoyer pour le football et son apolitisme qui n'est pas sans nous rappeler, plus près de nous, les efforts fournis par les États du golfe Persique, et notamment l'Arabie saoudite.

En France, tout est toujours différent, à l'image de la Coupe du monde 1938 organisée en pleine «marche à la guerre» et aujourd'hui presque «oubliée». Si elle est devenue aujourd'hui incontournable, la politisation du football a donc mis du temps à s'imposer. Elle est à l'image de notre culture et de notre histoire sportives. Complexe, tardive. Chaotique. Le football n'a que peu servi la République et la grande politique. Il est resté l'affaire des terroirs et des partis, des barons locaux et des mairies.

On aurait pu penser que cela allait mettre la pression sur nos footballeurs et engager une récupération nationale qui ne s'arrêterait plus. Il n'en a presque rien été. Face aux résultats, faire profil bas s'est imposé. L'équipe de France qui brilla en 1958 ne devait rien à la jeune Ve République. Ce fut pareil pour le Reims des Kopa, Fontaine, Hidalgo et Piantoni. Il y eut bien Saint-Étienne ou encore Bastia en Coupe de l'UEFA. Mais on ne fait pas campagne avec la défaite comme programme.

Quant à la victoire et à ses profits, il a fallu attendre les décennies 1980 et 1990 pour en découvrir la saveur politique, entre l'Euro 84 et le trophée brandi par Michel Platini sous le regard de François Mitterrand et la victoire de l'OM de Bernard Tapie. Et puis, évidemment, il y a 1998 mais on y reviendra.

LE FOOTBALL DE DON CAMILLO ET D'ALFRED WAHL, UNE AFFAIRE LOCALE

Pour comprendre la politisation du football, rien de mieux que de demander à nos hommes et à nos femmes politiques. Après tout, c'est eux qui s'en servent. Et ce sont ceux qui en parlent le mieux. «Entre le football et la politique, il y a de nombreux points communs», si l'on en croit Sarah Akanji, l'ancienne joueuse suisse, aujourd'hui engagée au sein du Parti socialiste suisse, le SP. «La politique, comme le football, est un combat. Mais en politique, la compétition est plus opaque[22].»

Jean-François Lamour, l'ancien ministre des Sports et double médaillé d'or olympique de sabre, est plus explicite encore. «Vous avez des hommes et des femmes politiques qui aiment vraiment le foot. Par définition, un politique représente les hommes et les femmes qui l'ont élu. Il doit représenter sa population. Parmi elles, il y a des gens qui aiment le foot. C'est donc normal qu'un politique

22 Patrick Oberli, « En football, la "neutralité" est un message politique », TdG, 26 juin 2021 : https://www.tdg.ch/en-football-la-neutralite-est-un-message-politique-238279771082.

s'intéresse à un point d'intérêt de sa population. Après, il le fait plus ou moins intelligemment.»

Pour l'ensemble de la classe politique, les liens entre le jeu et l'action politique sont nécessaires et indissociables. Pour ceux que nous avons lus ou interrogés, la course du ballon est politiquement responsable, en plus d'être un magnifique moyen d'existence et d'influence.

Prenons un exemple pour mieux comprendre : Don Camillo. Oui, oui, le film en noir et blanc où Fernandel s'est illustré. Tout le monde a vu (et revu) *Le Petit monde de don Camillo*. Multidiffusé depuis son premier passage télévisé, ce film de 1951 a été tourné par Julien Duvivier. Longtemps cantonné à la seule prestation de Fernandel, il nous intéresse au premier plan. Il nous montre la lutte d'influence entre l'Église et le Parti communiste dans l'Italie d'après-guerre au travers de la «querelle de clocher» entre Don Camillo, le curé local, et Peppone, le maire communiste d'un village perdu au cœur de la plaine du Pô, Brescello.

Or, ce que l'on oublie souvent, c'est que le film fait du football un enjeu dramatique et politique. Lorsque le Dynamo de Peppone affronte la Gaillarde de Don Camillo, c'est toute l'histoire du *calcio* italien [23] qui est soulignée sans le vouloir pleinement.

23 « La véritable histoire du match entre Don Camillo et Peppone ! », *So Foot*, 25 septembre 2018 : https://www.sofoot.com/blogs/marxist/la-veritable-histoire-du-match-entre-don-camillo-et-peppone-149246.html.

L'histoire de *Don Camillo* nous renvoie à l'essor du football dans la péninsule après la Libération. Durant ces années, les volontés politiques de l'Église catholique et du Parti communiste s'opposaient. Tous deux visaient à enrôler à leur profit la jeunesse italienne en se servant du sport et donc du football, le sport roi, pour affirmer leur autorité et leur influence sur la sphère sociale.

Le ballon rond est un témoin et un moyen de cette politisation, comme l'a montré Fabien Archambault dans son ouvrage *Le Contrôle du ballon : les catholiques, les communistes et le football en Italie, de 1943 au tournant des années 1980* [24]. Avec cette histoire dont on peut retrouver le pendant en France, c'est toute l'idée de l'usage du football par le pouvoir politique local qui ressort. Le ballon rond est un « champ d'affrontement entre notables » et un « marchepied pour l'accession au pouvoir [25] ».

La vraie politisation du foot, ne nous en cachons pas, elle vient d'en bas et du plus petit échelon politique, l'échelle municipale.

UNE RELATION NÉCESSAIRE ET LIBREMENT CONSENTIE

Au niveau des communes et des communautés, investir dans le football est utile pour conquérir ou conserver le

24 *Le Contrôle du ballon*, École française de Rome, 2012 : https://hal.archives-ouvertes.fr/hal-00730501.
25 Alfred Wahl.

pouvoir. C'est un «vrai atout politique» pour les élus, selon l'universitaire Michel Koebel[26], coauteur des *Usages politiques du football* (L'Harmattan, 2011). Il «constitue une belle carte de visite pour le maire» qui peut le reprendre «à son compte pour symboliser son propre rayonnement».

Les bénéfices sont nombreux. De «l'effet vitrine» pour les communes aux profits symboliques qu'elles peuvent tirer de leurs investissements en passant par leur attractivité, la valorisation de leur identité ou leur «honneur». Songez à Guingamp, Gueugnon, Auxerre ou Chambly et vous comprendrez le retour sur investissement. Que ce soit en Ligue 1 ou en Ligue 2, la visibilité change du tout au tout. Elle passe de 1 à 100 pour ces villes qui sont loin d'être des métropoles. C'est la force médiatique du football. Et malheur aux vaincus.

Les prestations en coupes produisent le même allant. Qui connaissait Carquefou, Les Herbiers ou Quevilly avant leurs belles performances en Coupe de France? Entre marketing territorial, reconnaissance nationale et appartenance identitaire, les «petits poucets» y gagnent une notoriété à la mesure des émotions procurées. Il n'y a même pas besoin de gagner aux tirs au but ou de bousculer l'adversaire par son engagement.

Seule la victoire est belle, a-t-on coutume de dire. En l'occurrence, comme l'explique Michel Koebel, de telles stratégies ne reposent pas uniquement sur le gain du match et la seule performance sportive. «En honorant les sportifs,

26 « Le sport, cet atout politique des maires », The Conversation, 20 novembre 2019 : https://theconversation.com/le-sport-cet-atout-politique-des-maires-127059.

le maire peut espérer les fidéliser, développer leur attachement à la commune et honorer celle-ci en retour, tout en justifiant sa politique sportive. » On comprend ainsi pourquoi les maires reçoivent avec tant d'enthousiasme et d'emphase leurs champions de France ou, cerise sur le trophée, nos glorieux champions du monde. Bombardés citoyens d'honneur, les joueurs reçoivent les clefs de la ville. Ces cérémonies attestent autant de la performance de champions d'exception qu'elles assurent au maire des retombées profitables. Rebaptiser les terrains ou donner leur nom au nouveau stade qui va sortir de terre n'est qu'un autre pan d'une même politique. On comprend dès lors pourquoi il est important de recevoir les vainqueurs en grande pompe, au balcon des municipalités, devant la presse locale. Ou pourquoi des parades en bus à impériale sont organisées en ville. Ce qui vaut pour l'Élysée vaut bien pour Marseille, Lyon ou Lille.

Ce faisant, l'élu n'est pas dupe et nous non plus. Il est question de valoriser son action, « les identités locales » et d'en retirer des retombées politiques et symboliques[27]. Ça ne sert pas toujours mais, en tout cas, ça ne nuit pas.

Parfois, cela ne fonctionne pas comme on le voudrait. À Froges, Olivier Giroud a d'abord refusé que le stade du FOC porte son nom pour que l'ancien maire, Marius Marais, qui avait tant œuvré pour la ville, ne soit pas

27 Michel Koebel, « Le sport, enjeu identitaire dans l'espace politique local », *Savoir/Agir*, vol. 15, n° 1, 2011, p. 39-47 : https://www.cairn.info/revue-savoir-agir-2011-1-page-39.htm.

oublié [28]. Jusqu'à la victoire des Bleus en Coupe du monde qui a amené le maire à insister et l'attaquant français à changer d'avis. À Bondy, les choses furent plus compliquées. C'est l'ancien maire socialiste, Sylvine Thomassin, qui a participé au retour surprise du champion sur ses terres. Et pas le maire LR Stephen Hervé qui n'était ni au courant ni convié. Celui-ci a dénoncé «un acte de campagne» et une «instrumentalisation politique» alors que sa prédécesseur a déposé un recours en annulation des élections municipales auprès du Conseil d'État, un recours accepté et qui conduira à de nouvelles élections en janvier 2022 [29]. Ambiance.

Ce qui vaut pour les élus vaut aussi pour les présidents de clubs qui aspirent à le devenir. Manuel Valls nous le confirme. «Quand un président de club gagne une coupe, un championnat, etc., ça peut lui permettre au niveau local de s'imposer et de passer à un niveau supérieur, les trophées en football et le fait de posséder des clubs, ce sont des accélérateurs de carrière.» Dorénavant, vous regarderez peut-être autrement les visites de nos

28 « Sur les terres d'Olivier Giroud, à la source d'un succès collectif et familial », Ma Ville par *Ouest France*, 21 juin 2021 : https://saint-brieuc.maville.com/sport/detail_--reportage.-sur-les-terres-d-olivier-giroud-a-la-source-d-un-succes-collectif-et-familial-_54135-4693896_actu.Htm.
Bastien Thomas, « Froges aura son "stade Olivier Giroud" », *Le Dauphiné*, 17 juillet 2018 : https://www.ledauphine.com/isere-sud/2018/07/17/froges-aura-son-stade-olivier-giroud.

29 « Après la visite surprise de Kylian Mbappé à Bondy, le maire dénonce une "instrumentalisation politique" », France Info Sport, 17 novembre 2021 : https://www.francetvinfo.fr/sports/foot/kylian-mbappe/apres-la-visite-surprise-de-kylian-mbappe-a-bondy-le-maire-denonce-une-instrumentalisation-politique_4848713.html.
Hajera Mohammad, « Bondy : le Conseil d'État annule les dernières élections municipales », France Bleu, 22 novembre 2021 : https://www.francebleu.fr/infos/politique/bondy-les-elections-municipales-sont-annulees-1637592968.

champions sur leurs terres ou les prochaines remises de l'Hexagoal, le trophée de notre bonne vieille Ligue 1. Le désintéressement n'a pas cours quand il s'agit de célébrer le football... et nos élus.

Redonnons la parole à Jean-François Lamour, l'ancien complice de Jacques Chirac. Fort de son expérience, il soulève les limites de toute récupération : «Quand un maire d'une commune investit quelques millions d'euros dans la construction d'un stade, il le fait parce que sa population le demande, parce qu'il voit un intérêt à ce qu'une équipe représente sa commune et, enfin, il y voit un intérêt personnel. Attention, parfois, ça peut se retourner contre lui. J'ai le souvenir d'un maire d'une grande commune, respecté, qui me disait : "Tu te rends compte, je suis obligé, car mon club remonte en première division, de répondre aux spécificités de la Ligue nationale de rugby et j'en ai encore pour 10 millions." Mais il savait aussi que ça répondrait aux attentes d'une partie de sa population. Vous avez des hommes et des femmes passionnés par le foot. D'autres le sont moins mais le font, car c'est leur rôle. Après, vous avez une petite frange de ces hommes et femmes qui tentent à tout prix de récupérer mais, en général, ils ne connaissent rien, donc ils se font massacrer. L'avantage des sportifs et des gens, c'est qu'ils sentent si le type a un fond de sincérité ou pas.» Le cardinal de Retz était plus poli : «On ne sort de l'ambiguïté qu'à son détriment.»

LA QUESTION DE LA RÉCUPÉRATION EN EST-ELLE VRAIMENT UNE ?

Le milieu politique serait donc récupérateur. L'idée reçue s'est imposée comme une évidence. Tous ceux que nous avons rencontrés ont pourtant été unanimes. Comme au poker, on paie pour voir. Parfois, on gagne, mais, avant tout, il faut être sûr de sa mise. «Il faut prendre son risque» pour paraphraser Emmanuel Macron, l'expert du foot olympien.

S'il y a des tentatives de récupération, elles s'avèrent souvent contre-productives ou vaines. En France, la récupération politique du football n'est ni pérenne ni rentable. Elle est surtout dangereuse pour ceux qui s'y essaient sans savoir. Cédric Villani allait souvent au «parc Saint-Germain», rédhibitoire quand on veut devenir maire de Paris. Nathalie Kosciusko-Morizet, Rama Yade ou encore Christine Boutin ont aussi payé pour le savoir. N'est pas Nicolas Sarkozy qui veut.

La sincérité est nécessaire lorsqu'on parle de football, cela change tout. Tous nos interlocuteurs partagent le même avis : il s'agit d'être constant et connaisseur ou il vaut mieux se taire. Ils en font presque un commandement politique.

Les supporters sont intelligents et maîtrisent l'histoire du jeu et de leur club. Parler de football sans savoir, c'est présumer le contraire. Se moquer des électeurs et les mépriser n'a jamais fait changer une enquête d'opinion ou gagner une élection. Bien au contraire. En le faisant, vous êtes sûr de marquer contre votre camp. Dans le doute, il convient de s'abstenir... et, quand il s'agit de football, de se taire.

UNE AFFAIRE DE SINCÉRITÉ OU DE CALCULS ?

Alors, évidemment, vous aurez toujours cette tentation et ce fantasme de la récupération. Pour longtemps encore, il planera au-dessus des victoires des Bleus comme des défaites de nos clubs. Le football offre toute la dramaturgie nécessaire à une petite phrase bien sentie ou à une bonne polémique. Son récit récurrent chaque semaine, sa dimension identitaire et passionnelle et son exposition médiatique sont de précieux atouts pour tout politique en mal de notoriété.

Plus que tout autre sujet, parler de football, a fortiori de manière clivante, offre du temps d'antenne. En pleine guerre de l'attention, il est parfait pour faire du buzz et mobiliser les audiences sur les réseaux. Il suffit de regarder qui prend position sur le football en ce moment pour se convaincre que la tentation de la récupération est une affaire qui n'est pas près de cesser. Des Verts jusqu'au RN, c'est d'abord l'affaire des opposants.

Comme d'autres politiques, Manuel Valls en est pleinement conscient. Il nous en parle justement en prenant l'exemple de nos voisins : «En Espagne, ils font très attention. Peu de politiques se montrent avec le football. Mais la presse joue le jeu aussi. C'est à vous, journalistes, de détecter ceux qui sont vraiment passionnés, ceux qui en jouent. Je pense que la passion de Nicolas Sarkozy vis-à-vis du foot est sincère. Et son attachement au PSG est réel aussi. Je ne l'ai pas entendu parler de foot tout le temps, non plus. Autre exemple, François Hollande est un dingue de foot. Il connaît les joueurs, il y a joué, il a même cru qu'il était un bon joueur», ajoute-t-il dans un rire partagé. «Quant à moi, j'assume d'en parler. J'en ai marre du regard qui dit : "Tout ce qu'ils font ou disent est insincère." Les sujets que je connais moins, je n'en parle pas. Sinon, ça se voit tout de suite que l'on n'y connaît rien... Le foot est une passion depuis longtemps... Comme tout le monde, j'ai fait mes collections de vignettes Panini. Et, en plus, je n'ai pas de nostalgie sur le sujet. Je ne vais pas vous dire que le foot d'avant était mieux. Non, il est différent, il évolue. Il y a la télé aussi qui rend agréable de regarder un match autrement. Je me passionne toujours autant pour le foot. Certes, on peut dire qu'il y a du pognon, trop d'argent, etc. Mais je suis toujours autant passionné et cela se voit.»

ET SI C'ÉTAIT POUR LE BIEN DE TOUS ?

Dans le débat sur la récupération politique du football, le député du Cher, François Cormier Bouligeon, a joué une carte à laquelle on ne s'attendait pas. Celle qui consiste à assumer l'instrumentalisation et la politisation du jeu. «Pour le politique, le football est une opportunité de faire avancer des causes et de s'appuyer sur la mobilisation des joueurs et des acteurs pour pousser des causes comme la question des Ouïghours en Chine, la prévention contre l'alcool ou la lutte contre le racisme et l'homophobie.»

Pour lui, «la footballisation des enjeux et la politisation du terrain ne sont pas forcément des problèmes. Ils sont une opportunité pour le personnel politique et les débats de société [...].» À l'heure de la Coupe du monde au Qatar et des problèmes que ne parviennent à résoudre ni la FIFA ni le CIO, il ajoute que «l'État a un rôle à jouer» dans ce cas-là et qu'une telle stratégie «permet aussi de sortir les instances internationales et le sport du fantasme mythique d'une neutralité politique qui n'existe pas».

Le discours, loin d'être commun, mérite d'être souligné et entendu. Le football politisé peut servir des causes louables et l'action politique. On ne s'attendait pas à l'entendre si clairement.

Cette prise de position n'empêche pas d'autres difficultés. Sacha Houlié, sur le terrain, constate «une dévalorisation dans les exécutifs locaux de ce qu'apporte le football». Un désengagement coupable et aveugle aux conséquences. Il poursuit : une telle dévalorisation, «ça explique aussi les revendications communautaires. Comme il y a eu un désengagement des forces politiques, ce sont plutôt des forces idéologiques qui ont pu s'imposer.» Le football comme le pouvoir ont horreur du vide. En creux, le député de la Vienne souligne également les raccourcis faciles du monde politique face au foot : «Il y a eu une forme d'automaticité, on s'est dit après France 98 que, de toute façon, le football, ça roulait. Ensuite, il y a eu Knysna, l'accident de 2010, donc, aujourd'hui, cette mauvaise image perdure. Et on se maintient dans l'idée que le foot, c'est bien pour occuper les gamins, mais que ça n'a pas les mêmes valeurs que le rugby. J'entends souvent ça, je le déplore. Alors que le foot est plus populaire, fédérateur et embrasse une population plus importante en nombre et en proportion», s'en priver et le caricaturer ne sert personne.

L'autre tendance qui exaspère Sacha Houlié, c'est l'usage polémique que les uns et les autres font du football. Un usage politicien qui n'apporte rien. Pour lui, «les politiques doivent foutre la paix aux joueurs de football. Sauf si les footeux font de la politique et l'assument comme Vikash Dhorasoo, par exemple. Même si on a la réputation d'être tous des sélectionneurs de foot, ce n'est pas à nous de faire la composition de Didier Deschamps. Moi, je l'ai dit, ça m'est égal que Benzema chante ou non *La Marseillaise*. Par ailleurs, si les joueurs veulent s'engager contre le racisme en mettant un genou à terre, ce n'est pas un problème non plus. On a tendance à créer des problèmes là où il n'y en a pas, comme si les joueurs de foot devaient être plus exemplaires que le reste de la population. Certes, s'ils sont médiatiques, ils sont plus regardés, mais ce n'est pas pour autant que l'on attend d'eux qu'ils soient des modèles. Le vrai paradoxe, c'est que ceux qui disent qu'ils doivent être exemplaires expliquent aussi qu'ils ne doivent pas être des modèles.»

À bon entendeur, salut. «Le foot, notamment en cette année 2022, mériterait une véritable approche politique[30].»

Les états-majors s'empressent pourtant de faire le contraire. L'espoir d'une campagne de haute tenue où le football, comme le sport, serait considéré à sa juste valeur

30 « Le foot peut-il être un enjeu de la présidentielle? », 19 janvier 2022 : https://www.sofoot.com/le-foot-peut-il-etre-un-enjeu-de-la-presidentielle-509687.html.

apparaît compromis. Nicolas Kssis-Martov, le journaliste et auteur de *Terrains de jeux, terrains de luttes* (Les Éditions de l'Atelier, 2020), le déplore comme nous : « Si le foot devient un enjeu ou thème durant cette campagne présidentielle, ce sera probablement par le biais de l'instrumentalisation. Les candidats s'en empareront pour diffuser leur discours ou occuper l'espace médiatique, sans avoir à trop rentrer dans le détail. Un petit clash sur les Bleus ou la violence dans les tribunes par-ci, un débat sur les joueurs mal élevés ou "nouveaux riches" par-là, et le grand public est touché au cœur ou aux tripes[31]. »

Comme le disait Jean-François Lamour, « il ne faut pas demander au football ce qu'il n'est pas capable de donner ». Ce qui vaut pour le football vaut, hélas, aussi pour le personnel politique.

L'AVÈNEMENT DE LA FOOTBALLISATION DES ESPRITS ET DU POLITIQUE

Après avoir abordé la politisation du football, réfléchissons à l'influence qu'a le football sur la politique. C'est ce qu'on appelle « la footballisation » de la politique.

Terme barbare s'il en est, l'idée est loin d'être vaine. En tout cas, elle ne tient pas du simple concept marketing. La footballisation, ce serait le stade suprême du football, son apogée politique, son apex.

31 *Ibid.*

Pour savoir de quoi l'on parle, il nous fallait une référence, une pointure. Un expert de la question. Patrick Mignon[32] était tout trouvé. Dans un de ses articles, il explique avec précision ce qu'est la footballisation.

Le premier mouvement de la footballisation consiste à utiliser le langage du foot pour aborder et décrire ce que l'on vit. En somme, penser à des sujets qui ne sont pourtant pas sportifs en jonglant avec les mots du foot pour mieux marquer les esprits. À l'image des métaphores footballistiques qui en sont une bonne illustration. Combien de fois a-t-on entendu les opposants d'Emmanuel Macron expliquer qu'il avait «marqué contre son camp»? Thibaud Leplat s'en est fait l'écho dans la revue de l'After[33]. En 2016, Jean-Louis Le Drian, alors ministre de François Hollande, s'y est essayé. En parlant d'Emmanuel Macron qui s'apprêtait à démissionner, il l'invitait à «jouer collectif». Poursuivant la figure de style, il ajoutait : «Je fais partie d'une équipe gouvernementale et, dans une équipe, il y a un entraîneur qui est le chef de l'État qui donne le cap, qui donne la ligne. Il y a le capitaine, c'est Manuel Valls (alors Premier ministre), c'est lui qui anime l'équipe, puis il y a des joueurs qui doivent jouer collectif.» Terminant sa démonstration en bon Breton qu'il est, il ne pouvait s'empêcher de rappeler que «le meilleur joueur, s'il joue tout seul, il ne marque pas». Le temps passe vite, les opinions changent tout aussi rapidement, mais voilà un parfait exemple de ce qu'est la footballisation : elle

32 Patrick Mignon, « "Footballisation" de la politique? Culture du consensus et football en Grande-Bretagne », *Politix*, vol. 13, n° 50, 2000, p. 49-71 : https://hal-insep.archives-ouvertes.fr/hal-02045021/document.
33 Thibaud Leplat, « La footbalisation de la politique », After Foot : https://afterfoot.media/o/MagazineArticle/ma6671/la-footbalisation-de-la-politique.

consiste à filer la métaphore footballistique pour parler de politique et de choses sérieuses.

LE FOOTBALL EST PARTOUT DANS LA MATRICE

Succomber à la footballisation du langage suppose d'affadir le réel, d'affaiblir le langage qui permet de le décrire. En clair, on simplifie tout à outrance au risque de ne plus rien comprendre, en utilisant le plus petit dénominateur commun, à savoir le football. Sortir des «cartons jaunes» à tout bout de champ pour parler de sécurité ne rend service à personne. Pourtant, c'est la tendance qui monte : la novlangue footballisée s'installe. L'époque est à la footballisation du débat.

Alors, évidemment, pour certains, la tentation est grande, d'autant que la diffusion virale du propos s'avère efficace, notamment pour le pouvoir en place. Au sommet de l'État et dans les équipes de communication du Château, aux côtés des discours mémoriels façonnés par Bruno Roger-Petit, la footballisation est l'un des registres que l'on mobilise sciemment pour communiquer et diffuser ses éléments de langage.

Le président s'impose ainsi médiatiquement comme «le capitaine» de la start-up nation, le leader de «la France qui gagne». Il est celui qui «porte le brassard», celui qui prend des coups quand ce n'est pas lui qui donne le cap. Le premier des Français prend aussi les allures d'un capitaine courage quand la Covid fait rage, à la manière de Beckenbauer en 1970 lors de la demi-finale Italie-Allemagne, etc. Les exemples ne manquent pas. En mobilisant le football, les Français entendent. Et par la force de l'analogie, ils retiennent ce qui est dit. Le football a contaminé le propos politique, il a *hacké* le langage et diverti les esprits.

Le football s'impose. Le football, c'est le pouvoir. Tout est tout de suite plus simple. Plus rien ne se pense, plus rien ne se discute. La loi du football prend le pas sur l'argumentation, comme l'image sur les mots. Le but a été marqué, circulez, il n'y a plus rien à dire, sauf à diffuser. Avec la footballisation du politique, on rejoint John Ford et *L'homme qui tua Liberty Valance* : «Quand la légende dépasse la réalité, on publie la légende.»

Avec le football, on va plus loin. Nous sommes dans l'ordre du mythe, de la propagande politique dans son sens premier, presque primal. Pas besoin de mobiliser les souvenirs des régimes autocratiques, le mythe ne se discute pas. Il est comme le football, il s'affirme.

Les équipes d'Emmanuel Macron ne sont cependant pas les seules à jouer avec le langage du football comme Mourinho le faisait avec les esprits lorsqu'il était à l'Inter, à Chelsea. Les oppositions en usent autant qu'elles en abusent. Et les médias les relaient sans ciller. Sans parler des réseaux. La footballisation du langage politique est devenue la *success story* dont personne ne parle, le climax du *political branding*.

LE CHANGEMENT, C'EST MAINTENANT… PAR LE FOOTBALL ?

Le concept de footballisation, c'est aussi autre chose. Ce n'est pas simplement un nouvel opium politique, un processus d'aliénation ou de manipulation médiatique. Cette autre face de la footballisation, sa deuxième dimension, c'est le fait de penser le football comme un «moyen privilégié d'action sur la société, pour l'État ou pour les différents acteurs de la culture du football».

Qu'est-ce que cela veut dire? Parler de footballisation de la politique, c'est considérer que le football peut changer le corps social et ce que nous sommes, en raison de son influence et de son importance. Que ce soit pour lutter contre le racisme, le sexisme ou favoriser l'inclusion, le ballon servirait ainsi de modèle et de support idéal aux politiques publiques. Les fameuses valeurs.

Parler de footballisation de la politique, c'est penser que le football, de manière presque magique, permet, seul, de résoudre les problèmes de notre temps. Problème : ça ne fonctionne pas. Une victoire de l'Olympique de Marseille en championnat comble de joie ses supporters, mais elle ne remplit pas leur estomac. Or, s'il est idéal pour l'intégration des jeunes migrants, par exemple, le football ne peut pas tout. Il est à notre image. Son seul effet porte sur le stade et ses alentours. Ses limites sont claires, ce sont celles du terrain. La footballisation de la politique ne fonctionne guère. Sepp Blatter ne rêvait-il pas de devenir prix Nobel de la paix en bon politicien qu'il était devenu? C'était avant d'être sanctionné, suspendu et exclu de la FIFA.

À l'échelle mondiale, la footballisation de la géopolitique n'a jamais vraiment réussi non plus. Il suffit de demander aux Nations unies. Kofi Annan, l'ancien secrétaire général de l'ONU, s'extasiait à raison sur la capacité du football à rassembler les sociétés. « Durant 90 minutes, le peuple ne forme plus qu'une nation », disait-il[34]. Un rien idéaliste, il oubliait son côté éphémère et si dérisoire. Face aux seigneurs de la guerre, le football n'oppose qu'un ballon et la force d'une sélection. Il offre tantôt une parenthèse, parfois une trêve, mais rarement davantage. L'ex-Yougoslavie a été le mouroir tragique de cette idée[35]. Les footballeurs ne sont pas des diplomates en crampons, ils sont avant tout des joueurs et ils le demeurent. Face à la footballisation de la politique et des esprits, il est donc temps de siffler la fin de la partie. Le dernier mot revient à l'arbitre Henry de Montherlant : si « la politique est l'art de capter à son profit les passions des autres », le football n'a pas fini d'être politique.

34 Anthony Alyce, « Vers une footballisation des relations diplomatiques? », Ecofoot, 8 août 2019 : https://www.ecofoot.fr/footballisation-relations-diplomatiques-4669/.

35 Sur le sujet, deux livres sont à conseiller, *Le Football dans le chaos yougoslave* de Loïc Trégourès, paru chez Non Lieu Éditions en 2019, et *Le Dernier Penalty, histoire de football et de guerre* de Gigi Riva, paru chez Seuil en 2016.

3

UNE AFFAIRE DE PRÉSIDENTS : DU CHAPEAU DE GASTON DOUMERGUE À FRANÇOIS MITTERRAND

En politique comme en football, «la seule place acceptable, c'est la première». Ces paroles de Matt Busby, le mythique coach de Manchester United, s'accordent parfaitement avec notre Vᵉ République et son régime semi-présidentiel[36].

Entre allégorie et footballisation assumée, le ballon rond est d'abord une affaire présidentielle. Peut-être plus que les autres.

36 https://www.vie-publique.fr/fiches/38013-comment-caracteriser-le-regime-politique-de-la-ve-republique.

LE PRÉSIDENT N'EST PAS UN JOUEUR COMME LES AUTRES

Dans nos institutions, ô combien gaulliennes, l'hégémonie politique du président est semblable à l'influence des *fuoriclasse* [37] qui nous accompagnent. Une domination qu'ont renforcée l'avènement du quinquennat et le déplacement des élections législatives après l'élection suprême. Dans la Ve, comme le rappait Booba, « y'a que des 10 dans ma team ». Filons donc la métaphore pour voir jusqu'où nous conduisent les rapports de nos présidents au football.

Priorité aux créateurs. À la manière du Michel Platini des grandes heures, le général de Gaulle a dessiné la fonction avec une « certaine idée de la France » et du pouvoir. Dans le rond central, le président est à la République ce que le 10 est à l'équipe de France. La clef de voûte. La solution, plus que le problème.

Napoléon, de Gaulle, Kopa, même combat. Les Français aiment les coups d'éclat, les régimes personnels et les hommes providentiels. Loin d'être un « Français parmi les autres [38] », le président reste le plus illustre d'entre eux. Après Zinédine et Kylian.

Dans la lignée des capitaines emblématiques de la sélection que furent Didier Deschamps ou Roger Marche, le président est au-dessus des partis, comme il l'est de ses adversaires et... de ses anciens partenaires. Il incarne la

37 Un *fuoriclasse* en italien est un joueur d'exception.
38 Georges Pompidou (1911-1974) lors de sa première conférence de presse en tant que président de la République à l'Élysée, le 10 juillet 1969.

fonction avec les responsabilités qui incombent à celui qui porte le brassard.

LE FOOTBALL, C'EST COMME LA POLITIQUE, UNE AFFAIRE D'ÉQUIPE

«L'exercice du pouvoir est solitaire» sous la Vᵉ République. Le président est le dépositaire du «grand jeu». Jacques Chirac a osé un référendum sur l'Europe en 2005 comme Zizou a tenté une *panenka* face à Gigi Buffon. Avec un oui, il restait dans l'histoire. Aveu d'échec, il est entré en silence comme on entre en désespoir. L'élimination dans tous les cas est définitive. Elle signe «l'impuissance du pouvoir». Comme lors de la dissolution de 1997, le Grand Jacques avait des allures de Raymond Domenech. Le premier s'est infligé une cohabitation quand le second, sonné par un certain coup de tête, se dirigeait vers Knysna.

Si la politique est un sport de combat, ce n'est pas un sport individuel. Aux côtés de nos présidents se trouve souvent un milieu de devoir, implacable, fort dans la récupération et dur sur l'homme. Indispensable et anonyme, on ne le voit pas. Il brille dans la coulisse pour son travail de l'ombre. Ils sont les Tigana, Deschamps ou Vieira de nos présidents, leurs hommes du milieu. Qu'il s'appelle Alexis Kohler, Claude Guéant ou Jean-Pierre Jouyet, le secrétaire général de l'Élysée est à la conduite du château ce que furent nos grands 6 dans les réussites des Bleus. Des milieux défensifs. Les cartons jaunes sont pour eux.

Quant aux Premiers ministres, aux côtés du gouvernement, ils forment les autres côtés du «carré magique». Responsables devant le Parlement, ils se rêvent en milieux créateurs, en successeurs. À la manière d'Édouard Philippe, tous aspirent à être les remplaçants du président alors qu'ils sont à son service. Plus proches de l'intendant, ils sont tantôt suppléants, tantôt supplétifs. Mais ce sont avant tout des «hommes du président». De Gaulle ne disait-il pas que, «étant donné l'importance et l'ampleur des attributions du Premier ministre, il ne peut être que le mien».

UN PRÉSIDENT NE DEVRAIT PAS JOUER COMME ÇA

Le président est à l'image des plus grands footballeurs sur le terrain. Prééminent. Il est celui que l'on regarde, celui que l'on attend. Le dernier des espoirs et le premier des recours. Il remplit les salles comme les Bleus comblent les stades. Il est ce leader de terrain menant par l'exemple et par la voix. À la manière de Socrates, Paul Scholes ou encore Zlatan. Pour lui, il en va des élections comme des compétitions, tout est histoire de conquêtes. «Seule la victoire est belle» est une formule qui convient bien au président ou à celui qui le devient. Dans son cas, pas d'étoile sur le maillot, on la troque pour le collier de grand-croix de la Légion d'honneur. Aussi bling-bling qu'un footeux, c'est ça, être président.

Mi-Zidane, mi-Jupiter, le président ressemble vraiment à un footballeur. Il étale son talent et expose sa nature, différente. Il rayonne sur son terrain et impose sa volonté en bon monarque républicain. Égoïste et solaire, il est le parfait individualiste au cœur du plus intense des jeux collectifs. Attentif aux sondages comme un buteur à ses statistiques, il domine et se met en scène. Au Louvre comme au Stade de France, au Parc des Princes comme à Versailles, il cherche la lumière. Chacune de ses célébrations fait le buzz. Comme un coup d'éclat permanent.

Il est comme «la France qui vient de haut et de loin[39]» à l'image des deux buts pour l'éternité que Zinédine mit sur corner. Il n'est jamais normal. Il ne peut pas l'être après avoir été choisi par des millions de gens. Flamboyant, exaspérant, il a tout de l'artiste. Arrogant, il ne fait jamais l'unanimité. Il est «destiné à briller ou à s'éteindre».

Tacticien et parfois stratège, une obsession l'habite : remporter la victoire... et parfois se faire réélire. Quels qu'en soient le coût, les moyens. Qu'il soit «l'homme du passif» ou celui du passé, il joue toujours pour gagner sauf s'il décide de ne pas se représenter à force de trop parler. La politique, c'est comme le football. C'est un combat qui dure jusqu'à la fin du temps réglementaire. À son terme, il n'en reste qu'un. Comme dans *Highlander*. Légitimé par le suffrage, l'appel du peuple souverain vaut un rappel en sélection.

Au football comme à la présidence, la neutralité n'existe pas. Il faut être un joueur de caractère. On ne peut se

39 Discours du 4 décembre 1954, *Charles de Gaulle, Discours et messages, tome 2 : 1946-1958*, Le livre de poche, 1974, p. 650 : https://www.cairn.info/revue-parlements1-2007-1-page-99.htm#no5.

défaire. Quand le ballon arrive, il faut savoir quoi en faire. Un président n'est pas là pour plaire. Comme le disait Jacques Chirac, «un chef, c'est fait pour cheffer», comme un attaquant est là pour marquer. Même s'ils ne sont pas tous égaux devant l'histoire, nos présidents la partagent. L'occasion est donc belle de revenir sur nos présidents-footballeurs, ceux qui nous ont gouvernés.

DOUMERGUE, LE GLORIEUX ANCIEN ET PREMIER D'ENTRE EUX

Le président Doumergue, Gaston de son prénom, fut le premier en 1927 à imposer son chapeau en tribune officielle à Colombes et plus encore sur la pelouse lors du protocole d'avant-match. Non seulement, il se fera présenter les joueurs dans un rituel qui demeure encore aujourd'hui mais, en plus, c'est lui qui remettra la Coupe de France à ses vainqueurs.

Cette dixième édition entre dans l'histoire politique de notre pays sans le savoir. Le «sage de Tournefeuille» initie une tradition républicaine et présidentielle qui va rapprocher le ballon rond du «père de la nation» pour mieux les rassembler. Tous s'y plieront et c'est François Mitterrand qui sera le plus assidu des présidents avec quatorze participations successives. En imposant sa figure présidentielle à Colombes, Gaston Doumergue est en avance sur son temps. Aujourd'hui, on dirait qu'il récupère l'événement et le politise par sa présence. La réalité est tout autre, évidemment. Bien moins conscient des enjeux d'image, il élargit surtout le rôle honorifique qui était le sien en s'affichant devant les 30000 spectateurs. La presse ne s'y trompe pas. Dès le lendemain, *L'Auto*, l'ancêtre de *L'Équipe*, s'enthousiasme devant l'intérêt du président et se fend d'un « Revenez nous voir, Monsieur le Président ».

« Gastounet », de son surnom, est un amateur de sport et il s'associe d'ailleurs au sport français bien au-delà du football. En dehors de sa participation aux finales de Coupes de France, il reste celui qui a ouvert officiellement les Jeux de Paris en 1924 avant d'intervenir pour la construction de Roland-Garros.

En pionnier, Gaston Doumergue participe aussi, par sa présence active, à associer la fonction présidentielle à un événement, la Coupe de France, qui allie au sport populaire qu'est le football la méritocratie d'une épreuve créée par Henri Delaunay dix ans auparavant sur le modèle de la FA Cup [40] et l'épreuve qui symbolise le plus la France des campagnes et des terroirs avec le Tour. Comme le précise l'historien du football, Paul Dietschy, « le président qui se fait présenter les joueurs sur le terrain avant de remettre la coupe au capitaine de l'équipe victorieuse rend donc hommage à ces vertus. Tout en donnant un lustre officiel à une épreuve qui était aussi la vache à lait de la fédération. » On n'invente rien. Cela fait 95 ans que ça dure. Ce n'est pas près de s'arrêter.

40 https://www.fff.fr/competition/engagement/360548-coupe-de-france/phase/1/145-histoire-de-la-coupe-de-france.html.
Pierre Godon, « La Coupe de France, une tradition présidentielle », France Info, 28 avril 2012 : https://www.francetvinfo.fr/sports/foot/la-coupe-de-france-une-tradition-presidentielle_88565.html.

DE GAULLE ET POMPIDOU, LES GLORIEUX INCONSÉQUENTS

Sous la Ve République, les choses furent moins simples. À l'heure où le nouveau régime s'établit dans la difficulté de la guerre d'Algérie, le football français traverse «une période maudite», que vient à peine éclairer l'épopée des Bleus de Kopa et Piantoni en Suède. Michel Platini, dans l'interview incroyable qu'il donne à Marguerite Duras pour *Libération*[41], ne mâche pas ses mots. Aussi décisif sur un terrain que définitif en dehors, il insiste : «Le football n'existait pas en France [...]. De 1958 à 1972, il n'y a rien eu.»

L'ancien numéro 10 des Bleus n'exagère pas tant que ça. Les rapports au football des deux premiers présidents de la Ve République, de Gaulle et Pompidou, ne disent pas autre chose. Ils confinent au néant.

De Gaulle, c'est Cantona qui aurait rencontré Pirlo. Fier, droit et capable de prendre de la hauteur, tout en changeant le jeu comme personne, l'homme de la Libération avait tout pour réussir, balle au pied. Hélas, le football n'est ni de son temps ni de son milieu et encore moins de son âge au moment où il est rappelé par René Coty. Aucun de ses biographes n'en parle. Ni Bernard Phan[42], ni Jean

41 *Libération*, 14 décembre 1987. Interview reproduite dans le hors-série *So Foot*, « Best of culture », de 2013.

42 Bernard Phan, *De Gaulle*, PUF, 2019.

Lacouture[43], ni Éric Roussel[44] ou encore Julian Jackson[45] n'abordent la question.

Pourtant, il y a joué, adolescent. C'est en Belgique, chez les jésuites à Antoing, qu'il va s'y adonner le plus sérieusement. Il est alors en maths spé et va sur ses 17 ans. Comme le révèle Patrick Clastres, dans son article « Générations athlétiques et éducations corporelles. L'autre acculturation politique des présidents de la Vᵉ République », on le dépeint même comme un « joueur pourvu d'un shoot tellement excellent que c'est à lui qu'incombe la périlleuse mission de tirer les coups de pied de réparation ». De là à en faire un footballeur émérite, il y a un gouffre que l'on ne franchira pas. De lui, on garde souvent l'image de ce tir qu'il capta lors de la finale de la Coupe au Parc des Princes en 1967. Ce sera suffisant.

Si le Général s'est presque toujours rendu aux finales de Coupes de France, il est loin d'être un joueur invétéré et, à dire vrai, il est loin d'être un sportif tout court. Il est le produit de son milieu. Élevé dans le souvenir de la défaite de Sedan de 1870 dans un milieu conservateur, catholique et nostalgique de la monarchie, le peu de sport qu'il fait est utilitariste. Il vise à « donner au pays des générations d'hommes robustes et de soldats vaillants ». Il n'est pas question de jeux de ballon. Jamais.

« Considéré comme moins violent par l'Église catholique et plus propice à attirer les jeunes garçons vers les

43 Jean Lacouture, *De Gaulle*, 3 tomes, Seuil, 1984.
44 Éric Roussel, *De Gaulle*, Folio, Gallimard, 2008.
45 Julian Jackson, *De Gaulle, une certaine idée de la France*, Seuil, 2019.

patronages et les autels[46] », le football aurait pu accompagner plus longuement celui qui écrivit *Vers l'armée de métier*, mais « la méfiance était de mise à l'égard des sports modernes aux origines anglo-saxonnes ».

L'ART DE RÉCUPÉRER, ÇA S'APPREND

Le Grand Charles ne profite donc pas du football. Contrairement à Gaston Doumergue en son temps, il ne s'affiche pas lors du tournoi qui ouvre le premier Euro de football en 1960 disputé en France, un Euro à quatre remporté par l'Union soviétique de Lev Yachine. « L'Homme de la Libération » est en revanche un amateur du Tour de France et un véritable suiveur. Il ne boude pas son plaisir lorsqu'en 1960, le 16 juillet, le peloton pose pied à terre pour le saluer en traversant Colombey-les-deux-Églises.

Si, pour lui, le sport est « futile », Charles de Gaulle avait très bien compris ce qu'il pouvait en retirer. « La France ne pouvant être la France sans la grandeur », c'était à son rayonnement que le sport pourrait servir. Adepte d'un *soft power* sportif avant l'heure, il choisit donc Maurice Herzog comme haut-commissaire au sport pour mettre en place cette politique. Ses mots aux accents gaulliens résonnent comme un programme : « Si la France brille à l'étranger par ses penseurs, ses savants, ses artistes, elle doit aussi rayonner par ses sportifs. Un pays doit être grand par la

46 Sébastien Billard, « Les présidents et le sport : qui imagine de Gaulle en short? », *L'Obs*, 5 juillet 2017 : https://www.nouvelobs.com/politique/20170705.OBS1666/les-presidents-et-le-sport-qui-imagine-de-gaulle-en-short.html.

qualité de sa jeunesse et on ne saurait concevoir cette jeunesse sans un idéal sportif[47]. »

Du football, pourtant, de Gaulle ne dira rien. Sa plus grande force tient à « son silence qui permet à chacun de l'interpréter comme il le désire[48] ».

POMPIDOU, PLUS HOMME DE LETTRES QUE DE TERRAIN

Pompidou est parti trop vite. Il n'a pas tout montré alors qu'on en espérait tellement. S'il était un footballeur, il serait à l'image de Yoann Gourcuff : quelqu'un venu d'ailleurs et détonnant dans un univers qui ne l'attend pas.

Celui qui fut une référence pour Emmanuel Macron et l'un des mentors de Jacques Chirac avait un rapport distant au football. Pour ne pas dire totalement désintéressé. Adepte de tennis et de rugby, sa passion était l'automobile. Premier président à assister aux 24 Heures du Mans en 1972, il donna le départ de cette 40e édition en abaissant un drapeau tricolore. L'écurie Matra avec au volant Henri Pescarolo et Graham Hill allait l'emporter. Plus qu'une heureuse coïncidence. Il avait initié, en tant que Premier ministre, en 1966, le soutien de l'État à Matra Sports pour en faire un acteur mondial de la course automobile.

47 Maurice Herzog, déclaration au haut-commissariat, décembre 1959, cité dans la revue *EP&S*, 1960.
48 Julian Jackson, *De Gaulle, une certaine idée de la France*, Seuil, 2019.

Georges Pompidou avait compris l'usage du sport comme support de communication politique, et cela nettement plus que le général de Gaulle. Pour autant, l'agrégé de lettres pratiquait peu. Pire, il ne s'intéressait pas.

GISCARD ET LE FOOT : L'IMAGE PLUS QUE LA VÉRITÉ

Giscard se serait rêvé en Beckham ou en George Best. Séducteur dans les salons et brillant sur les terrains. Son expérience de président ne fut pas à la hauteur des promesses qu'il s'était faites. Plus proche de Samir Nasri et d'Hatem Ben Arfa, il allait décevoir. Jamais dans le bon tempo, à l'image de la génération 87, il en faisait souvent trop, tout le temps, ou pas assez. Toujours à contretemps. On lui doit des avancées significatives pour la jeunesse[49], la modernisation de la société française et le droit des femmes. Il a accompagné nombre d'espérances. Mais, comme de nombreux espoirs qui ne confirment pas leur talent, son échec face à François Mitterrand et son «au revoir» théâtral ont laissé à la postérité un bilan contrarié et ses seules initiales, VGE.

49 La création d'un secrétariat d'État à la Condition féminine avec, à sa tête, Françoise Giroud, l'abaissement de l'âge légal de la majorité, la légalisation de l'IVG portée par Simone Veil, le remboursement de la contraception orale, la pénalisation du viol poussée par Gisèle Halimi et le divorce par consentement mutuel sont à mettre à son crédit. Avant sa présidence, dès 1965, il fut aussi celui qui permit aux femmes de sortir de leur infériorité légale en revenant sur l'égalité maritale et la possibilité pour les femmes de signer seules un contrat de travail et d'ouvrir un compte bancaire, s'affranchissant ainsi de la tutelle de leur mari ou de leur père.

Pourtant, ce n'est pas faute d'avoir voulu incarner une certaine modernité. Personne n'a oublié cette image d'un futur président en plein match [50]. À Chamalières, la ville dont il était le maire, il s'était mis en scène. Nous sommes alors le 4 juin 1973, juste après les élections législatives et le ministre des Finances brigue la succession d'un Georges Pompidou mourant. Sans grand talent comme le témoignent ses contrôles, il joue du haut de ses 47 ans au milieu. En amateur plus qu'en vétéran. Personne n'est dupe. Entouré de ses conseillers municipaux, de commerçants et d'anonymes, il est le premier politique d'envergure nationale à marquer un penalty sous la Vᵉ République, bien avant Emmanuel Macron à Poissy. Le match arrangé se termine devant 3000 personnes par un nul et c'est à lui qu'on doit l'égalisation. Une vraie «partie de campagne [51]».

La deuxième phase de l'opération de communication politique peut commencer. Alors qu'il est torse nu dans les vestiaires – oui, vous avez bien lu –, il est filmé, suant, et interrogé comme si tout était normal. Chacune de ses réponses a la valeur d'une *punchline*. VGE n'est pas un rappeur, il est en campagne électorale.

Lorsqu'on lui demande à quelle poste il joue sur le terrain, il répond «au centre» et il ne peut s'empêcher d'ajouter qu'«un ministre des Finances, c'est un Français comme les autres». Tout est dit, ou plutôt scripté à l'avance. En France, c'est une première. Giscard est poussé par ses

50 « Giscard champion de footballeur », vidéo de l'INA : https://youtu.be/TZjA_vhqE1g.

51 *1974, une partie de campagne* est un film documentaire de Raymond Depardon.

équipes et un duo de publicitaires rassemblant Joseph Napolitan, le consultant politique qui accompagna JFK, et Jacques Hintzy venu d'Havas. Tous deux ont façonné l'image de Giscard comprenant que, sous la Ve République comme ailleurs, « on élit un homme, pas un programme ». L'usage du football s'inscrit dans ce bouleversement des codes de campagne. Et ça fonctionne. Le futur président, plus jeune que ses deux prédécesseurs, va l'emporter de 300 000 voix. Il incarne alors le dynamisme et une certaine proximité. Après sa victoire, on ne le reverra plus jamais sur un terrain.

Pour l'historien Patrick Clastres, « l'exercice de communication apparaît aujourd'hui bien archaïque, mais, à l'époque, la rupture avec les présidents précédents est réelle sur le plan de l'image ». Ce que confirme son collègue Jean Garrigues : Giscard a « anticipé ce que sera le style présidentiel du XXIe siècle et, en cela, il est quelqu'un d'innovant ».

Dans un pays qui verra les Verts, pourtant perdants, défiler sur les Champs-Élysées en 1976, le séjour à l'Élysée de Valéry Giscard d'Estaing sera marqué par l'usage du sport à des fins d'image. Dans cette France de la fin des Trente Glorieuses, au fil des sept ans de son septennat, il représente un certain conservatisme et une vision de l'élitisme qui tranche avec son envie de séduire cette France nouvelle et plus urbaine, celles des classes moyennes.

Car n'oublions pas que l'ancien élève de Gerson, dans le 16e arrondissement, a grandi « au sein d'une famille de la grande bourgeoisie parisienne, qui se vit en lisière de l'aristocratie[52] ». Et son usage du sport en est profondément marqué. S'il est le premier à utiliser le corps en politique, il délaisse immédiatement le ballon rond. Il dissimule avec ardeur sa passion pour la chasse aux grands animaux et s'affiche plutôt à skis à Chamonix ou raquettes à la main en Une de *Tennis Magazine*. Comme un écho à la France du Club Méditerranée et des *Bronzés*. S'il a gagné en 1974, sa communication sportive ne lui aura pas permis de résister aux passements de jambes de François Mitterrand, sept ans plus tard.

MITTERRAND, L'AMATEUR DISCRET

François Mitterrand était secret. Ancien gardien de but dans son enfance au collège Saint-Paul d'Angoulême entre 1926 et 1933, l'homme du *Coup d'État permanent* a un rapport au football qui dit beaucoup de ce qu'il est et d'où il vient. Avec le tennis de table et la pelote basque, le ballon rond est un marqueur d'une éducation typique de la bourgeoisie catholique et conservatrice du Sud-Ouest. Pour l'historien, « la pratique du football est loin d'être anodine idéologiquement : depuis les années 1900, les prêtres utilisent le ballon rond dans tous les patronages catholiques d'Aquitaine pour résister à la progression des

52 Sébastien Billard, « Les présidents et le sport : Giscard, le ballon pour la com, le fusil pour le plaisir », *L'Obs*, 6 juillet 2017 : https://www.nouvelobs.com/politique/20170706.OBS1745/les-presidents-et-le-sport-giscard-le-ballon-pour-la-com-le-fusil-pour-le-plaisir.html.

sports promus au même moment par les instituteurs et professeurs radicaux et socialistes », comme le rugby[53].

Le fait qu'il ait joué au football fait ainsi remonter les ambivalences et les ambiguïtés historiques d'un homme qui incarna la gauche plus que personne, tout en étant pourtant le produit d'une éducation catholique et conservatrice et d'un passé Croix-de-Feu[54]. C'est peut-être un détail pour vous, mais ça veut dire beaucoup. Si l'on ajoute son rôle trouble durant la Seconde Guerre mondiale, François Mitterrand est typique d'un joueur capable à la fois d'embrasser son maillot et de changer de camp.

Côté pelouse, il tient plus de Gordon Banks et de Didier Deschamps que de Laurent Blanc. Infranchissable sur sa *Jeunesse française*, il a gardé l'art de deviner le jeu et de le laisser se dérouler au loin pour mieux anticiper. Pelé aurait apprécié. En tacticien, il jouait tête levée, imperturbable, affrontant les polémiques comme on coupe les trajectoires. Autant président que proche du *Prince* de Machiavel, François Mitterrand incarne à merveille le monarque républicain. D'autant qu'il adorait brouiller les cartes. Durant ses deux septennats et dans sa longue quête du pouvoir, il a toujours essayé de devancer son temps tout en dissimulant son passé aussi bien familial avec Anne Pingeot que vichyssois avec René Bousquet.

53 Patrick Clastres, « Générations athlétiques », *op. cit.* : https://www.cairn.info/revue-histoire-politique-2014-2-page-73.htm.

54 Les Croix-de-feu sont un mouvement d'anciens combattants français de la Grande Guerre qui se transforme ensuite en organisation politique nationaliste.

Avec plusieurs coups d'avance sur ses adversaires comme sur les siens, il avait une certaine vision du football et du pouvoir. Diviser et déranger pour mieux régner, c'était son credo. Aujourd'hui, il serait un adepte du contre-pressing.

Michel Platini, qui a côtoyé Mitterrand au travers de l'équipe de France, le cerne bien : « C'est un homme politique qui aimait le sport – je le savais à l'époque, sans avoir entretenu de rapports personnels avec lui –, mais il en a très peu parlé dans ses discours officiels. À mes yeux, durant son premier septennat, il ne se distinguait guère de ses prédécesseurs et de la quasi-totalité des hommes politiques français pour qui le sport était le cadet de leurs soucis, à l'exception notable de Philippe Séguin. » Pour autant, le sport français s'est rarement aussi bien porté que sous ses mandats. C'est lui qui fit entrer, avec Edwige Avice, les femmes au ministère de la Jeunesse et des Sports. « C'était son choix », comme le confirme Jean Glavany[55].

Après le spectaculaire bicentenaire de la Révolution française, il s'impose comme l'un des soutiens des Jeux d'hiver d'Albertville de 1992 initiés par Michel Barnier et Jean-Claude Killy. François Mitterrand est également le premier président à profiter d'un sacre des Bleus à domicile à l'occasion de l'Euro 1984 en plus d'une médaille olympique en football aux Jeux de Los Angeles. Un vrai programme commun.

---

55 Bruno Jeudy et Karim Nedjari, *Sarkozy côté vestiaires*, Plon, 2010.

Même s'il n'a pas participé au match d'ouverture, il ne cache pas son sourire au moment où Michel Platini, le capitaine des Bleus, lève le trophée. Entouré par Jacques Chirac et Roland Dumas, tout en savourant l'instant, il sait qu'il est regardé. Mais, surtout, il comprend à cette occasion l'importance populaire et politique d'une telle manifestation et le rôle que le football peut jouer. C'est notamment pour cela qu'il valide et conforte le dossier de candidature de la France pour la Coupe du monde 1998. Une candidature que la FIFA retient le 2 juillet 1992 pour la réussite que l'on sait.

Le Stade de France aurait pu porter son nom, il s'inscrit dans la politique de grands travaux de François Mitterrand, la première pierre ayant été posée quinze jours avant la fin de son deuxième et dernier mandat. Malgré le rôle joué par Édouard Balladur dans le dossier de ce « Grand Stade » très politique, il rappelle que l'homme de Jarnac a toujours entretenu un lien intéressé avec le football français. Ainsi a-t-il assisté aux quatorze finales de Coupe de France disputées au Parc des Princes sous ses mandatures. Un record qui n'est pas près de tomber. Prenant un plaisir courtois à respecter le protocole républicain initié en 1927, il a toujours aimé se faire présenter les joueurs, suivre les matchs et remettre le trophée le plus prestigieux du football français. Beaucoup ont oublié qu'il avait sollicité Michel Hidalgo en 1984 pour devenir le ministre des Sports du gouvernement Fabius.

Président des grands triomphes du sport français dans les années 80 (Noah, Prost, Hinault, Platini), Tonton est celui qui a accompagné le premier trophée européen du football français, la Ligue des champions remportée par l'Olympique de Marseille de Bernard Tapie. Il subira aussi le scandale qui s'ensuit avec l'affaire OM-VA et assistera à la chute de celui qu'il avait poussé pour être ministre de la Ville.

François Mitterrand n'est donc pas le premier président-footballeur. Il aurait pu l'être. Personne ne l'a vu sur un terrain balle aux pieds. Il s'est davantage affiché marcheur lors de ses ascensions vers la roche de Solutré, joueur de tennis ou encore golfeur. Celui qui croyait aux «forces de l'esprit» a accompagné l'une des plus prolifiques périodes du football français. Il y restera associé comme son successeur. Mais de loin.

4

UNE AFFAIRE DE PRÉSIDENTS : CHIRAC, PRÉSIDENT DES FOOTBALLEURS

Jacques Chirac, c'est une rencontre entre Pippo Inzaghi et Youri Djorkaeff. Jamais aussi fort que lorsqu'on le croit battu. L'animal politique *strikes* quand on ne l'attend plus. Tout le monde le pensait perdu pour la politique en 1993, le voilà élu en 1995. Quant à 2002, sa réélection triomphale avec 82,2 % cache une percée de l'extrême droite. À l'inverse d'un Guivarc'h, il a mis du temps à gagner en France, mais il a su rayonner à l'international, des tours du World Trade Center en passant par sa colère de Jérusalem ou son refus de la guerre d'Irak. Pour autant, ce qui caractérise le plus l'ancien maire de Paris, c'est sa capacité à refuser l'échec, cette propension à ne jamais abandonner, malgré un nombre de défaites qui entraîneraient le limogeage de n'importe quel entraîneur.

Personnage politique résilient, Chichi s'est imposé comme une figure médiatique sympathique. Au point que son image l'emporte aujourd'hui sur ses errances, ses fautes ou son bilan. «Jacques Chirac avait l'image d'un animal politique, pas d'un animal sportif.» Comme de Gaulle, il n'aimait pas faire de sport. Au grand désarroi de Bernadette et de Guy Drut, qu'elle chargea en vain de le faire bouger. Mais, plus que son rapport personnel au sport, son lien au football est une clef pour comprendre en creux celui qui fut le cinquième président de la Ve République. En effet, féru de sumo, de poésie et d'arts premiers, le football a toujours été un sujet secondaire, trop éloigné pour lui de «l'humilité, du sens du bien collectif et de l'esprit chevaleresque» qu'il affectionnait chez les Japonais.

CHIRAC, CET INCONNU

Ceux qui parlent le mieux des rapports que Jacques Chirac a entretenus avec le foot, ce sont ceux qui l'ont approché, suivi ou admiré. Son rapport avec le PSG en est un bon exemple. Roland Lescure en fait un assez bon résumé : «Contrairement à Nicolas Sarkozy qui est un vrai fan du PSG, Chirac n'était pas un fan de football. D'ailleurs, il n'était pas un supporter parisien.» Il n'a jamais exagéré son soutien au club parisien, il l'a toujours surveillé. Le PSG était plus un problème et un embarras pour lui qu'un moyen. «Quand vous êtes dans une logique un peu artificielle de soutien politisé, vous souffrez des défaites et vous gagnez dans les victoires. Quand vous êtes politique, c'est un risque de mettre votre réputation politique dans les mains d'une équipe dont les résultats sont aléatoires.

Mais, quand vous êtes un vrai fan, les gens le voient!» Alors, Jacques Chirac s'est adapté. Il a mis une distance polie mais prudente avec le club parisien.

Comme nous l'a précisé Jean-François Lamour, «le PSG, ce n'était pas un poids. Il fallait faire pour et avec le football. Jacques Chirac n'avait pas un intérêt énorme pour le football. Pendant les deux années que j'ai passées à la mairie de Paris, il n'y avait pas une énorme actualité autour du club pour lui. Il allait peu aux matchs. Ce n'était pas sa priorité. Il n'y avait pas de gêne vis-à-vis du PSG ni un engouement très, très fort.» Comme un désintérêt qui s'est poursuivi de la mairie de Paris à l'Élysée. Et Jean-François Lamour de poursuivre : «Pendant son septennat, je ne pense pas qu'il soit allé voir un match de foot au Parc. Il y avait une règle tacite à l'Élysée quand Claude Chirac, sa fille, s'occupait de la communication. Elle n'était pas une grande fanatique de voir Chirac aller dans les stades. Elle n'aimait pas ça.»

Manuel Valls, qui l'a côtoyé dans le cadre du gouvernement Jospin, ne dit pas autre chose. Celui qui faisait partie des jeunes loups de Pompidou «ne comprenait »rien au foot. Il aimait l'ambiance. Pendant la Coupe du monde 98 – comme sa fille Claude Chirac, d'ailleurs –, il comprend que c'est peut-être un moyen pour lui de se refaire une image après l'échec de la dissolution de 1997 qui l'a vu perdre la majorité à l'Assemblée nationale.» Son attention pour le ballon est donc politique.

Souvent, poursuit-il, on le résume à la phrase de Michel Platini à son sujet : «Jospin aime le sport, Chirac, les sportifs.» Jean-François Lamour précise : «La formule de Platoche est un peu caricaturale, mais c'est vrai que Jospin était un très bon basketteur. Il lisait *L'Équipe*... Un peu comme Sarko, mais lui pratiquait. C'était différent pour Chirac. Il avait un contact naturel avec les sportifs. On se sentait bien avec lui. Il aimait bien connaître le parcours des sportifs.

J'ai un exemple, mais il n'a rien à voir avec le foot. Durant le quinquennat, en 2003, on organise les championnats du monde d'athlétisme au Stade de France. C'est un succès. On commence doucement et puis il commence à y avoir des médailles d'or. Et puis le stade se remplit et, pendant une semaine, c'est la fête ! Un superbe succès. Tout était là.

Comme à son habitude, Chirac reçoit au déjeuner les médaillés des championnats du monde. Parmi eux, il y a Eunice Barber, la jeune femme qui avait gagné le saut en longueur. Elle est originaire de la Sierra Leone. Elle est arrivée en France toute jeune. Elle avait du tempérament. Chirac fait le tour de table pendant le déjeuner et il commence à lui parler. Il avait les fiches que je lui avais préparées. Il discute avec elle. À ce moment-là, Barber s'effondre en pleurs. C'était la guerre civile en Sierra Leone. Elle n'avait aucune nouvelle de sa mère et de son oncle. Il lui dit : "Vous allez venir me voir dans mon bureau juste après le déjeuner." Elle monte, j'étais présent. À l'époque, les communications étaient difficiles. Elle dit à Chirac : "J'aimerais bien qu'elle me rejoigne en France", au moins les faire sortir de là.

Sa sœur était à Londres. Il dit : "OK, je vous tiens au courant." Elle sort du bureau. Il appelle son conseiller diplomatique et lui dit : "Venez dans mon bureau et demandez à notre ambassadeur en Sierra Leone de se tenir prêt à ce que je l'appelle." Sauf que le grand patron de la diplomatie lui répond : "On n'en a pas, c'est la guerre civile. Notre ambassade est en Guinée ou au Ghana, dans un pays limitrophe. La sécurité n'étant pas assurée, on a rapatrié l'ambassade." "Appelez-le", rétorque Chirac, imperturbable. Puis il ajoute : "Vous allez affréter deux convois et vous allez chercher à telle adresse la mère et l'oncle de Barber." J'imagine la tête de l'ambassadeur à l'autre bout du fil en train de déglutir. Trois jours plus tard, la famille de Barber était à l'abri dans le pays. Ça ne s'était jamais vu. Ça dit beaucoup du rapport entre Chirac et les sportifs. »

En routier expérimenté de la politique nationale, Jacques Chirac est un homme opportuniste mais plus engagé qu'on ne le croit. Il saura se servir du football, moins naïvement qu'on l'affirme souvent. Thierry Roland [56] le confirme : « Chirac ne connaît rien au football. Simplement, il a compris très tôt que le sport est devenu un vecteur essentiel dans la vie de notre pays. Avec Chirac, les sportifs entrent à l'Élysée. »

56 *Sarkozy côté vestiaires*, *op. cit.*, p. 150.

L'HOMME, LE PRÉSIDENT ET L'OPPORTUNISTE

En deux mandats, Jacques Chirac va en effet partager la période la plus faste et politisée du football français sans aimer cela. Plus d'une décennie marquée par un sacre en Coupe du monde en 1998, une victoire lors de l'Euro 2000, un France-Algérie et des sifflets qu'il n'oubliera pas mais aussi une finale, celle de 2006 qui le verra consoler Zidane. Jean-François Lamour était à ses côtés. Il revient sur ce que représente, à ce moment de l'histoire, le football pour le mari de Bernadette.

«Quand on arrive à l'Élysée, on est en pleine préparation de la Coupe du monde 98. Chirac en fait très vite un élément important. En 87, il s'était lancé dans la candidature de Paris pour les J.O. de 92. Il y met toute son énergie. Malheureusement, Barcelone l'emporte. Chirac avait déjà bien compris l'enjeu d'accueillir un événement sportif majeur pour un pays. À l'époque, João Havelange, le président de la FIFA nous avait dit : «Je vous assure qu'en 98 vous aurez la Coupe du monde en France.»

Chirac savait que ce serait un moment festif, de rassemblement. Il y a toujours eu une volonté de sa part d'accompagner l'organisation, puis ensuite l'équipe de France. Il a toujours beaucoup aimé les sportifs, j'en suis la preuve. Nous étions nombreux autour de lui. Guy Drut était là tout comme Henry Boério, le gymnaste qui était son conseiller sport. En 96, il est d'ailleurs le premier chef de l'État à décider de décorer de la Légion d'honneur et de l'ordre national du Mérite tous les médaillés des Jeux d'Atlanta. Ça ne s'était jamais fait avant. Chirac l'a instauré. Au grand dam d'ailleurs du grand chancelier de la Légion d'honneur. Jacques Chirac a toujours été très proche des sportifs. Il y avait un intérêt très fort. Ensuite, l'équipe de France a gagné. Il a pu aller au bout de sa démarche. La France black-blanc-beur. On sait que c'est fugace, que c'est éphémère, mais il y a eu une réalité. Après avoir raccompagné Chirac à l'Élysée, j'ai rejoint ma femme sur les Champs, eh bien, c'était ça, qu'on le veuille ou non. Il y avait une superbe ambiance, des gens de tous horizons et de toutes origines pour fêter cette victoire commune. Chirac avait eu l'intuition que ce serait un moment important.

Il m'avait chargé de vérifier que tout se passerait bien. On n'était pas très inquiets avec Michel Platini, que Chirac connaissait bien. Nous étions en cohabitation pendant la Coupe du monde. Il m'a demandé d'être en relation avec Marie-George Buffet sur ce sujet-là en particulier. Il y avait déjà des problèmes de sécurité dans les stades à cette époque. Il était sensible à cette problématique de sécurité dans et autour des stades. Il fallait éviter que la fête ne se transforme en cauchemar.

Un an avant la Coupe du monde, Chirac, très allant en matière de relations internationales, était l'un des chefs d'État les plus reconnus et respectés à travers le monde. Il avait prévu de faire un voyage en Amérique du Sud. Cinq pays en une semaine. Le rythme était très soutenu. Et il avait décidé d'emmener Michel Platini avec lui pour deux raisons. Le chef de l'État bolivien Gantzer s'était rapproché de Chirac pour demander à João Havelange, le président de la FIFA, une dérogation afin que les Boliviens puissent jouer leurs matchs à la Paz, à 4000 mètres d'altitude, alors que, normalement, il avait été décidé, pour que les Brésiliens ne tirent pas trop la langue, que les matchs se joueraient au niveau de la mer. Chirac avait appelé Havelange en disant : « Mais pourquoi les Boliviens ne peuvent pas jouer dans leur capitale ? » Havelange avait accepté. Donc, évidemment, l'une des étapes du voyage était la Bolivie avec le Brésil, l'Argentine et l'Uruguay. L'engouement était très, très fort. Chirac avait d'ailleurs pu juger de l'aura incroyable de Michel Platini. Dès qu'il mettait le pied dehors, c'était l'émeute. C'était au même niveau qu'un Zidane ou qu'un Messi aujourd'hui. En Amérique du Sud, un continent de football, Chirac avait voulu marquer ce déplacement de l'empreinte du football, dans la perspective de la Coupe du monde 1998.

C'était plus que du flair politique. Chez Chirac, il y a toujours eu énormément d'intuition. De l'intuition mais aussi une conviction et une sincérité. Si vous associez les trois, ça marche. Il avait compris que, pour le pays, il y avait intérêt à valoriser la préparation de notre Coupe du monde de foot, un événement majeur, planétaire. Avec les J.O., c'est l'événement qui, en dehors des États-Unis, rassemble le plus de monde devant les télévisions. Il savait aussi que ce serait bien pour la France, donc bien pour lui. Il voulait sincèrement que ce soit une belle réussite.

J'ai un deuxième exemple de cette sincérité : la décision de construire le Stade de France à Saint-Denis a été prise entre les deux tours de la présidentielle en 1995. Édouard Balladur signe l'acte final qui permet définitivement de construire le Stade de France. Fin janvier 98 arrive l'inauguration. C'est France-Espagne, il fait très froid. La pelouse est gelée. José María Aznar vient. C'est le Premier ministre espagnol. Il se gèle, le pauvre. Il est ratatiné sur son siège, déjà qu'il n'était pas grand. Zidane marque, on gagne, tout un symbole.

Ensuite, on descend dans les vestiaires. Je pense qu'à ce moment-là Jacques Chirac ne connaît pas grand monde. Peut-être Aimé Jacquet et encore. Je l'accompagne. Le match se termine vers 23 heures. Et il y passe énormément de temps ! Il parle à Jacquet très longtemps, à Didier Deschamps très longtemps, à Zidane tout autant et ce n'est pas évident, car Zidane est un taiseux. On y reste facilement une bonne demi-heure. On ne sait pas trop ce qu'ils se disent. J'étais alors avec Henri Émile, l'adjoint de Jacquet. Dans la voiture qui nous ramène à l'Élysée, il me répète : « Je les aime bien, j'aime bien Aimé Jacquet. » C'était l'époque où l'équipe de France et Aimé Jacquet se faisaient secouer et critiquer.

Il ajoute : « Écoute, tu vas rester en contact avec eux. J'ai dit à Jacquet que je l'appellerai régulièrement pour prendre des nouvelles. » Je lui réponds : « Vous savez, monsieur, c'est quand même pas la forme. Ils ne sont pas au sommet. » Il me rétorque : « Oui, oui, mais je les sens bien. Ils ont une vision. J'ai parlé à Didier Deschamps, je trouve qu'il est bien, il est courageux. »

Donc, tous ces mois, je lui préparais un coup de fil avec Aimé Jacquet – à l'époque, les portables étaient rares. Et il me demandait d'aller traîner de temps en temps à Clairefontaine. Jusqu'au bout. À la fin de la préparation, il va à Clairefontaine. Nous sommes début juin. Il dit alors à Didier Deschamps : « Je vous donne rendez-vous le 12 juillet. Je vous remettrai, en tant que président de la République, la Coupe du monde. »

Beaucoup se gaussent. Il aura raison. Contre *L'Équipe*, l'opinion et ses conseillers. Se payant même le luxe de singer Laurent Blanc en embrassant le crâne de Fabien Barthez, il fait entrer la présidence et la République dans une autre ère : en portant son maillot bleu floqué 23, Chirac fait entrer la France dans l'ère des présidents-supporters. Preuve en est, ce baiser qui brise les codes et humanise un président qui n'est plus seulement le chef d'État, mais aussi le « premier des supporters ». L'humanité du Grand Jacques s'illustre ici au moins autant que son instinct politique, celui d'un des plus grands prédateurs de la République.

Mais Jean-François Lamour qui l'a tant accompagné va plus loin. « Il y avait chez Chirac un fond de sincérité et une qualité d'écoute qui lui permettait de construire quelque chose. C'est pour cela que je l'ai suivi, et je n'étais pas le seul. Je ne pense pas que vous ayez un joueur des Bleus de cette époque qui vous dirait du mal de Chirac. Ils en gardent un souvenir d'attention particulière, de soutien. Quand on les reçoit à l'Élysée, le surlendemain de la victoire, il m'avait demandé de faire venir une sélection de clubs de foot. On avait affrété des cars venant de partout et ils s'étaient retrouvés devant les Bleus et devant la Coupe du monde. Même Johnny Hallyday était là. Il vouait une admiration énorme à Zidane. Chirac lui avait présenté, il était fou de bonheur. Il n'était pas le seul. »

En 2013, Jacques Chirac dira lui-même à *Ouest France* ce qu'il a ressenti lors de cette soirée inoubliable[57]. «Ce 12 juillet 1998, j'étais évidemment heureux d'être le président chargé de remettre à l'équipe de son pays le plus prestigieux des trophées. Mais j'ai surtout ressenti, comme beaucoup, de la fierté. Cette victoire, c'était celle de la solidarité et de la cohésion. Elle a montré, une fois encore, que la France avait une âme. Cette équipe, à la fois tricolore et multicolore, donnait alors au monde une belle image de la France dans ce qu'elle a d'humaniste, de fort, de rassemblée.»

Une anecdote le résume bien. Après avoir fêté la victoire des Bleus, au moment de donner l'accolade à Aimé Jacquet et de le décorer, il lui glisse à l'oreille : «Aimé, n'oubliez pas. Mort aux cons.» Alors que la Coupe du monde anime la garden-party dans les jardins de l'Élysée, Jacques Chirac marque les esprits. Ceux des Français et ceux de nos champions. Il les suivra de près, aiguillé par Claude Chirac. Comme le révèlent Bruno Jeudy et Karim Nedjari dans *Sarkozy côté vestiaires,* elle souhaitera aux Bleus leur anniversaire, lui donnera des nouvelles des blessés, et les joueurs le lui rendront bien. Une proximité sincère mais loin d'être désintéressée.

Alors que les Bleus ont triomphé de l'Italie lors de l'Euro 2000, Laurent Blanc, en bon président qu'il est, le formule à sa manière. Avec Jacques Chirac, «nous sommes désormais des intimes, c'est une reconnaissance du

57 Paul Laubacher, « Les présidents et le sport : Chirac, l'homme qui aimait trop le sumo », *L'Obs*, 10 juillet 2017 : https://www.nouvelobs.com/politique/20170710.OBS1881/les-presidents-et-le-sport-chirac-l-homme-qui-aimait-trop-le-sumo.html.

monde politique». Et de poursuivre : «Le président de la République nous a supportés pendant la Coupe du monde et l'Euro, c'est peut-être à notre tour de le supporter. Il peut y avoir un échange.»

Comme le dit justement Alain Duhamel, «Chirac est le président qui a le plus instrumentalisé le sport au profit de son image. Il instrumentalise au maximum les événements mais, en même temps, il ne se force pas, car il adore les champions. Pendant la Coupe du monde 1998, il a su prendre l'apparence du supporter. Les champions qui sont en général de droite ont considéré que le style Chirac leur allait bien.» L'alliance du politique et du sportif fonctionne à merveille. Mais Jacques Chirac ne s'arrêtera pas là... Quant à Nicolas Sarkozy, son successeur, il a été si proche de lui avant de le trahir qu'il est au foot l'exact opposé de son mentor.

5

UNE AFFAIRE DE PRÉSIDENTS : LE TRIO DES AMATEURS ET LE CORPS DES PRÉSIDENTS

Amateur, le mot est lancé. Il renvoie à la seule chose qu'ont partagée Sarkozy, Hollande et Macron, en dehors du pouvoir. Nos derniers présidents forment un trio d'amateurs... de football. Vous pouvez respirer. Sous la Ve République, le recours au ballon est devenu une figure imposée aux côtés de la cérémonie des vœux ou de la garden-party.

Il y aurait des différences à faire entre l'hyperactivisme de Nicolas Sarkozy, la normalité surjouée de François Hollande et la dimension jupitérienne d'Emmanuel Macron. Chacun ses aptitudes, chacun son maillot. Paris, Rouen, Marseille, ils ne jouent pas dans la même cour. Tout est affaire de nuances, de physiques. Mais l'essentiel est ailleurs. Avec notre trio d'amateurs, le foot a trouvé définitivement sa place dans le vestiaire présidentiel. La République a opéré sa mue à l'italienne, à l'argentine. À l'américaine. Un maillot de club, celui de la sélection, des crampons, le fait de revendiquer son appartenance, le bonheur de taper dans un ballon, tout y est. Certains comme Marcel Gauchet évoquent l'ère de la « démagogie communicationnelle », ils vivent dans un autre temps, celui d'avant. Ce sont des « hommes du passé » qui ne maîtrisent ni la force des réseaux ni la puissance des médias sociaux.

À JAMAIS LE PREMIER

Nicolas Sarkozy a été le premier président-supporter d'un club dans l'histoire de la Ve République. Une banalité dans nombre de pays. Presque une nécessité. Sauf chez nous. Avec le PSG, son club de cœur, il a conservé la proximité d'un suiveur attentif. Souvent interventionniste et parfois même davantage... Pour un président en exercice, c'est une nouveauté. Il est aussi le premier à s'être autant affiché comme un amateur éclairé. Les suiveurs de *L'Équipe* du soir se rappellent le 22 janvier 2018. À l'occasion de sa venue sur l'une des émissions les plus suivies de la TNT, Nicolas Sarkozy avait impressionné son monde. Connaissant sur le bout des doigts les effectifs du PSG et l'histoire du football français, il en avait soufflé plus d'un, ce soir-là. En bon successeur de Jacques Chirac, c'est avec les Bleus qu'on l'attendait. Manqué. Il va profiter du plus grand creux de performances du football français de sélection.

UNE QUESTION DE GÉNÉRATION

François Hollande qui lui succède n'est pas si différent. *Shocking*. Même s'ils se détestent avec Nicolas Sarkozy, ils se ressemblent et se rassemblent footballistiquement. Ils sont les deux faces d'une même pièce, celle d'une nouvelle génération qui a connu le football des années 80. Une génération qui a l'expérience d'un sport de haut niveau. Celle de «la France qui gagne». À la différence de leurs devanciers, Sarko et Hollande ont profité de la sportivisation du pays par de Gaulle. Ils ont vécu la «Nuit de Séville» en 1982 et Guadalajara en 1986[58], France-Bulgarie en 1993 mais aussi tous les titres dont rêvaient les générations précédentes : l'or des J.O. à Los Angeles, l'Euro 84, la Coupe du monde 98. Ils auront connu Platini et Zidane. Pas Kopa. Ils ont vécu les réussites des clubs français, célébré la chute du mur et les premiers trophées des Bleus. Ils sont de cette promotion qui a fait l'expérience de la victoire. Ils en sont le produit.

Pour ce qui est de l'usage politique du football, Sarko-Hollande, même combat. François n'a pas plus de réussite avec les Bleus que Nicolas. Il s'épargne pourtant les relents de Knysna et profite d'une reconstruction amorcée par Laurent Blanc et poursuivie par Deschamps. Mais ça ne passe pas. L'Euro 2016 se joue à domicile, les Bleus ne le gagnent pas. Il est un «président normal». Il veut rester à sa place, celle qu'il pense être la bonne. En fin politique et en connaisseur, il joue à l'attaquant de rupture. Il dit

58 Le match des quarts de finale de la Coupe du monde en Espagne, France-Brésil, se joue le 21 juin 1986.

ainsi au *Monde*[59] qu'«il faut respecter les institutions du football si on veut que le football respecte les institutions de la République. Il y a un président de la Fédération, un sélectionneur, un capitaine de l'équipe de France.» Bilan des opérations : il n'en profite pas. D'autant qu'il est maladroit sur le reste. L'ennemi n'est plus la finance, c'est le footballeur. Pour s'attirer leurs grâces, la taxe à 75 %, c'est mal parti. Zlatan ne le rate pas. Le président normal cumule les erreurs comme on accumule les cartons. Des croissants et un scooter n'y suffiront pas. Le football qui le passionne ne sera donc pas son allié. Le projet de déchéance de nationalité et la loi Travail portée par El Khomri n'arrangent rien. Bientôt, la sanction tombe. Chahuté par la fronde des siens, mouillé sur l'île de Sein, frappé durement par les attentats, il perd l'Euro sur un but d'Éder. La réussite le fuit. Tout va de mal en pis, François Hollande ne se représentera pas. Il n'y aura pas de remontada. Merci pour ce moment, aurait-il pu ajouter avec ironie.

JUPITER PRÉSIDENT-FOOTBALLEUR

«Emmanuel Macron est le Mbappé de la politique. Il a battu tous les records de précocité, il est devenu une star en moins d'un an, il est capable de jouer des deux côtés, à gauche comme à droite.» Éric Cantona sait de quoi il parle.

---

59 Rémi Dupré, « François Hollande : "En France, tout est politique. Même le sport", *Le Monde*, 8 juin 2018 : https://www.lemonde.fr/mondial-2018/article/2018/06/08/francois-hollande-le-mieux-est-que-les-politiques-ne-se-melent-pas-des-bleus_5311486_5193650.html#:~:text=Autant%20il%20est%20possible%20de,de%20l'%C3%A9quipe%20de%20France.

Après Nicolas Sarkozy et François Hollande, Emmanuel Macron est le dernier des amateurs de football à s'être emparé des clefs du château. Dès les premières heures de son mandat, il a fait de la mise en scène de son corps un argument politique. Il fait partie d'une autre génération encore que François Hollande et Nicolas Sarkozy. Il est de celle du foot business. Il est né le 21 décembre 1977, la même année que *Téléfoot*, la première émission à montrer les buts du championnat. Il a connu toutes les victoires des Bleus. Il est plus jeune, plus dynamique et, surtout, il n'a que 16 ans au moment où l'OM décroche sa première étoile. Il a grandi avec les succès, la question des droits TV et des transfert. Il a vécu la révolution Canal + qui a changé les codes du football. Sa jeunesse entière à Amiens a tourné autour d'une autre vision du ballon rond. Qu'il traverse la cour du Louvre ou porte un maillot de foot à Poissy, Emmanuel Macron est un homme de son temps. En mouvement permanent. Soutenant Paris 2024 en bras de chemise ou posant fièrement aux côtés d'un maillot ciel et blanc, il sait ce qu'il fait. Il a les codes et pas seulement ceux de l'arme nucléaire. Rien de ce qu'il fait n'est insensé. Il transgresse sciemment. Il n'a rien inventé, il n'a simplement rien oublié. Avec lui, jamais un président n'a autant porté le maillot. Emmanuel Macron est celui qui a le plus joué la carte du ballon… depuis Jacques Chirac. Il a redéfini son usage, ses limites. Il sait que le ballon peut l'humaniser et le rendre plus accessible et sympathique qu'il ne l'est. Il est libre, Manu, il est président. Il sera le premier président-footballeur.

OH, MERDE. DEUXIÈME FOIS, PUTAIN ! MONACO A BATTU L'OM.

La passion du président Macron pour le football n'est pas une nouveauté. Il n'a eu de cesse de porter le maillot de l'OM et de le rappeler. Son art de la mise en scène à la télé n'est pas non plus une nouveauté. *Emmanuel Macron, les coulisses d'une victoire*, diffusé le 8 mai 2017 sur TF1, après l'intronisation du nouveau président, c'est les *Yeux dans les Bleus* de 98 version com' politique. Les équipes «*embedded*»[60] suivent le candidat et un moment ressort, celui où Emmanuel Macron s'agace des résultats de l'OM et se fait reprendre par celle qu'on appelle désormais Brigitte. Yann L'Hénoret, le réalisateur, connaît les codes du sport et du documentaire officiel embarqué, il sait y faire. Le message est passé.

Quelques jours plus tard, parti se reposer à Marseille, le nouveau président de la République récidive. Il se fend d'un passage à la Commanderie, le centre d'entraînement de l'OM, où il partage l'entraînement du groupe pro et pose fièrement avec le maillot et... Grégory Sertic. Rudi Garcia, l'entraîneur de l'époque, se fend d'un tweet en présentant le nouvel élu comme un «supporter de l'OM et un grand fan de football». Alexandre Benalla confiera à Arthur Berdah qu'«il était comme un enfant... il était heureux». Il ne s'arrête plus. «J'aime le foot», clame-t-il chez *Quotidien*. D'autres sont plus circonspects quant à sa capacité à mouiller le maillot. «Macron n'a jamais joué au foot de sa vie, je le saurais!», tacle Gaspard Gantzer, son ancien camarade de promo. Il avait pourtant une licence

60 Embarquées en français.

de foot loisir qu'il a prise entre 2003 et 2008 pour jouer sous les couleurs de l'ENA [61]. Avoir une licence ne veut toutefois pas dire que l'on sait jouer. Jacques Vendroux est moins dur : « Ce n'est pas Maradona, mais il sait jouer au foot. »

CAMPAGNE DE RUSSIE RÉUSSIE OU BÉRÉZINA ?

Sarko, Hollande et Macron sont des enfants de la télé. Ils l'ont regardée et savent peu ou prou s'en servir. Dans un monde où les médias et les réseaux sociaux sont aussi importants, celui qui maîtrise l'agenda politique à la main garde le pouvoir. Ou le conquiert. Or, le football est utile pour faire l'actualité. Il est récurrent.

Dans la pluvieuse soirée du 15 juillet 2018, Emmanuel Macron s'est emporté devant la victoire des Bleus, faisant les délices de la propagande russe de Sputnik. En sautant le poing en l'air lors de la finale de la Coupe du monde, il a immortalisé un moment présidentiel fort, celui du président qui s'oublie dans la victoire. Une photo devenue iconique et peu protocolaire. On n'oublie pas non plus le cliché où il figure, hilare et souriant, sous la pluie battante, aux côtés de Vladimir Poutine et de Gianni Infantino. Toutes les photos ne sont pas heureuses, notamment lorsqu'elles rendent service à ceux qui instrumentalisent

61 « Désintox. Emmanuel Macron a bien pratiqué le football en club », France Info, 12 novembre 2021 : https://www.francetvinfo.fr/internet/reseaux-sociaux/desintox-emmanuel-macron-a-bien-pratique-le-football-en-club_4842159.html.

le jeu. Mais l'important est ailleurs. Les Bleus ramènent la coupe.

Cette victoire ne lui profite pas vraiment. Manuel Valls revient dessus : «La Coupe du monde de 2018, c'est bien. On gagne, il y a la photo de Macron. Elle n'est pas loin, au fond, d'illustrer ce qu'est sa première année à la tête du pays. Pourtant, il y a un premier couac avec l'histoire du bus lors de la descente des Champs et, trois semaines après, il y a l'affaire Benalla. Tout ça est donc annulé. Comme, en plus, cette équipe de France ne fait que du foot, elle n'est pas du tout dans le symbole. Il n'y a pas de tentative de prise de position, Didier Deschamps cadenasse tout cela très bien. On gagne sur le terrain, au foot.» Et, surtout, on y reste. DD avait l'expérience de 1998 et de 2016. Les joueurs étaient briefés par leurs conseillers en communication. Les coups de foudre ne se produisent qu'une fois. Rien ne pouvait se passer autrement. Les sondages d'opinion ne décollent pas. L'effet Coupe du monde ne s'estompe pas, il n'a pas eu lieu. Mediapart sort l'affaire Benalla. Les violences policières et les grandes grèves s'annoncent et les Gilets jaunes se profilent. Quand on vous dit que les *reboots* et les suites ne sont jamais pleinement réussis...

VENI, VIDI, POISSY

Le football est devenu pour Emmanuel Macron un support de communication qu'il maîtrise mieux que ses devanciers. François Hollande avait, lui aussi, foulé en son temps les pelouses pour des raisons caritatives. Il n'était alors qu'un opposant. C'était en 2008 à Charléty lors d'un match de charité pour l'association France Alzheimer. Tout le monde l'a oublié. Emmanuel Macron, lui, sait y faire, il est rompu à l'exercice. En octobre dernier, il s'aligne avec le Variétés à Poissy. Dans la ville de Karl Olive, le président est toujours titulaire, il est même le premier sur la feuille de match au milieu. Il est centre droit. Comme Messi à Paris ? Non plutôt comme Giscard à Chamalières. Un hasard qui fait sourire et n'en est peut-être pas un. Avec Emmanuel Macron, la question du positionnement est toujours stratégique. Il a joué. Il a marqué. Sur penalty. Les symboles et les échos au passé sont forts. Comme un remake d'*Une partie de campagne*, on a rejoué la même partition en changeant juste les lieux et les personnages face à toute la presse. Tout le monde y était, du *Figaro* à *So Foot*. Le match ressemblait à un événement national sur fond de meeting de campagne. Les chaînes d'information continue l'ont commenté en direct. Tout le monde en a profité.

Le Variétés a fêté ses cinquante ans. Brigitte Macron est repartie avec 50000 € pour la Fondation des hôpitaux. Tout Poissy était ravi. Storytelling réussi. Pascal Praud en sourit. « On est dans une séquence politique où un buzz chasse l'autre. Là, on n'est même pas sur un buzz, mais sur un minibuzz monté en épingle. C'est vite oublié. Que le président de la République aille faire 45 minutes avec le Variétés et reçoive les vedettes du foot d'antan, je trouve que ce n'est même pas un sujet. Je ne vois pas où est le souci. » Et pourtant.

LE CORPS DES PRÉSIDENTS FACE AU FOOTBALL

À la manière du corps du roi, le corps du président est double pour paraphraser Ernst Hartwig Kantorowicz et son livre *Les Deux Corps du roi*. Il y a le corps de l'homme et celui qui incarne la fonction. Souvenez-vous de la gifle reçue par Emmanuel Macron lors d'un déplacement, elle a choqué la France, mais elle a révélé cette double symbolique. On ne touche pas le corps de l'homme, car c'est le corps du président. Si vous le faites, vous tombez sous le coup des critiques et de la justice.

S'exposer en sportif et jouer au foot en tant que président n'est jamais anodin. Le corps du président est politique. L'affaire est plus sérieuse qu'on ne le croit. Pour un président de la Vᵉ République, le fait de jouer au ballon est un *statement* politique et une manière d'être au monde. «Si Louis XIV, le Roi-Soleil, fut le dernier roi de France à avoir offert à ses courtisans le spectacle de son corps en mouvement [62]», nos présidents sont dans cette continuité. Ils s'offrent totalement aux électeurs et aux médias, comme aux critiques. En jouant, en s'exposant en footballeurs, ils «prennent leur risque». À la manière des rockstars qui s'élancent de la scène vers leur public pour un slam, ils jouent au football comme ils surfent sur la foule. Ils redeviennent humains, mais ils sont littéralement portés. Leurs poids symbolique et politique demeurent, mais ils sont plus légers. Ils restent présidents, mais ils descendent des sommets.

62 Pour Patick Clastres.

Georges Vigarello[63] l'explique bien. Pour l'historien du corps et de la virilité, «l'image d'un "président suractif" participe à "l'immense opération de désymbolisation" que traduit en images le corps en mouvement du président». L'historien Jean-Garrigues, dans *La République incarnée. De Léon Gambetta à Emmanuel Macron*[64], abonde dans son sens. Une vraie passe décisive : «Trop de communication tue la communication, trop d'intimité tue la légitimité. Depuis deux décennies au moins, à mesure que le corps privé et le corps public des derniers présidents de la République se sont mélangés aux yeux de l'opinion, ils ont perdu leur mystère et leur magistère d'incarnation.»

Il n'y a plus qu'à conclure dans le but vide. Le «corps quotidien» des présidents, notamment lorsqu'ils jouent au football, l'emporte sur leur «corps solennel», censé marquer «la distance et l'officialité de la République». Le président élu bouleverse la hiérarchie des valeurs habituelles en France. Pour l'auteur d'une *Histoire des émotions*, s'afficher notamment en footballeur, c'est «dévoiler son projet politique». C'est «imposer une personnalisation [du pouvoir] d'un nouveau genre». Tout est dit. Jouer au foot pour un président surprend encore. Ça ne le devrait plus. Taper dans un ballon et courir après, c'est un programme, une déclaration politique. La France, sur ce point, évolue. L'affaire sportive n'en est plus une. Elle se banalise, elle se normalise.

63 Patrick Clastres cite, dans l'article déjà mentionné, Georges Vigarello et son papier «Ce monde où l'on court», publié dans la revue *Esprit* de novembre 2007, p. 15-21 : https://www.cairn.info/revue-histoire-politique-2014-2-page-73.htm#no2.
64 Jean Garrigues, *La République incarnée. De Léon Gambetta à Emmanuel Macron*, chapitre 17 « Le temps de la désincarnation », Perrin, 2019, p. 379-399.

L'usage politique du football et la mise en scène des corps présidentiels répondent à une tendance de la Ve République que Georges Pompidou soulevait dans *Le Nœud gordien*. Il y prévenait ses successeurs. « Privé du charisme du fondateur de la Ve République[65], le chef de l'État sera amené à intervenir de façon constante, quasi permanente, et à maintenir par l'action quotidienne cette suprématie qu'il ne tiendra pas automatiquement du suffrage universel[66]. » Or, il n'y a rien de mieux que le football pour y parvenir. Dans un pays qui a vu Georges Pompidou mourir avant la fin de son mandat, François Mitterrand se présenter en étant malade tout en mentant aux Français et Jacques Chirac souffrir d'un AVC, la mise en scène du corps du président est aussi démocratique. *Mens sana in corpore sano*. Un corps sain dans un esprit sain, ça peut toujours servir.

65 Il parle du général de Gaulle.
66 Georges Pompidou, *Le Nœud gordien*, Plon, 1974.

6

SARKOZY-MACRON : PSG-OM LE CLASSICO DU POUVOIR

« Le vrai président du PSG, c'est moi. »

C'est un secret de polichinelle. Nicolas Sarkozy aime le PSG d'un amour rare et intense. Le club de la capitale est, avec sa famille politique, ce à quoi l'ancien président de la République est le plus fidèle dans sa vie. Le Paris Saint-Germain, comme la droite, il ne les a jamais trahis. En tout cas, pour l'instant. Né à Paris le 28 janvier 1955, Nicolas Sarkozy a connu toutes les périodes du club de sa ville, lui, cet addict au sport. Capable de citer les premiers joueurs de l'histoire rouge et bleu, Sarko est un hypermnésique passionné, trait qu'il partage avec Emmanuel Macron. « Il est PSG, c'est un enfant de Paris. C'est son club de cœur, sa jeunesse. Il a connu les débuts du club », atteste Éric Diard, député LR des Bouches-du-Rhône. Présent dans les travées du Parc depuis des dizaines années, Sarkozy a transmis sa passion à ses trois fils, Pierre, Jean et Louis. Le plus souvent sans eux maintenant qu'ils sont plus âgés, l'ex-chef de l'État est aujourd'hui un fidèle de la corbeille du Parc, avec, à ses côtés, le président parisien Nasser Al-Khelaïfi de qui il est très proche. De l'autre côté, soit Jean-Claude Blanc, directeur général du club, soit Leonardo, redevenu directeur sportif à l'été 2019, soit le président du club adverse.

«J'ai un point de désaccord avec Nasser (sourire). J'en profite pour lui dire : arrête de me mettre à côté des présidents des équipes visiteurs parce que je dois rester de marbre chaque fois qu'on marque un but. À l'intérieur, ça bout. Contre Dijon (victoire de 8-0, le 17 janvier 2018), c'était pénible, parce que j'ai dit huit fois au président dijonnais, qui est vraiment très sympathique : "Non, mais ce n'est pas grave, vous savez, quand ils jouent comme ça, vous ne pouvez rien faire." Mais, au huitième, j'étais un peu sans argument», confiait Sarkozy sur le plateau de *L'Équipe du soir*[67]. Le 13 avril 2021, alors que les stades sont fermés depuis près d'un an en raison de la pandémie de Covid-19, il s'octroie le luxe d'assister à la rencontre PSG-Bayern Munich au milieu des officiels, masque sur la bouche, plus vraiment sur le nez au fil des minutes et de la tension du match qui voit Paris arracher de justesse une qualification en demi-finale de Ligue des champions.

Son départ de l'Élysée en 2012 rime avec emploi du temps plus léger, et donc possibilité d'assister à chacune des rencontres parisiennes, porte d'Auteuil. Certains avancent un autre argument pour expliquer cette omniprésence : sa proximité avec le Qatar, propriétaire du PSG depuis

67 Émission du 22 janvier 2018 sur la chaîne L'Équipe.

2011. Il aurait d'ailleurs – ça aussi, c'est un secret à moitié caché – facilité la relation entre son ami Sébastien Bazin[68], patron du club parisien entre 2006 et 2011, via le fonds de pension américain Colony Capital, désireux de céder le Paris Saint-Germain, et le prince héritier du Qatar Tamim Al Thani. Le Qatar, décidément, qui, selon d'autres rumeurs, aurait obtenu l'organisation de la Coupe du monde 2022 grâce à l'aide indirecte du président Sarkozy et de l'influence de celui-ci sur le vote de Michel Platini[69], alors président de l'UEFA[70].

Il n'est pas rare, quand il s'agit d'évoquer l'influence de l'État émirati en France, d'y voir associé le nom de l'ancien président de la République. Cette influence plus ou moins réelle n'enlève en rien l'amour lointain que porte Sarkozy pour le PSG, ce que nous confirme le présentateur de CNEWS, Pascal Praud. « Sarkozy est vraiment un fan absolu de football. Je me souviens d'avoir eu des conversations avec lui quand il appelait Vahid Halilhodzic[71] pour lui faire l'équipe. Il est très pote avec Leonardo aussi. En plus, Sarkozy adore le PSG, donc il a un lien très direct et je pense qu'il doit être plus ou moins à l'origine de la venue du Qatar au PSG. Il a un lien avec tous les entraîneurs du PSG. C'est sa personnalité, sa nature, il a envie d'influer, de poser des questions aux coachs. Je me souviens de Vahid… c'est tout juste s'il ne

68 En février 2017, Nicolas Sarkozy rejoignait le conseil d'administration d'Accor Hotel, dont le P.-D.G. n'est autre que Sébastien Bazin.

69 En novembre 2010, Nicolas Sarkozy, le prince héritier du Qatar et Michel Platini déjeunaient à l'Élysée.

70 Entre 2007 et 2015.

71 Entraîneur du PSG entre 2003 et 2005, il confirme dans une interview pour le *Parisien* la passion débordante et les multiples conseils que lui prodiguait l'homme politique.

lui disait pas comment faire l'équipe... C'est du Sarko!» Une fois arrivé au sommet du pouvoir, Sarkozy connaît le pire Paris de l'histoire. Déjà médiocre en 2006-2007, le club de la capitale frôle la relégation en 2008. La crise financière des subprimes menace puis frappe le monde, mais le président Sarkozy ne lâche pas son club de cœur pour autant. Alain Cayzac, boss parisien durant les pires heures du club, est reçu régulièrement au palais présidentiel. L'hôte lui demande comment va le groupe, comment il pourrait l'aider. Cayzac apprécie l'attention. Paris se sauve in extremis à Sochaux, le 17 mai 2008.

Quelques années plus tard, qui paraissent être une éternité, après une rencontre du PSG au Parc, on aperçoit régulièrement Nicolas Sarkozy dans le vestiaire parisien aux côtés de Nasser Al-Khelaïfi, pour féliciter les joueurs. «Le vrai président du PSG, c'est moi», ironisait-il en 2014, selon le magazine *L'Express* [72]. L'ancien chef de l'État, fidèle des rouge et bleu, les joueurs le savent et le lui rendent bien, le 28 janvier 2019, jour de ses 64 ans, en lui offrant un maillot floqué «Nicolas», numéroté 64 et dédicacé par l'ensemble de l'effectif. «On a la même passion, et maintenant on a aussi le même maillot!», remerciera l'intéressé sur les réseaux sociaux. Alors, Sarko, président du PSG un jour? Un fantasme de beaucoup de journalistes et de supporters. Même ses fils en rêveraient secrètement. Pascal Praud n'y croit pas. «Quand vous avez été président de la République, c'est difficile de devenir président d'un club de foot, tout simplement.» Il y a bien l'exemple de

72 Benjamin Sportouch, « Sarkozy: "Le vrai président du PSG, c'est moi" », *L'Express*, 13 mai 2014 : https://www.lexpress.fr/actualite/politique/sarkozy-le-vrai-president-du-psg-c-est-moi_1543073.html.

Mauricio Macri, en Argentine, devenu président de l'Argentine en 2015 après avoir longtemps été à la tête du club mythique de Boca Juniors [73]. Nous y reviendrons ultérieurement. Mais, en termes de «culture foot», l'Argentine n'est pas la France. Et Macri est devenu chef d'État dans un second temps. L'amitié qui lie Sarkozy à l'émir du Qatar, les multiples casquettes portées par Nasser Al-Khelaïfi, et qui donnent parfois l'image d'un homme fatigué et dépassé, ont longtemps entretenu le doute… et le mythe. «Je n'ai jamais voulu devenir président du PSG», tempère l'ancien boss de la droite française, sur le plateau de *L'Équipe du soir* en janvier 2018. Mais comme le clamait son prédécesseur à l'Élysée, Jacques Chirac, «les promesses n'engagent que ceux qui y croient».

Nicolas Sarkozy et Emmanuel Macron ne se connaissaient pas, ou très peu. Ils auraient pu être adversaires en 2017, si le premier avait remporté la primaire des Républicains. Les électeurs lui ont préféré son ancien premier ministre, François Fillon. A priori assez éloignés, que ce soit en termes de générations, de caractères, de parcours et à certains égards de convictions, les sixième et huitième présidents de la Vᵉ République française partagent en réalité un point principal. Ni l'un ni l'autre ne porte dans son cœur François Hollande. Autres similitudes : leur goût de la lecture, de l'écriture, et surtout leur dimension clivante et l'hostilité suscitée à leur égard. Les deux hommes ont appris à se connaître depuis le début du quinquennat Macron. Ils se sont apprivoisés, s'apprécient, multiplient les gestes d'affection. De nombreux sarkozystes sont

73 Sous sa présidence, entre 1995 et 2007, Boca Juniors a remporté 17 trophées.

même entrés dans les gouvernements d'Édouard Philippe et de Jean Castex, lui-même secrétaire général adjoint de l'Élysée sous Sarkozy. Mais une différence majeure les oppose. L'un a le PSG qui coule dans ses veines. L'autre a l'OM dans la peau.

Emmanuel Macron, né à Amiens en Picardie, a vite rejoint la capitale pour s'accomplir. Sur le papier, rien de marseillais donc. Et pourtant le jeune Emmanuel choisit vite l'Olympique de Marseille. Pour le meilleur et pour le pire. La passion ne s'explique pas. «Ce qu'il est prêt à jurer, c'est que la cité phocéenne a toujours coulé dans ses veines. Adolescent, il se souvient d'avoir vibré devant la "cavalcade formidable" des hommes de Bernard Tapie. Il n'avait que 15 ans, mais le sacre européen du 26 mai 1993 reste l'une des plus belles soirées de sa vie», détaille le journaliste du *Figaro* Arthur Berdah [74]. Preuve en est de son attachement à la cité phocéenne, son déplacement, trois mois après son élection, à Marseille, où il n'a pu s'empêcher de se rendre à la Commanderie, centre d'entraînement de l'OM, pour y taper le ballon et rencontrer le groupe. De quoi surprendre et ravir les Olympiens. Quelques semaines auparavant, dans un documentaire diffusé par TF1, *Emmanuel Macron, les coulisses d'une victoire*, on y voyait le nouveau président se lamenter auprès de son épouse d'une énième défaite de son club contre Monaco, scène cocasse en pleine campagne présidentielle. Marseille, une ville de laquelle il se dit amoureux, à laquelle il réserve une attention toute particulière, en

74 Dans son livre *Emmanuel Macron, vérités et légendes*, Perrin, 2021.

témoigne sa visite d'ampleur d'une durée de trois jours en septembre 2021.

Concernant le foot, on est vite tenté de comparer son attachement marseillais à celui de son aîné au PSG. Le « président des riches », comme le surnomment ses détracteurs, est-il autant passionné des bleu et blanc que Sarko des rouge et bleu ? « C'est un supporter parce que l'OM l'a fait rêver quand il était gosse. Mais ce n'est pas comme Sarkozy qui est à fond. Ça reste un supporter sincère de l'OM, je pense », témoigne Sacha Houlié [75], député LREM de la Vienne, grand fan de l'Olympique de Marseille, qui rencontre le président une fois toutes les six semaines environ. Est-ce cette étiquette de président « jupitérien », de président des riches qu'il traîne comme un fardeau ou de faux marseillais qui rend peut-être cet attachement moins authentique ? Derrière une passion sincère, n'y a-t-il pas une forme de calcul politique, une manière de casser l'image précédemment décrite, de se « populariser » davantage aux yeux d'une population plus mixte et moins huppée ? Roland Lescure, député LREM des Françaises et des Français de l'étranger, réfute la thèse d'une récupération marseillaise de la part du plus jeune président français de l'histoire. « Les fans sont peut-être un peu déçus ou désabusés de la politique, donc il faut le faire de manière naturelle ou spontanée. Les gens le voient, sinon. Certains le font et ça se voit. Jean-Luc Mélenchon, ce n'est pas un footeux. Hollande est un footeux, Sarkozy est un footeux », assure celui qui est fan du PSG. « Emmanuel Macron, on sait que, malheureusement,

75 *Cf.* chapitre 8, « Assemblée nationale, terre de foot », p. 117.

il supporte l'OM depuis toujours (rires). C'est une histoire de génération, il a connu le foot en partie avec le coup de tête de Basile Boli, et c'est difficile de se remettre de ça. Quand vous êtes un vrai fan, les gens le voient ! On sait qu'Emmanuel Macron est un vrai fan de l'OM. Et, que l'OM gagne ou perde, je pense qu'on lui donne plutôt crédit. Les gens ne sont pas dupes. Il faut faire attention à la récupération ! J'insiste. Quand j'ouvre le *Parisien* ou *L'Équipe* le lendemain d'une victoire du PSG, je n'ai qu'une envie, c'est de la prendre en photo et la mettre sur Twitter pour partager ma joie. Mais on ne doit rien récupérer », ajoute Roland Lescure [76], privé du huitième de finale de l'Euro France-Suisse en raison du discours du président au sommet Choose France.

Emmanuel Macron, supporter, pas autant que Nicolas Sarkozy ? Constat qui se tient. Les deux hommes ne sont en revanche pas dogmatiques en la matière. Nicolas Sarkozy apprécie et respecte Marseille et son club phare. Pas de PSG sans OM et vice versa. « J'en parlais souvent avec Nicolas Sarkozy qui me disait que, après le PSG, il appréciait l'OM. Il ne comprenait pas que nous, marseillais, on se réjouisse des défaites du PSG en Coupe d'Europe. Ça le mettait en pétard, il disait : "Mais comment pouvez-vous faire ça ? C'est la France !" Vous voyez la vision de Nicolas Sarkozy, ce sont les équipes françaises. Il ne comprend pas qu'on puisse préférer Manchester, Barcelone, le Bayern à un club français », raconte Éric Diard [77]. Contrairement à Nicolas Sarkozy, et comme le veut la tradition qui voit le président de la République remettre le trophée à l'équipe

76 Entretien avec l'auteur, le 28 juin 2021.
77 Entretien avec l'auteur le 23 juin 2021.

victorieuse de la Coupe de France, Emmanuel Macron n'a jamais eu la chance de féliciter l'OM [78]. A contrario, à quatre reprises, il a décoré le vainqueur parisien, en 2017, 2018, 2020 et 2021. Marseillais de cœur, et malgré quelques petites plaisanteries et railleries envers le rival parisien, le chef de l'État sait se montrer pragmatique et patriote quand il le faut, même avec le PSG. Ainsi, dans une interview accordée à BFM à quelques jours du coup d'envoi de l'Euro 2021, interrogé sur le dossier Kylian Mbappé au PSG, il n'hésite pas à encenser le club de la capitale et à afficher sa volonté de le voir poursuivre l'aventure à Paris et dans le championnat de France. « Le PSG est un très grand club qui a su le faire grandir [...]. C'est un jeune homme qui force l'admiration de millions de Français. » Quatre ans plus tôt, le président s'était vu offrir un maillot du PSG par le patron parisien Nasser Al-Khelaïfi, lors d'un déplacement dans les Yvelines. De là à accueillir un jour les joueurs du PSG à l'Élysée en cas de triomphe en Ligue des champions ? « J'espère ! Sinon, je les accueillerai ici à l'Assemblée, moi (rires). Je pense que oui. Il est assez ouvert, il a quand même annoncé que Mbappé allait rester au PSG », précise Roland Lescure.

Si la question d'un rôle majeur de Sarkozy au PSG s'est posée, l'ivresse marseillaise d'Emmanuel Macron suscite aussi l'interrogation. Lui qui embrasse mille vies, auteur, banquier, ministre, président, se lancera-t-il un jour dans le monde du football ? Dans son ouvrage, Arthur Berdah livre cette anecdote. « Sa réputation le précède jusqu'en Argentine. En témoigne son échange dans une église

78 Président, Nicolas Sarkozy avait remis la Coupe de France au capitaine du PSG Claude Makélélé en 2010.

de Buenos Aires avec son homologue Mauricio Macri, qui dirigea le club de Boca Juniors avant de prendre les rênes du pays. “J’étais bien plus populaire à l’époque”, a ironiquement glissé l’Argentin fin 2018, suggérant à son homologue de l’imiter, en sens inverse : diriger un club après l’Élysée. “Pourquoi pas, dans une autre vie?”, s’est esclaffé le Français.» La porte n’est pas fermée. Le propriétaire olympien, Frank McCourt a dû apprécier. Macri-Macron, une manière, au passage, d’utiliser le football à des fins diplomatiques entre homologues, comme le faisait le secrétaire d’État américain, Henry Kissinger, en son temps.

Attentif à l’actualité du ballon rond et plus encore aux résultats des Marseillais, Macron s’octroie le luxe d’enfiler short et crampons à de rares occasions. Chacun de ses faits et gestes est scruté à la loupe et il en a conscience. Dans le cadre de l’opération Pièces Jaunes, il disputait ainsi une rencontre avec le Variétés Club de France le 14 octobre 2021. Le président s’est dépensé, a marqué, même s’il n’est pas le plus à l’aise sur un terrain de foot. «On a traité son but le soir dans *L’Heure des Pros*, rapidement. Ce qui m’a surpris, c’est que, quand je l’ai vu toucher le ballon, je pensais qu’il avait plus de dextérité avec la balle. En fait, c’est un mec qui n’a pas beaucoup joué. Ça se voit tout de suite. Il n’a pas joué dans un club, Macron, il a peut-être joué comme ça, sur la plage», estime Pascal Praud [79]. Sans surestimer son importance, le football, et plus spécifiquement la trajectoire de l’équipe de France, a accompagné le quinquennat du natif d’Amiens. Plus

79 Entretien avec l’auteur.

chanceux que Nicolas Sarkozy qui avait eu à gérer le fiasco de Knysna et la honte nationale des Bleus de 2010, Emmanuel Macron peut se targuer d'être le président d'une France championne du monde (2018). Une première depuis Jacques Chirac en 1998. L'image d'un chef d'État élu un an plus tôt, fou de joie dans les tribunes de Moscou lors de la victoire en finale contre la Croatie, à deux sièges seulement de Vladimir Poutine, a fait le tour du monde. Les vidéos de lui dans le vestiaire français à l'issue de la rencontre, au milieu de champions du monde déchaînés, ont également nourri médias et réseaux sociaux. Proche de Florian Thauvin, de Kylian Mbappé et de plusieurs autres membres du groupe France, Emmanuel Macron est parvenu à créer une alchimie avec les Bleus de Deschamps comme peu de ses prédécesseurs avaient réussi à le faire. Le succès sportif l'a évidemment aidé, le président a su habilement en profiter, sans jamais trop en faire. « Vous savez, depuis que je suis ici, tous les présidents sont venus, j'ai passé quelques années... Chirac aimait bien venir, François Hollande adorait... Alors, Sarko, je ne vous dis pas ! Et puis le président de la République actuel, il est très heureux de passer aussi », racontait le président de la Fédération française de football, Noël Le Graët, la veille de l'Euro 2020 [80]. « C'est agréable, parce qu'il est d'abord courtois, ce qui est bien sûr la moindre des choses, et il se met aussi à la place des joueurs, ses mots ne sont pas du tout politiques, plutôt presque ceux d'un dirigeant. Pour la Coupe du monde, il avait dit en gros : "Quand on y va, c'est pour gagner" et, là, il a dit que l'équipe avait "le pouvoir de faire du bien au pays". »

80 Interview accordée à Sofoot.com.

Amateur de boxe qu'il pratique le plus souvent possible, Emmanuel Macron connaît les valeurs du sport. Peut-être un conseil supplémentaire prodigué par Nicolas Sarkozy, habitué à préconiser quelques nominations ou décisions politiques à son benjamin. L'actuel président veut faire de nos champions du monde des modèles pour les Français, au sein d'une société de plus en plus fragmentée. «Il ne faut pas mettre trop de pression à cette équipe de France. Mais le sport peut fédérer et créer des moments d'unité nationale qu'on peut transformer collectivement en autre chose. Nous sommes fiers d'une équipe où les joueurs ont des origines familiales, géographiques très différentes. C'est le visage de la France. C'est un très bel exemple de ce à quoi j'aspire pour ce pays : de la bienveillance et de l'ambition. Je leur ai dit que le groupe est plus fort que chacun. C'est l'esprit du sélectionneur. Sur le papier, on a les meilleurs joueurs. Mais c'est ensemble qu'ils sont beaucoup plus forts, avec leur capacité à se sacrifier pour le collectif[81].» Possible symbole de cette alchimie et de cette ambition : Karim Benzema. Longtemps écarté du groupe France en raison de l'affaire de la *sextape* et des nombreuses polémiques qui ont suivi, l'attaquant du Real Madrid est l'illustration que le temps fait bien les choses. Son talent hors norme et le pragmatisme du sélectionneur Didier Deschamps auront eu raison du froid entre les deux hommes. Pour le plus grand bonheur des Français, et de leur président. «Je pense que Karim Benzema représente quelque chose. Il y avait eu des moments plus tendus. Pour beaucoup de Français, c'est d'abord un grand champion de foot, et je ne dis pas ça que pour sa jeunesse lyonnaise

81 Interview accordée à BFM TV, le 10 juin 2021.

(sourire). Il est parti depuis plusieurs années en Espagne et est suivi de près par les fans. Je pense aussi que c'est un modèle de réussite pour beaucoup de jeunes issus de l'immigration. Je pense que le sélectionneur a fait le bon choix, pour son équipe et le sport. Il a aussi fait un choix qui est important et symbolique pour la nation. Ça veut dire que, quand on a des différends à un moment donné, des raisons qui font qu'on ne retient pas quelqu'un, eh bien, on peut évoluer parce que cette personne mûrit, corrige ses défauts. Karim Benzema a gagné en maturité sportive et personnelle. On le sent, il est beaucoup plus serein et épanoui.» Karim Benzema, chouchou des présidents français? «Il fait une carrière magnifique. Je n'aime pas quand on tape sur ce garçon. Il mérite mieux que ça», affirmait déjà en 2018 Nicolas Sarkozy, sur un plateau de télévision.

À deux ans des Jeux olympiques de Paris, Emmanuel Macron a-t-il enfin saisi l'importance du sport pour notre société? Si le discours général va dans ce sens, certaines décisions prises durant le quinquennat semblent le contredire[82]. Et que dire de sa déclaration du 13 septembre 2021, devant les médaillés olympiques et paralympiques des Jeux olympiques de Tokyo? Dans un discours ambitieux, c'est le moins que l'on puisse dire, il a exhorté les athlètes tricolores à «faire beaucoup plus en 2024, parce que ce sont nos Jeux, à la maison, on est attendus», plaçant l'objectif d'intégrer «le top 5» des nations. Au Japon, la délégation française a ramené 33 médailles, contre 42 à Rio en 2016 et 35 quatre ans plus tôt à Londres, plaçant

82 *Cf.* chapitre 18, «L'état du football français», p. 317.

systématiquement la France dans le top 10, mais bien loin des mastodontes que sont la Chine, les États-Unis, la Grande-Bretagne ou encore la Russie. Faire plus, faire mieux, remédier au « bilan mitigé » de certaines disciplines en 2024 à Paris… et comment, par un coup de baguette magique ? « Il fallait investir plus et bien avant », rétorque devant les journalistes le judoka Teddy Riner. Emmanuel Macron se réveille-t-il trop tard ? Pourquoi ne pas corréler cette ambition à une hausse significative du budget alloué au sport afin de parvenir à ces objectifs ? En tout état de cause, cette remise des médailles, version président jupitérien, n'a pas arrangé l'image arrogante qu'il peut renvoyer. « Macron se paie les sportifs », titre même BFM TV. Intéressé par le sport, fan de l'OM, ça, on le sait. Mais, en cas de réélection, Emmanuel Macron devra en faire plus s'il ne veut pas laisser l'image d'un président qui en parle beaucoup… et qui en fait peu.

7

FRANÇOIS HOLLANDE : UN DISCRET PASSIONNÉ

« Grâce au foot, j'ai aimé les gens. »

N'y a-t-il pas, pour le sport qui nous est cher, plus bel hommage de la part d'un président de gauche ? En juin 2018, l'ancien chef de l'État confessait au journaliste Vincent Duluc[83] son rapport au football. Un entretien sans détour, comme il l'avait peu fait auparavant concernant le foot. De quoi surprendre de la part d'un président « normal », somme toute contaminé, lui aussi, par cette passion dévorante. Comme nous l'a confirmé Nathalie Iannetta, son ancienne conseillère, « le football, chez François Hollande, c'est une passion totale, absolue, ancestrale ».

L'histoire débute dans sa ville natale. Rouen. Stade Robert-Diochon. Dès son plus jeune âge, le grand-père

83 Entretien accordé au magazine *L'Équipe* et publié le 7 juin 2018.

du futur président l'y emmène voir le FC Rouen. Comme n'importe quel gosse, François Hollande tombe dedans. Le foot, le foot, le foot. Il rêve de devenir avant-centre des Diables Rouges, club où il évolue quelques saisons durant ses jeunes années. Daniel Horlaville, buteur de l'US Quevilly puis du FC Rouen, rend fiers les Normands, et l'adolescent François s'imagine lui aussi devenir un jour le héros de toute une région. « C'était un personnage assez singulier. Il était en équipe de France amateurs et refusait de passer professionnel pour rester avec son club de Quevilly qui voulait garder son statut amateur. C'était un club communiste, et c'était une conception du football qui faisait refuser de jouer pour l'argent. » Déjà, tout le prédestine à s'orienter à gauche. Avec le foot, au stade, Hollande apprivoise l'atmosphère populaire, les rituels du dimanche après-midi en tribune, le public. Peut-être son futur public.

Pas ou très peu de matchs retransmis à la télévision, alors, pour voir les rencontres, il faut se déplacer. « De mon temps, puisque je suis d'une génération qui peut se réclamer de la nostalgie, aller au foot, c'était participer à une culture populaire. On était debout, nos voisins partageaient leurs frites avec nous, les gens se parlaient, et j'ai découvert des catégories sociales qui n'étaient pas forcément dans mon champ de vision quand j'étais jeune. C'était le foot des ouvriers, des employés, qui m'expliquaient le jeu. Grâce au foot, j'ai aimé les gens. » Et puis il y a les Bleus. Une manière, comme tout un chacun étant gamin, de rentrer pleinement dans le monde du football et de développer une forme de patriotisme. Hollande doit attendre ses 12 ans pour vivre son premier Mondial. Son premier souvenir de football, avec la frappe de Philippe

Gondet contre la Yougoslavie [84] qui envoie tout droit les Bleus à Londres. Non qualifiés quatre ans plus tôt, en 1962, pour le Mondial chilien, les tricolores emmenés par Jean Djorkaeff ne passent pas le premier tour de l'édition anglaise. Un souvenir douloureux, mais l'esquisse de ce que seront, tous les quatre ans, les étés rythmés par une France derrière ses hommes en maillot bleu et en short blanc.

Très vite, la prise de conscience. Le rêve ne se réalisera pas. Un autre surgira quelques décennies plus tard, mais Hollande ne deviendra pas footballeur professionnel. Au fil de ses études et à mesure que sa carrière politique se dessine, l'homme de gauche ne délaisse pas sa passion, mais abandonne quelque peu la pratique. Celle-ci devient occasionnelle, à l'université puis une fois député de Corrèze en 1997 avec ses collègues parlementaires. L'équipe de France fait face à un immense trou d'air. Entre l'ère Kopa et l'avènement de la génération Platini, rien ou presque. Exit Mexique 1970 et Allemagne 1974. De quoi frustrer la génération Hollande, alors jeunes adultes. Lui-même est de plus en plus habité par la politique. Il veut en faire carrière. Sciences Po, HEC, l'ENA, parcours classique et non moins remarquable des hommes d'État. Puis le grand bain. L'adhésion au Parti socialiste, la mairie de Tulle, la Corrèze sur les pas de Jacques Chirac, ennemi avant de devenir soutien. Hollande, cheveux longs sur le crâne, est un ambitieux de la politique, mais toujours un passionné de ballon rond. Admirateur de Pelé, « C'est le meilleur joueur de l'histoire, il avait le football dans

84 Match déterminant pour la qualification au Mondial 1966, la France bat la Yougoslavie 1-0 au Parc des Princes, le 9 octobre 1965.

le sang», le Normand vibre en 1982 lors de la «nuit de Séville». «C'est le match qui m'a donné le plus d'émotion dans ma vie», confie-t-il[85] à propos de la demi-finale RFA-France. Cette passion du foot, cet amour du stade transmis par son grand-père, l'homme de gauche la transmet à ses enfants, en les emmenant aux matchs dès qu'il le peut. Au Parc des Princes évidemment, mais aussi à Cannes, pour les débuts d'un certain Zinédine Zidane.

Le football tarde à être considéré politiquement. Avant 1998, la classe politique oscille entre mépris et désintérêt. Les prouesses des hommes de Michel Hidalgo, qu'Hollande admire, comme il aimait beaucoup Just Fontaine, ne dépassaient pas le rectangle vert. «C'était l'idée, un peu stupide d'ailleurs, d'un marxisme élémentaire qui laissait penser que le sport détournait de l'engagement et de la conscience politiques. C'était l'idée que les jeux ne permettaient pas de mesurer les enjeux. Alors qu'en Italie, par exemple, le football était devenu une cause politique, avec des joueurs emblématiques de l'esprit de progrès et de liberté. Les intellectuels français, eux, étaient très méprisants. Camus était un passionné de football, mais on n'imaginait pas Sartre aller au stade, ou bien les "Maos" se passionner pour le foot après 68. Il n'y avait que Cohn-Bendit, et encore, on ne le savait pas, à l'époque. Les intellectuels français étaient très distants avec le sport en général et avec le football en particulier. Seul le Parti communiste, il faut le reconnaître, avait compris que le sport était un enjeu de société et qu'il était possible de susciter par le sport des vocations et

---

85 Sur le plateau de *L'Équipe du soir*, le 15 mars 2021.

des engagements», confiait en 2018 le chef de l'État au magazine *L'Équipe*. Le débat et les discussions restent minimes. En 1969, le contrat à temps est adopté en France et les joueurs ne sont plus liés à vie à leur club. Une forme d'avancée politique vers plus de liberté qui parle à François Hollande. Tout comme l'ouverture aux footballeurs d'autres horizons. Avant l'arrêt de décembre 1995, le championnat de France accueillait déjà les Yougoslaves qu'étaient Safet Susic et Vahid Halilhodžić ou encore, dans le Forez, les joueurs africains Rachid Mekhloufi, puis Salif Keïta. La France du football admire les prouesses d'Hervé Revelli et Dominique Rocheteau que, déjà, le natif de Rouen est sensible à l'autre. Du moins, «sur le papier».

Passionné depuis le plus jeune âge, François Hollande met du temps à le faire savoir. Contraste saisissant avec son prédécesseur, Nicolas Sarkozy, qu'il ne porte pas en haute estime. L'ancien maire de Neuilly-sur-Seine est étiqueté, assimilé, identifié PSG. Le Parc des Princes est sa deuxième maison. Son successeur, celui qui lui a coupé l'herbe sous le pied en 2017, adore l'OM. Emmanuel Macron n'hésite pas à le faire savoir. À propos du socialiste, hormis quelques prises de parole, il est moins aisé de connaître les détails de l'exercice de sa passion. Qui supporte-t-il? Le FC Rouen, mais pas seulement. Un temps sensible au FC Nantes, Hollande apprécie l'AS Monaco, club qu'il porte véritablement dans son cœur. Rouen, Nantes, Monaco, a priori, peu de similitudes. Des clubs régionaux, populaires, qui parlent à une France pas forcément conquise par la domination des deux clubs phares, Marseille et Paris. Et que dire du Red Star, qu'il a réussi à apprivoiser, jusqu'à en faire un symbole politique? Le Red Star ou l'anti-PSG, club de la banlieue nord de

Paris, aux moyens limités et surtout aux antipodes d'un Paris Saint-Germain version qatarie rempli d'argent. Voilà pour les clichés. La passion versus le pognon. Soyons fous. Une bonne manière de cultiver son image et de s'ancrer à gauche au cours d'un quinquennat 2012-2017 loin d'être un long fleuve tranquille pour l'exécutif socialiste. À Saint-Ouen, au Red star, c'est le football d'« en bas », dans un stade Bauer atypique, mythique, où les habitants de l'immeuble voisin peuvent assister au spectacle depuis chez eux. Loin du 16e arrondissement cher à Sarkozy. Dans la pratique sportive aussi, Hollande se démarque de son rival. Terminés les footings à répétition, l'image d'un président dynamique et sportif que souhaitait renvoyer Nicolas Sarkozy. Le bourreau de la droite en 2012 a décidé d'être un président « normal » et il l'est jusqu'au bout. Passionné, oui, pratiquant, non.

S'il aime le football, ce que nous confirme en entretien son ancien Premier ministre Manuel Valls, quid des footballeurs ? Dans le livre *Un président ne devrait pas dire ça...* paru en octobre 2016 chez Stock, les journalistes Gérard Davet et Fabrice Lhomme révèlent des propos tenus par le président Hollande dès 2012 à l'issue de l'Euro. « Il n'y a pas d'attachement à cette équipe de France. Il y a les gars des cités sans référence, sans valeurs, partis trop tôt de la France. Ils sont passés de gosses mal éduqués à vedettes richissimes sans préparation. Ils ne sont pas préparés psychologiquement à savoir ce qu'est le bien, le mal. [...] La Fédération, ce n'est pas tellement des entraînements qu'elle devrait organiser, ce sont des formations. C'est de la musculation de cerveau. » Pas de quoi rapprocher la politique du football. Surprise également pour un homme qui dit avoir « aimé les gens grâce au football ». En juin

2018, dans le magazine *L'Équipe*, l'ancien président s'expliquait sur ces mots rapportés dans un livre qui a grandement contribué à sa non-représentation à l'élection présidentielle de 2017. « Ces propos n'étaient pas du tout liés à l'équipe de France d'aujourd'hui, mais à ce qui s'était passé en 2010 à Knysna. Il y avait là une évolution insupportable, une perte de sens, et cela a changé, heureusement. De ce point de vue, Didier Deschamps, pour lequel j'ai une grande estime, a su édicter des règles, même s'il y a eu l'affaire Benzema. [...] Mais il faut aimer les footballeurs. Il faut seulement comprendre qu'il y a des joueurs de génie qui ne peuvent pas être admirables en tous points. Cristiano Ronaldo est un joueur d'exception, mais on n'est pas obligé de le trouver sympathique. Zidane était un immense joueur, il est un entraîneur exceptionnel et c'est un homme qu'on a envie de connaître. » Tentative de défense. On ne peut pas dire que le quinquennat Hollande débute sous les meilleurs auspices entre le nouveau chef de l'État et le football français. Si Sarkozy avait dû affronter le cataclysmique épisode Knysna, l'ancien maire de Tulle doit faire face à ses promesses de campagne. Parmi celles-ci, la taxation exceptionnelle à 75 % de tous les revenus d'activité supérieurs à 1 million d'euros. Et ce durant deux ans. De quoi susciter la grogne des clubs de l'élite, déjà désavantagés par rapport à leurs concurrents européens concernant l'imposition. Grèves de rencontres, représentants des clubs à l'Élysée, le nouveau président ne s'est pas mis le football tricolore dans la poche, c'est le moins que l'on puisse dire, sans pour autant céder et faire d'exception pour le monde du foot. Domicilié « à l'étranger », seul l'AS Monaco, club de cœur du président Hollande, a pu esquiver le cadeau empoisonné. Paris, Lyon, Marseille et tous les autres ont dû apprécier.

François Hollande, c'est aussi l'histoire d'un président de la République et de son rapport à l'équipe de France. En toute franchise, sur le canal 21 de la TNT, il assume l'enjeu médiatique du sport. Un président s'intéresse aux victoires. Elles servent parfois plus au politique qu'au sport en général, notamment dans le sport amateur. Hélas pour lui, pas de trophée majeur sous son mandat. Tout le monde n'a pas la chance d'Emmanuel Macron. De beaux parcours, cependant. Le début de la renaissance en 2014, au Brésil, pour la première compétition de Didier Deschamps à la tête des Bleus. Élimination en quarts de finale contre l'Allemagne, future championne du monde. Puis l'Euro 2016, en France. Les Bleus d'Antoine Griezmann font le métier. Ils donnent du plaisir à un peuple meurtri par une série d'attentats, les mois précédents. Chacun craint pour la sécurité autour de l'événement. Il faut sécuriser les stades, leurs alentours, les *fan zones*. La compétition se déroule sans encombre et c'est à mettre au crédit de l'exécutif. Le chef de l'État assiste aux rencontres de l'équipe de France. En demi-finales, au stade Vélodrome pour la revanche face à l'Allemagne. Hollande se rappelle avoir bousculé de joie le chétif Noël Le Graët, président de la FFF, après le deuxième but inscrit par Griezmann en fin de rencontre. Moins d'euphorie et beaucoup plus de peine en ce qui concerne la finale perdue 1-0 au stade de France, contre le Portugal. « Je le sens mal d'entrée. Le président du Portugal est installé à côté de moi et n'arrêtait pas de dire qu'on allait gagner, c'était désagréable. En plus, Ronaldo se blesse vite, ça galvanise un groupe. La défaite m'a fait beaucoup de mal, car, dans ce contexte, on avait besoin de cette victoire, de bonheur. »

Lui président, il sait depuis longtemps l'importance du foot dans l'état d'esprit d'une société. En 1984, François Mitterrand était le premier à en faire l'expérience à la suite du triomphe de la France au championnat d'Europe. Inutile de rappeler l'importance de l'épopée des hommes d'Aimé Jacquet en 1998. Cette France «black-blanc-beur» que Jacques Chirac maniait à merveille. Hollande confesse avoir lui-même entretenu cela. «Je faisais comprendre que j'étais proche de l'équipe de France, j'avais le souci chaque fois d'adresser un message à Deschamps, mais je n'allais pas dans les vestiaires et ne voulais pas faire de confusion. Mais, quand l'équipe de France a perdu la finale de l'Euro, je l'ai invitée à l'Élysée, parce qu'elle l'avait méritée [...]. Mais tout ce que fera l'équipe de France aura des répercussions sur la société. C'est cela, la responsabilité qui pèse maintenant sur les joueurs, dans un univers numérique qui les expose plus encore et où ils peuvent être tentés de s'afficher eux-mêmes. C'est beaucoup de responsabilités. Chaque fois que je leur ai rendu visite avant une compétition, c'est ce que je leur ai dit : "Vous devez être les meilleurs joueurs possible, et en plus vous devez faire attention, parce que tout ce que vous direz et ferez aura de l'influence sur la société [86]."»

François Hollande, c'est aussi le 13 novembre 2015. Pour toujours, son nom y sera associé, tout comme cette nuit de football puis d'horreur, un soir qui ne devait se résumer qu'à France-Allemagne, avant le drame. Un président qui ne devait pas se rendre à Saint-Denis et qui se retrouve contraint de quitter les lieux en seconde mi-temps pour

86 Entretien accordé au magazine *L'Équipe* et publié le 7 juin 2018.

gérer la suite des événements. Du président Hollande avec le football, c'est peut-être avant tout ce que l'on retiendra. Malheureusement. Qu'a fait, sinon cet épisode tragique, François Hollande pour le football français ? Son intervention auprès du président d'Azerbaïdjan pour convaincre l'investisseur azerbaïdjanais Hafiz Mammadov de verser les fonds qu'il avait promis au RC Lens en 2013 aura très certainement permis de sauver le RC Lens de la banqueroute. Lui président de la République cinq ans plus tôt, il n'aurait sans doute pas invité à l'Élysée Michel Platini et l'émir du Qatar afin d'inciter le Français à donner sa voix à Doha. La Coupe du monde 2022 au Qatar : une erreur selon lui. Pour le reste, pas grand-chose. Le candidat Hollande avait fait le serment que le sport aurait une part majeure dans son quinquennat. Il avait également annoncé la création d'un grand ministère regroupant l'éducation, la jeunesse et les sports. C'est finalement Emmanuel Macron qui concrétise l'idée en 2020. Lui président, son intérêt pour le sport et le football s'est fait aussi discret que sa pratique et sa passion lointaine. Lui président ne laissera pas un souvenir impérissable dans l'histoire du football français.

8

ASSEMBLÉE NATIONALE, TERRE DE FOOT

«Ici, c'est Paris!» Le ton est donné. Le territoire marqué. Tout est bon pour mettre en avant ses couleurs. Y compris la politique. Y compris le foot. Roland Lescure, député LREM des Françaises et des Français de l'étranger, ne s'y trompe pas. Le message est pour Hugues Renson, vice-président de l'Assemblée nationale, lors de son arrivée au perchoir pour présider la séance. «Un supporter de foot, qu'il soit député, charcutier ou autre, c'est un supporter [87].» Ensemble, ils partagent le même parti politique, certes, mais aussi la même passion, le PSG. Tellement supporters qu'ils ont décidé, en septembre 2018, de créer le groupe PSG-Députés. Hugues Renson, Roland Lescure et Pieyre-Alexandre Anglade, tous trois députés marcheurs, sont à l'initiative de ce groupe qui se veut «informel et transpartisan». «Assez vite, on s'est rendu compte, avec Renson, avec Anglade, avec Marie-Pierre

87 Entretien avec Roland Lescure, dans son bureau de l'Assemblée nationale, le lendemain des élections régionales, le 28 juin 2021.

Rixain et d'autres qu'on était un certain nombre à être supporters du PSG. On a fondé le club de supporters et on commente régulièrement les rencontres, les mercatos, les vicissitudes de Leonardo, dont on se demande s'il va réussir à créer une vraie équipe, un vrai collectif. On est comme dans tous les univers professionnels. Au boulot, à la machine à café, le lundi matin, entre Parisiens et Marseillais, on se chambre. Ça humanise les relations et ça permet de se chambrer avec les Marseillais en toute sympathie. Nous, à En Marche, on a cette fameuse boucle télégramme qui nous permet d'échanger sur les sujets politiques. C'est sûr que, quand Lille a remporté le championnat (en 2021), les Lillois se sont un peu lâchés. Je dois avouer que les Parisiens ont reconnu la défaite avec un bel esprit sportif. » À l'instar de son collègue Hugues Renson, député de la treizième circonscription de Paris à deux pas du Parc des Princes, Roland Lescure a le PSG dans la peau. Dans le nom aussi. Son demi-frère, Pierre, n'est autre que l'ancien directeur général de Canal +, propriétaire du club de la capitale entre 1991 et 2006. Malgré leurs vingt et un ans d'écart, Roland est rapidement imprégné de l'univers du Parc, présent notamment lors des mythiques quarts de finale retour de la Coupe de l'UEFA, PSG-Real Madrid, en 1993. « J'ai des souvenirs d'ado du PSG version Canal qui étaient absolument géniaux, mais j'avais 15-20 ans. Ça joue ! Le PSG-Real en 1993, avec Weah qui met un coup de tête, prend le ballon et court vers le rond central. Quelle image ! En termes d'émotions, j'ai des souvenirs émus de cette période. À l'époque, on était plus une équipe de coupes, avec les coupes de France, la coupe des coupes, etc. Il y avait davantage un côté volatile qui nous faisait plus rêver. »

Dans son bureau de l'Assemblée nationale sont présents sa collaboratrice parlementaire et un petit stagiaire, collégien. Il n'en rate pas une miette. «J'ai adoré», dira-t-il à la fin. Tel un citoyen lambda, ce qu'il est en somme, Roland Lescure raconte son enfance, les origines de sa passion pour le ballon rond. Le football est universel et les politiques n'y échappent pas. Comment ne pas jouer au football étant gamin lorsque l'on grandit à Montreuil, là où les jeunes se réunissent pour faire des matchs sur des terrains improvisés ? Chacun a connu cela, encore davantage en Seine-Saint-Denis, terre de football. Né en 1966, Lescure a d'abord le cœur vert. Comme la France entière. Une question de génération. Puis arrive 1978, la Coupe du monde en Argentine et le retour des Bleus sur le devant de la scène. Michel Platini, Dominique Rocheteau, Didier Six... «C'est là où je découvre toute la folie du Mondial. Le décalage horaire qui fait qu'on regarde les matchs à des heures improbables. C'est entre 1976 et 1978 que je commence véritablement à me passionner pour le foot.» Puis Dominique Rocheteau. L'ange vert devient rouge et bleu. Nous sommes à l'été 1980 et les jeunes Franciliens se disent que Paris peut enfin devenir ville de foot. Confirmation le 15 mai 1982. La finale de Coupe de France oppose le Saint-Étienne de Michel Platini au benjamin PSG, tout juste âgé de douze ans. Rocheteau poignarde les Verts dans les ultimes instants de la prolongation et offre au PSG une séance de tirs au but. Paris l'emporte. Francis Borelli, président parisien fou de joie, gagne son pari. Premier trophée de l'histoire du club de la capitale et tournant pour le public parisien jusqu'alors plus sensible aux prouesses des Verts qu'aux débuts du Paris Saint-Germain.

Roland Lescure est le produit de son époque. Sa passion des Bleus ne cessera jamais. Le traumatisme de 1982 encore en tête, la défaite en demi-finale contre la RFA aux penaltys, l'agression de Schumacher sur Battiston. Le tout vécu dans un café rempli d'Allemands sur l'île d'Oléron. Son intérêt pour le PSG augmente d'année en année, jusqu'à atteindre son apogée au milieu des années 1990. Valdo, Raï, Weah, Lama sont les princes de Paris. Plus jamais il ne changera de club. S'il adhère brièvement au Parti socialiste au milieu des années 2000 au moment de la candidature de Dominique Strauss-Kahn, il rejoint les troupes d'Emmanuel Macron quelques années plus tard. « Dans sa vie, un homme peut changer de femme, de parti politique ou de religion, mais il ne change pas de club de football », certifiait l'immense écrivain uruguayen, Eduardo Galeano. La transmission, en revanche, s'avère plus difficile. « J'ai transmis cette passion du foot à mes enfants, dont le dernier Félix, qui joue en amateur à Montréal où le foot est en train de devenir un sport très important. Lui, il est vite devenu fan de Ribéry... Donc, fan de l'OM. Ça crée une ambiance assez particulière à la maison. On s'est fait quelques classicos assez drôles. Il me chambre en disant qu'ils seront à jamais les premiers. Moi, ça fait plusieurs années que je le chambre au vu de leurs résultats. À Montréal, il y a des fans du PSG et de l'OM. Il y a un bar sur l'avenue du Parc qui s'appelle Le Massilia où tous les fans de Marseille se retrouvent pour regarder les matchs. Il y a la même chose avec le PSG. Montréal est une ville très multiculturelle, ça la rend sympathique. Quand l'équipe de hockey va en finale, tout le monde est derrière elle et, dès que la Coupe du monde de football arrive, tout le monde retrouve ses origines et ça crée une ambiance sympa. Évidemment, quand on a gagné la Coupe du monde en 2018, Montréal a complètement explosé, c'est devenu la première ville française en dehors d'Europe. Il doit y avoir pas loin de 100000 Français qui y résident, c'était la folie. » Habitant de Montréal depuis 2009, Lescure n'en reste pas moins parisien de cœur. L'antiparisianisme ? Il est ressenti jusque dans les couloirs de l'Assemblée. Chez les élus de toutes régions. « Tout le monde veut se payer Paris ! C'était déjà le cas quand on ne réussissait pas, alors, désormais, a fortiori, il faut faire tomber la capitale ! C'est vrai que le fait d'être détenu par le Qatar, avec cet investissement très important d'un fonds souverain, ça joue aussi. La politique du carnet de chèques agace également », concède-t-il.

Les Marseillais ne sont pas en reste. Loin de là. Partout en France, l'OM est supporté. Alors, dans la représentation politique, forcément, les Olympiens sont présents. Parce que, si le groupe PSG-Députés a vu le jour en septembre 2018, il ne faut pas s'y tromper, ce sont bien leurs rivaux du Sud qui sont à l'initiative de ce combat de supporters au sein même du palais Bourbon, sous la houlette d'Éric Diard, député LR des Bouches-du-Rhône. 73 députés et sénateurs sont aujourd'hui réunis sous la bannière OM Parlementaires, plus de trois ans après sa création. « Je suis député des Bouches-du-Rhône et de nombreux députés d'un peu partout m'interpellent, beaucoup de chauffeurs de taxi aussi sont des supporters de l'OM. Énormément de personnes suivent l'OM et je me suis dit : pourquoi pas faire un groupe OM parlementaires ? J'avais eu des contacts avec Jacques-Henri Eyraud [88] et, au mois d'août, je lui demande ce qu'il en pense. Il me dit : "C'est une super idée, viens me voir au premier match de la saison au Vélodrome." J'y vais et il me dit qu'il est OK, qu'il fera des réunions, une newsletter. Les membres d'en dehors des Bouches-du-Rhône, quand ils viendront, il les invitera au match. Il me dit aussi qu'il viendra faire des conférences à Paris. Fin août 2018, j'arrive à l'Assemblée, je prends tous les sénateurs et les députés, ça fait beaucoup, je leur écris personnellement, à la main ! En septembre, j'ai des retours... 75 parlementaires ! De partout ! Des DOM-TOM, etc. Ensuite, il y a eu un début de compétition. Quand ils ont vu ça, le vice-président de l'Assemblée nationale, Hugues Renson, a dit : "On ne peut laisser notre collègue Diard faire son truc tout seul, je propose de faire PSG-Députés." Il a fait sa lettre. Ensuite, ceux de Saint-Étienne nous ont dit : pourquoi pas nous, etc. Il y a même eu le député des Côtes-d'Armor, Marc Le Fur, qui a essayé de le faire avec Guingamp. Mais il est resté seul (rires)... Lyon et Saint-Étienne, ça n'a pas marché. Paris, ça lui a permis de faire du buzz... Nous, c'est plus concret », se félicite Éric Diard [89]. Il est un « vrai », comme on dit familièrement.

Né à Marseille, l'Olympique de Marseille accompagne son quotidien, quitte à oser un jour pénétrer l'hémicycle avec le maillot de l'OM. Un clin d'œil, dira-t-il, pour représenter Marseille dans la capitale. Quand il s'agit du club de sa vie, Diard n'est pas avare de jolis mots. Ses souvenirs d'enfance remontent à la surface, comme le fameux doublé de Didier Couécou face à Nice, un soir de janvier 1974,

88 Président de l'OM entre 2016 et 2021.
89 Entretien avec Éric Diard dans un café près de l'Assemblée.

alors que le jeune Éric n'a que neuf ans et qu'il assiste à son premier match de football. Nous sommes au stade Vélodrome, et il n'en sera plus jamais autrement. Arrive ensuite l'ère Tapie, Diard assiste au premier match, assis sur la piste cyclable où des balançoires ont été installées pour faire rentrer tout le monde. La finale perdue à Bari en 1991 avant la délivrance en 1993 grâce au coup de casque de Basile Boli. Diard est aux anges. Trop superstitieux pour se rendre à Munich, il ne ratera rien de la présentation du trophée au Vélodrome.

Plus qu'ailleurs encore, le football a une place essentielle dans la cité phocéenne. Quelle que soit ta profession – même homme politique –, l'OM fait partie intégrante de ton action. « L'OM, c'est une religion à Marseille. Les clivages politiques, religieux, sont dépassés par l'Olympique de Marseille. Quand on fait l'OM Parlementaires, il y a des socialistes, des communistes, pas de LFI, en revanche, il y a un RN, Stéphane Ravier, car il est sénateur de la région. Des LREM, des LR… Il y a de tout. On ne regarde plus l'étiquette quand on est fervent supporter. On va tous en même temps à la messe, on communie derrière l'équipe et on oublie les problèmes. D'ailleurs, c'est une ville qui n'a pas eu de problème de racisme dans son stade, par exemple. Pourtant, on sait que le vote de l'extrême droite est très élevé à Marseille. Quand on est au Vélodrome, on oublie ses idées politiques, on communie derrière son équipe. Deux couleurs seulement, le bleu et le blanc. » On pourrait croire que c'est une parole d'ultra. C'est celle d'un député de la République, tellement proche de son club qu'il en côtoie régulièrement les membres. De Jacques Abardonado, surnommé Pancho, ancien défenseur marseillais et actuel adjoint de Jorge Sampaoli, à André-Pierre

Gignac, le plus marseillais des anciens joueurs de l'OM. Tous se fréquentent occasionnellement, rassemblés par leur passion commune.

Comme tout bon Marseillais, il ne faut pas trop parler du PSG au député des Bouches-du-Rhône, pourtant régulièrement dans la capitale pour siéger à l'Assemblée ou commenter l'actualité sur le plateau de Laurence Ferrari, dans l'émission *Punchline*[90]. L'OM n'a plus gagné de trophée depuis 2012 (une coupe de la Ligue) et ça l'agace. Dans le même temps, le rival parisien engrange les titres et traverse l'une des époques les plus triomphantes de son histoire. Maigre consolation, l'incapacité pour l'heure du PSG à remporter la Ligue des champions, Graal qui obsède les Parisiens et que seul Marseille a remporté dans l'Hexagone. «C'est de l'humour, on se taquine. Il y a quelques mois, dans l'hémicycle, Hugues Renson présidait. Il venait d'être éliminé par Manchester City en demi-finale. Évidemment, j'ai fait une remarque. Il a répondu : "Bon, je voulais donner la parole à M. Diard, mais il a déjà beaucoup parlé." On s'envoie des vannes, je fais exprès, il n'y a que lui qui les entend. Quand on arrive en mars, je dis à Renson : "Ah, le mois de mars approche, vous allez bientôt perdre."» S'il assume de ne pas supporter le PSG en Ligue des champions, Diard sait reconnaître quand les partenaires de Kylian Mbappé réalisent un beau parcours européen. Il se félicite aussi qu'il soit possible de porter un maillot de Barcelone, de Chelsea... et même du PSG sur le vieux port de nos jours, confessant avoir eu un projet de créer une passerelle entre Marseille et Paris afin de faire

90 Diffusée sur CNEWS et Europe 1.

évoluer les mentalités et d'apaiser certaines tensions. En revanche, pas question de concéder que le PSG est le plus grand club français ! « La meilleure équipe ? Oui. Mais pas celle qui a gagné la coupe aux grandes oreilles (rires). »

Autre génération, mais passion au moins aussi intense chez le Marcheur Sacha Houlié. Élu député (LREM) de la Vienne à 28 ans, un temps plus jeune vice-président de l'Assemblée nationale, l'avocat de formation est assurément l'un des plus investis dans le football au Parlement, qu'il s'agisse de sa passion de supporter ou de ses combats en tant que député. Âgé de 4 ans lorsque Didier Deschamps soulève la première Ligue des champions remportée par un club français, ce n'est qu'à la toute fin des années 1990 que le jeune aux lunettes rondes bascule dans le football. La Coupe du monde 1998, les Bleus d'Aimé Jacquet, puis rapidement France-Paraguay en huitièmes de finale, José Luis Chilavert héroïque, Laurent Blanc libérateur d'une nation bleu-blanc-rouge. Sacha n'a pas encore dix ans mais, déjà, « Président » est son idole. À l'époque, il se contente de jouer occasionnellement dans la cour de récréation, loin de briller. Ses parents n'aimant pas le football, impossible d'aller au stade. Nous sommes à la fin de l'été 1998, la France a sa première étoile, et le stade Vélodrome vit l'un des retournements de situation les plus incroyables de son histoire. Menés 4-0 sur leur pelouse par Montpellier, les Marseillais de Rolland Courbis inversent la tendance et s'imposent dans les arrêts de jeu grâce à un penalty de... Laurent Blanc. C'est acté, Sacha Houlié et l'OM, ce sera pour la vie.

Notre entretien a lieu le 8 juillet 2021, jour de la signature d'un certain Sergio Ramos au PSG, l'un des plus grands défenseurs de l'histoire récente. « Ça m'est totalement égal (rires). J'aimais bien Ramos au Real Madrid. Mais le PSG, ce ne sont pas mes amis. » On a compris. On a affaire à un fada de l'OM. Pas étonnant quand on sait que l'une de ses références n'est autre que Marcelo Bielsa, « *El Loco* », coach olympien lors de la saison 2014-2015. L'arrivée de l'entraîneur argentin dans la cité phocéenne coïncide d'ailleurs avec les premiers pas d'Houlié au Vélodrome. Avant, un an d'Erasmus à Grenade où il écume la plupart des stades espagnols et suit la montée de Grenade en deuxième division. Puis une tournée des enceintes européennes : Hambourg, le dinosaure de Bundesliga, Naples et le célèbre San Paolo, rebaptisé depuis stade Diego-Armando-Maradona, ou encore le Panathinaïkos en Grèce. Enfin l'OM. L'OM de Bielsa et l'OM pour toujours. Installé à Paris et exerçant dans un cabinet d'avocat du 16e arrondissement, le Deux-Sévrien fait la plupart des déplacements à Marseille le dimanche soir pour aller supporter son équipe. « Je prenais le train et je restais à Marseille. C'était la folie. On était avec des copains, on sortait du stade, surexcités, on prenait le premier train à 5 heures du matin pour revenir à Paris. Ça ne plaisait pas beaucoup à ma compagne. Ça a un peu déstabilisé mon patron de l'époque quand j'étais avocat, car, un jour, mon train était en retard d'une heure et demie, il m'a vu débarquer dans le bureau en jean déchiré, lunettes cassées et sweat de l'OM bien parfumé, ça l'a un peu marqué. L'OM influence évidemment mon humeur. Aujourd'hui, mes collaborateurs regardent les matchs de Marseille pour savoir si ça va être une semaine A ou une semaine B comme ils disent. » Un manque de rationalité parfois, qu'il reconnaît tenter de gommer, mais une passion loin d'être reléguée au second plan. « Député de la Vienne, supporter de l'OM », tout est indiqué dans sa description Twitter. L'élu l'assume, cela fait partie de son identité, au même titre que motard. Le football guide une partie de son action politique, il a fait de la défense des supporters [91] l'un de ses principaux combats à l'Assemblée nationale en prônant notamment la légalisation des fumigènes. Son engagement au sein d'OM Parlementaires était également inéluctable. En tant que vice-président, là aussi. «Au départ, quand on est arrivés à l'Assemblée en 2017, ils nous voyaient comme des jeunes arrogants qui ne pensaient qu'à la politique et à leur carrière. Ça leur a permis de voir qu'on avait autre chose dans nos vies que ce qu'on avait construit. À leurs yeux, ça m'a humanisé et rendu plus sympathique, je pense.» L'OM Parlementaires n'est pas seulement un relais d'opinion. De vraies interactions ont lieu entre le club phocéen et la sphère politique. Avant la crise sanitaire, alors qu'il était encore président du club, Jacques-Henri Eyraud est venu présenter «l'OM *project*» aux parlementaires, avant de revenir, quelque temps plus tard, avec les jeunes U14 et U17 pour leur faire visiter l'Assemblée. Le boss de l'OM, Franck McCourt, est également venu présenter son «projet *liberty*» en juin 2021, un projet visant à repenser Internet en protégeant davantage les données personnelles des usagers. Il était accompagné d'Éric Diard. Les députés supporters de Marseille peuvent en retour assister aux rencontres à domicile quand ils sont présents dans le Sud. Certains préfèrent ne rien dire... «La difficulté en tant que député, c'est que je vais moins souvent à Marseille. Parfois, j'y vais, je vais au match et je ne dis rien à personne, parce que si je le dis je sais que je vais être invité, etc. Je vais dans mon coin,

---

91 *Cf.* chapitre 13, «Une Gilet-jaunisation des tribunes?», p. 197.

tout seul avec les potes en virage. Désormais, c'est facile pour moi d'avoir des places en présidentielle. C'est super chouette, mais, bon, ça a ses limites aussi... », admet Sacha Houlié.

Candidat à la vice-présidence de l'Assemblée nationale en juillet 2019, l'ancien militant socialiste s'incline face à Hugues Renson. « Encore une défaite de Marseille contre Paris ! », lance-t-on. « On peut dire ça comme ça, oui... », rétorque celui qui est resté assez humble lors de la victoire de l'OM au Parc des Princes en septembre 2020, mais qui aime rendre « à moitié hystérique » ses copains Renson et Anglade lorsque Paris se fait éliminer de Coupe d'Europe. « Ils peuvent aller aussi loin qu'ils veulent, tant qu'ils ne la gagnent pas, c'est le principal. » Simple comme le football.

Pas forcément le même parti ni le même club, mais la même passion... et parfois le même maillot ! Celui de l'équipe de France de football de l'Assemblée nationale. Depuis 2014, députés de tous bords (excepté le RN, aucun membre ne s'étant manifesté) mettent leurs idées politiques de côté le temps de rencontres contre le Variétés Club de France de Jacques Vendroux. « On est mauvais », affirme Éric Diard, plutôt défenseur, « mais on ne s'entraîne pas ! ». Les députés jouent peu ensemble, d'où leurs lourdes défaites, mais l'idée est là. Les LR occupent plutôt les postes défensifs tandis que l'entrejeu est animé par les LREM. François Ruffin (LFI), fan de football, s'était fait remarquer le 7 décembre 2017 en se vêtant d'un maillot de foot dans l'hémicycle lors d'une discussion sur la proposition de loi visant à instaurer une taxe sur les gros transferts. Il occupe le poste d'ailier dans cette équipe de France et se débrouille plutôt bien. Tout comme Adrien

Taquet, la plus-value du onze. Député des Hauts-de-Seine jusqu'en 2019 avant d'être nommé secrétaire d'État auprès du ministre des Solidarités et de la Santé, le Parisien de naissance a failli embrasser une carrière de footballeur. Formé au PSG, il a joué en cadet aux côtés de Pierre Ducrocq ou encore Didier Domi, avant d'opter finalement pour la politique à la majorité. «Un jour, il m'a fait une passe incroyable, j'ai compris son niveau. Quand je lui passe le ballon de manière médiocre, il me rend un bijou, vous voyez tout de suite qu'il a joué à un bon niveau», confirme Diard.

Le football rassemble même ceux qui, a priori, n'étaient pas destinés à en faire leur sport favori. C'est peu dire qu'Éric Coquerel en est le symbole. Ce passionné de voile, un temps chargé de la communication du Vendée Globe et du «professeur», le navigateur Michel Desjoyeaux, a longtemps pratiqué le rugby. Une quinzaine d'années auxquelles il a dû mettre un terme en raison de multiples blessures. Une vraie passion, il rêve encore parfois la nuit d'une mêlée ou d'un essai. Déterminé sur le gazon comme dans ses combats avec la France Insoumise, Coquerel n'a jamais été un grand joueur de foot. La mentalité, les engueulades l'ont vite éloigné des terrains de football. Entorse toutefois à la règle avec l'équipe de France des députés, dans laquelle il joue défenseur. «Et, contrairement à d'autres, je ne rate pas un match [92].» Difficile par ailleurs de rester insensible au football quand on est un élu d'extrême gauche, membre de LFI se voulant proche du peuple et, plus encore, député de la première

92 Entretien avec l'auteur.

circonscription de Seine-Saint-Denis, département où le foot est roi. Alors, quand on l'interroge sur une possible similitude entre la politique et le sport le plus populaire, il acquiesce : «Oui, effectivement. On peut faire la comparaison avec n'importe quelle organisation fondée sur un collectif. Moi, par exemple, j'ai toujours été très collectif. Je conçois mon engagement politique de la même manière. La comparaison me semble légitime.» Une réponse et une attaque à Emmanuel Macron à qui on prête peu d'amitiés et une personnalité très solitaire? Toujours est-il que Coquerel le reconnaît bien volontiers, le foot «est un sujet de société d'ampleur et c'est un sujet politique mineur à l'Assemblée».

Né en plein cœur des Trente Glorieuses, pas facile pour le jeune Éric d'échapper à la marée verte. L'écologie est encore loin de devenir un sujet politique de premier plan, mais le Saint-Étienne de Robert Herbin porte le football français grâce à ses épopées européennes. Le futur élu de la République fréquente ses premiers stades. Colombes évidemment, dans les Hauts-de-Seine, terre historique des rencontres de l'équipe de France et des finales de coupes nationales. Il s'y rend avec son grand-père pour le tournoi des Cinq-Nations, mais aussi quelques rencontres de foot. «J'ai été invité par le propriétaire du Racing Jacky Lorenzetti à aller voir un match du Racing Métro il y a quelques années[93]. J'ai retrouvé un lien particulier. J'aimais bien le Parc des Princes aussi. J'étais dans les premiers matchs du Parc, au début des années 1970. Le

93 Avant que les bleu, ciel et blanc ne déménagent à la U Arena en 2017-2018.

Parc des Princes, il y a quelque chose. C'est typiquement un stade de foot, fait pour ça.»

Les supporters du PSG apprécieront. Coquerel aime le stade, cet endroit théâtral où quelque chose de sensitif se passe lorsque l'on foule la pelouse. Un gazon qu'il ne peut s'empêcher de toucher lors de chacune de ses parties avec l'équipe de France parlementaire. Tel un côté enfantin qui ressort, même à 63 ans. «On a joué il y a pas longtemps au Stade de France. Quand vous sortez du couloir pour arriver sur le terrain, vous ressentez quelque chose de magique. J'avais ressenti la même chose à Colombes, premier stade de l'équipe de France. Je me rappelle aussi être allé voir les Rolling Stones en concert à Marseille. J'étais à la place de Fabien Barthez, il y a quelque chose de magique qui se passe dans ma tête. En tant que spectateur, j'aime aller voir un match. J'aime l'ambiance du stade.»

Presque plus que celle de l'Assemblée où il est l'un des plus grands opposants à la politique de l'actuel gouvernement. L'une des principales critiques émises à l'égard du football d'aujourd'hui est la perte des «valeurs traditionnelles», le règne de l'argent avec l'excès de certains investissements, des montants abyssaux dépensés par des clubs n'ayant pas forcément les moyens. Un foot dérégulé et des sommes records qui s'éloignent des valeurs revendiquées au quotidien par certaines idéologies politiques, dont LFI. «Chacun assume ses contradictions. Moi, je trouve que le foot, notamment depuis l'arrêt Bosman, c'est le règne d'un capitalisme débridé. Même s'il y a encore des régulations. Aujourd'hui, c'est devenu une telle industrie, un tel business que c'est dur de ne pas émettre des critiques. Mais j'assume le fait que, quand je regarde un match, je fais abstraction de cela. Malgré tout, comme je ne suis pas supporter d'un club, j'ai quand même moins d'émotions aujourd'hui face à ce que sont devenus des clubs comme le PSG que j'en avais lorsque je regardais Saint-Étienne quand il y avait deux étrangers dans l'équipe où la plupart des joueurs étaient du terroir, formés par le club, etc. Les joueurs restaient plus longtemps. J'ai moins d'émotions aujourd'hui, je m'identifie moins. En revanche, j'ai de l'émotion quand je vais voir jouer le Red Star. Car, là, il y a une identité encore très forte, de club populaire, identifié à gauche parmi les supporters. Mais c'est plus une identification intellectuelle qu'en termes de jeu. À côté de cela, quand je regarde jouer un Ronaldo et, a fortiori, quand je regardais jouer un Zidane, je ne le ressens pas. Zidane, je pense qu'il jouait de la même manière en équipe professionnelle qu'à la Castellane, avec la même passion de jouer. Même si ce sont des gens immensément riches, ils ont appris le foot dans des milieux populaires. On a pas affaire à des gens qui ont fait ça par business, au départ, ils font ça par passion. »

Un brin de nostalgie très certainement, mais aussi la conviction que l'argent ne rend pas forcément plus fort. Le PSG est au centre des débats. De plus en plus aimé et populaire, il n'en demeure pas moins de plus en plus détesté par ce qu'il représente (starisation de l'effectif, investissements hors normes, propriété du Qatar, etc.). C'est ce que révélait, en 2018, l'European Football Benchmark, une étude sur les supporters de football. Le PSG version QSI, trop bouleversant pour les adeptes d'un football d'antan ? « Je me souviens des années 70, le championnat avec Sainté et Marseille, avec Josip Skoblar, Salif Keïta, c'étaient des grands joueurs. Il ne faut pas penser que c'est seulement aujourd'hui. Simplement, les prix n'étaient pas les mêmes. J'ai un manque malgré tout. En plus, l'addition de stars ne fait pas forcément le résultat. Et ça me gonfle que ce soit le Qatar, que je considère comme une théocratie… J'ai du mal à ne pas regarder d'où vient le financement et pourquoi. Là, pour le coup, je n'arrive pas à me déconnecter. C'est aussi l'une de mes réserves avec le PSG. J'ai l'impression qu'un Anglais qui est dans mon cas, classé à gauche, arrive encore plus à s'identifier aujourd'hui à Manchester ou à Liverpool que moi au PSG, par exemple. Je ne sais pas trop pourquoi, peut-être le rendez-vous des stades anglais ? Mais c'est du ressenti. Le fait qu'ils écrasent tout en France en plus… Disons qu'il y a plus formateur que le PSG. Le fait que l'argent permette tout de ce côté-là me dérange un peu. Après, je regarde toujours, je suis supporter du PSG quand ils sont en Coupe d'Europe, par exemple. »

Seule l'équipe de France fait office d'exception à ses yeux. Là, moins ou plus du tout de scrupules. « France-Argentine en 2018, ça procure quand même beaucoup d'émotions. Il y a un moment donné où, objectivement, je regarde l'équipe de France. Point. En deuxième lieu, je peux plus ou moins m'enthousiasmer pour le jeu. Le carré magique des années 80, le France-Brésil 1986. C'est pas seulement le fait de battre le Brésil, c'est la manière dont ça se passe. Pareil, s'il y a Zidane ou pas Zidane, ce n'est pas la même chose dans l'attachement aux Bleus de 2006, par exemple. Bizarrement, je n'ai pas l'impression que tout ce que je décris comme problématique au quotidien touche l'équipe de France. Ça a toujours été une équipe d'enfants d'immigrés, en tout cas de milieux populaires. C'est aussi pour ça que j'aime ce sport, je pense. » S'il n'a plus vraiment d'idole footballeur, Éric Coquerel a longtemps admiré le roi Pelé, ses premiers souvenirs de Coupe du monde. Puis, dans l'ordre, Michel Platini et Zinedine Zidane. Les deux plus grands joueurs français. Quid de Maradona, l'homme du peuple? «Lui, ça dépasse tout. Ce n'est pas seulement du foot. Il y a une dimension géopolitique aussi.» *El Pibe de oro* qui permet à l'ancien navigateur de conclure : «Le football reste un sport merveilleux, extrêmement formateur et qui a encore une qualité énorme : ouvert à tout le monde!»

Ce n'est pas Régis Juanico qui va le contredire. Le plus vert des députés du palais Bourbon – non pas pour son étiquette politique, mais pour son club préféré – est un passionné, pur et dur. Avec lui, pas d'OM, de Red Star ou encore de PSG. Seulement Sainté. «On va gagner. Ça, c'est juré. Allez!» L'épopée fabuleuse de 1976 n'est pas le point de départ d'une passion qui va devenir indéfectible. Trop enfant, il doit attendre ses onze ans et le printemps 1983 pour faire la découverte de Geoffroy-Guichard, du nom de l'homme à l'origine du club mythique. C'est le coup de foudre. Tel un amour inévitable. Une victoire 2-0 contre Monaco, moins de 10000 spectateurs dans le stade, mais qu'importe. Le kop stéphanois l'impressionne déjà et le portier Jean Castaneda devient son idole. Il faut dire que les deux hommes ont un point commun : leurs origines espagnoles, de familles profondément républicaines en proie au règne du franquisme. De quoi sacrément orienter le parcours politique de Régis Juanico. À l'instar de Lescure, Diard et de tous les autres de la même génération, impossible de ne pas être marqué par la nuit de Séville, le traumatisme d'une demi-finale de Coupe du monde perdue contre l'ennemi allemand au stade

Ramón-Sánchez-Pizjuán, le 8 juillet 1982. Une cruauté footballistique qui le rendra à tout jamais amoureux des Bleus, quand les Verts se mettent en pause.

Politiquement, sa couleur est plutôt le rouge. Socialiste pendant l'ensemble de sa carrière, il rejoint Benoît Hamon et son mouvement, Génération·s, en 2018. Également coprésident du groupe de travail Paris 2024, le sport est indispensable dans la vie de ce fils de professeur d'E.P.S. «Je peux arrêter la politique une semaine, mais pas le sport [94].» S'il pratique régulièrement l'athlétisme, quel autre poste que celui de gardien de but pour lui au sein de l'équipe de France des députés? Pour l'heure, que des défaites. N'est pas Castaneda qui veut. Mais la formation des parlementaires, et plus généralement le football, a au moins un mérite. Atténuer les clivages. Juanico le confesse, durant la crise des frondeurs qui a frappé le quinquennat de François Hollande, de nombreux élus maintenaient des échanges cordiaux grâce au football. «Nous, on joue au football et on n'a pas de frontières. Main dans la main, on va plus loin, plus loin.» L'hymne stéphanois en guise d'exemple. Député de la Loire depuis 2007 et habitant à deux pas de l'enceinte des Verts, Juanico se sert du football à l'échelle territoriale, une manière d'unifier pendant que la politique divise. Il n'hésite d'ailleurs pas à insister pour qu'un écran géant soit installé à l'Assemblée durant l'Euro afin de suivre les rencontres de la France. Politiquement, et conformément à ses convictions d'amoureux du football et du sport, il se bat pour accroître la part du sport dans le budget de l'État, ou encore pour obtenir

94 Entretien avec l'auteur.

une meilleure répartition des fonds en faveur des clubs amateurs. D'autant plus depuis la crise sanitaire et l'aggravation de la situation de certains clubs.

Pas une occasion n'est manquée par Juanico pour mettre en avant les Verts, « un des seuls clubs qui mobilisent comme Marseille, au-delà de son territoire, et recrutent ses supporters à distance sur tout le territoire national. » Aborder l'OL le fait grincer des dents. La rivalité ne s'estompe pas avec l'âge. Et il n'est pas le seul. Stéphane Testé, député (LREM) de Seine-Saint-Denis et supporter invétéré de Sainté est le président de l'Amicale des députés fans de l'AS Saint-Étienne. De quoi accompagner dans l'hémicycle un vert politique d'un vert footballistique, lui, historique.

9

MANUEL VALLS, DE BARCELONE À PARIS, « LE FOOT EST LA VIE »

«Je suis dingue de foot.» L'entretien débute et il ne peut que bien se passer. Manuel Valls est un interlocuteur privilégié. Par son statut d'ancien Premier ministre et parce qu'il affectionne le ballon rond comme peu d'hommes politiques de sa génération. Le manager du restaurant du 6e arrondissement de Paris, où nous le rencontrons, est un fan absolu du Real Madrid. Pas de chance. «*Hala Madrid!*», lui lance ce dernier, avec panache. «*Nobody is perfect*», rétorque dans la foulée l'ancien socialiste. On a compris, nous ne le chambrerons pas trop avec le Barça.

Je t'aime, moi non plus. Célèbre œuvre de Serge Gainsbourg, mais aussi expression qui caractérise le mieux la relation entre Manuel Valls et Barcelone. Né en 1962 dans la cité catalane alors que l'Espagne est toujours franquiste, le jeune Espagnol grandit en France, à Paris, dans le Marais. Trop gamin pour voir le Brésil de Pelé triompher à Mexico en 1970, la famille Valls conserve un lien étroit avec Barcelone. Les vacances estivales lui permettent de retrouver ses terres d'origine et, très vite, emmené par ses cousins, Manuel se rend au Camp Nou, stade mythique du FC Barcelone. Chaque été s'y déroule le trophée Gamper, du nom du fondateur du Barça, Joan Gamper. La découverte du football, le vrai, de la magie du stade et du Barça. Au même moment, en 1973, une prouesse, un génie, un don de Dieu quitte Amsterdam pour Barcelone. Son nom, Johan Cruyff. L'année qui suit, le FC Barcelone est sacré champion d'Espagne pour la première fois depuis quatorze ans. Cerise sur le gâteau, une victoire 5-0 face au rival, le Real Madrid. Un an avant la mort de Franco. Cruyff remporte son troisième Ballon d'or et peut se concentrer sur le Mondial avec les Pays-Bas [95]. Entre Valls et les *Blaugranas*, ce sera pour la vie.

L'adolescent, futur homme politique de premier rang – mais, ça, il ne le sait pas encore – peine à voir son équipe préférée. Pas ou peu de retransmission des rencontres à la télévision, encore moins des matchs étrangers. « J'achète France Football tous les mardis et il y a des résumés des matchs. De toute façon, il n'y a que des désillusions, Barcelone ne gagne aucun titre, jusqu'à ce que Cruyff, ce mélange de Beatles et de Rolling Stones, revienne comme entraîneur entre 1988 et 1996 et gagne la première Ligue des champions contre la Sampdoria en 1992. Je me souviens d'une campagne européenne qui s'achève mal en 1975 puisque la finale doit avoir lieu au Parc des Princes. Toute la famille de Barcelone est prête à venir pour la

95 Défaite 2-1 des Pays-Bas en finale face à l'Allemagne de l'Ouest.

finale qui ne peut pas être autre que le Barça contre le Bayern Munich. Mais, en demi-finales, avec Cruyff blessé, le Barça est éliminé le 23 avril, jour de la fête de Barcelone». Valls s'en souvient avec regret.

À cette époque, le football, il commence aussi à le pratiquer. Au lycée, dans la cour, entre copains à Vincennes ou bien à la cité universitaire. Valls joue mal, selon ses propres mots. Avec ses amis du lycée Charlemagne, dans le 4e arrondissement de la capitale, il s'associe aux Italiens et aux Portugais pour défier les Français, lui, l'Espagnol. «À l'époque, il n'y avait pas de débat sur l'identité de chacun… Il y avait le foot comme passe-temps, amusement, et puis les télés avec les Coupes d'Europe et Coupes du monde qui rythment tout ça. J'ai 16 ans en 1978 et il y a de vrais dilemmes entre nous. Il y a l'appel de Simone Signoret et d'Yves Montand pour boycotter la Coupe du monde d'Argentine. On a tous des copains argentins qui ont fui la dictature. Mais on est aussi des passionnés de foot et l'équipe de France est qualifiée. On a cette finale Argentine-Pays-Bas avec Kempes qui marque deux buts en prolongations… On est à la fois contre ce régime, pour le boycott, et tous devant la télé… Puis ensuite la Coupe du monde en Espagne (1982), à Séville, le surgissement de Maradona. On est évidemment tous pour l'Italie en finale face à la RFA de Schumacher.»

Ces souvenirs, Valls en parle comme si c'était hier. À l'école, en famille, avec les amis, le football devient omniprésent. Il l'est d'autant plus que le cousin de son père, un certain Manuel Valls, homonyme familial, est l'homme qui a écrit la musique de l'hymne du FC Barcelone. Rien que ça! Un grand spécialiste de la musique arabo-andalouse.

Mais Barcelone, c'est loin. Plus près, il y a Paris, et plus précisément le Parc des Princes. Le PSG est encore un jeune gamin dans le monde du football. Dans l'élite depuis la prouesse de Jean-Pierre Dogliani en 1974 face à Valenciennes, le Paris Saint-Germain ne cesse de franchir les échelons. Entre les mains du passionné Francis Borelli dès 1978, le club parisien remporte son premier trophée en 1982, une Coupe de France contre Saint-Étienne. Susic, Rocheteau, Fernandez en guise d'acteurs… Valls assiste à ses premières pièces au Parc, en virage, presque gratuitement, et se prend progressivement d'affection pour les rouge et bleu, jusqu'à en devenir supporter, après le FC Barcelone. Un football populaire qu'il affectionne. «Le PSG est mon club de cœur en France, parce que je suis parisien, banlieusard plus tard avec Évry, et il n'y a pas d'autre club en Île-de-France. Les clubs français ne sont d'ailleurs pas au niveau de l'équipe de France pendant longtemps.» Peut-on vraiment aimer deux clubs?

Vient l'heure des premiers engagements politiques. Naturalisé français en 1982, à l'âge de 20 ans, Manuel Valls ne peut voter un an plus tôt lors de la présidentielle victorieuse pour François Mitterrand et les socialistes. Son positionnement à gauche ne fait en revanche pas de doute. D'abord soutien de Michel Rocard, avant de devenir secrétaire national du PS puis chargé de communication au cabinet du Premier ministre Lionel Jospin entre 1997 et 2002, Valls n'en écarte pas pour autant le sport dans son parcours. Il est nommé délégué ministériel pour les Jeux olympiques d'Albertville en 1992. Le changement de siècle est synonyme pour lui d'implantation à Évry, dans l'Essonne, où il sera maire onze ans, entre 2001 et 2012. De quoi se rapprocher intellectuellement de la banlieue. De quoi constituer un parfait tremplin à un destin national.

Le football, lui, ne s'arrête pas, évolue, mute et accompagne le parcours du Franco-Espagnol. Johan Cruyff, le génie hollandais, fait son retour au Barça sur le banc de touche [96]. Un franc succès, des trophées à la pelle, dont une Ligue des champions, et surtout un héritage inestimable en termes de philosophie de jeu. Le père spirituel d'un certain Pep Guardiola. Durant la même période, peu ou prou, le deuxième club de Manuel Valls, le PSG, vit des années Canal + remplies de succès. L'âge d'or de l'histoire du club de la capitale avant la reprise en main par les dirigeants qataris en 2011. L'homme de gauche voit donc parallèlement sa carrière politique décoller et ses deux équipes briller. « Je suis dingue de foot. Ce sport est unique. Dès la fin du XIXe et le début du XXe siècle, il prend très vite, notamment en Angleterre, mais pas seulement, une très grande dimension, car il est éminemment populaire. Sur un terrain rectangulaire, en plantant deux poteaux et en ayant un ballon de chiffon, de caoutchouc ou n'importe quoi, on crée un spectacle qui est devenu un spectacle populaire. Ce qui est fascinant avec le football, c'est sa dimension planétaire. Je m'en suis rendu compte progressivement dans mes déplacements, il y a pas mal d'années, notamment en Afrique quand on a vu les gamins porter les maillots, non plus d'une équipe nationale, mais d'un club. Sans doute Platini, Maradona, bien sûr, ont dû être les premiers à avoir leur nom porté par des gamins au fin fond de la Sierra Leone ou du Sénégal. Le foot, c'est

96 Cruyff entraîne le FC Barcelone de 1988 à 1996.

la vie ! J'aime les histoires de foot. J'adore les histoires de rivalité entre les clubs… Boca Juniors et River Plate, à Madrid aussi… »

Un autre événement va le marquer. Nous sommes en 1990. La France entraînée par Michel Platini ne se qualifie pas pour le Mondial qui a lieu en Italie. En charge de la jeunesse et des sports au cabinet du Premier ministre Michel Rocard, Valls assiste à plusieurs rencontres des phases finales, l'occasion aussi de présenter la candidature de la France pour l'accueil du Mondial 1998, en compagnie de Michel Platini et de Fernand Sastre, coprésidents du CFO, comité d'organisation de la Coupe du monde. En demi-finales, le stade San Paolo de Naples soutient l'Argentine de l'idole absolue, Diego Maradona, contre l'Italie. Victoire de l'*Albiceleste* aux tirs au but. Revanche du public italien qui soutiendra en finale l'Allemagne de l'Ouest contre l'Argentine et contre *El Pibe de oro* [97]. Hasard, coïncidence et surtout bonheur pour Manuel Valls qui se trouve dans le même hôtel que le Brésilien Pelé. Pelé, le vrai, l'unique, triple vainqueur de la Coupe du monde avec le Brésil. Accompagné, comme il se doit, d'une vingtaine de Brésiliennes. Valls n'a d'yeux que pour le génie. Il n'oubliera jamais cette rencontre.

Le foot l'inspire, le marque et contribue, d'une certaine façon, à son parcours politique. Paris et Barcelone traversent une période creuse. Le début des années 2000 est moins brillant pour les Catalans. Une sorte d'entre-deux entre l'ère Cruyff et la période Guardiola. Du côté

97 Victoire 1-0 de la RFA.

PSG, c'est la descente aux enfers. Canal + se désengage aux dépens du fonds d'investissement américain Colony Capital. Le club joue le bas de tableau pendant plusieurs saisons et frôle la relégation en 2008. Alors, il reste son troisième club. Celui dont on n'a pas encore parlé. L'Évry Football Club, aujourd'hui en régional 3. Moins clinquant que le PSG et le FC Barcelone, l'Évry FC n'en est pas moins important pour le maire de l'époque, Manuel Valls. « En tant que maire, évidemment, je craignais toute montée en division supérieure, car ça augmentait les subventions (rires), mais il y a eu quelques matchs, en Coupe de France notamment, qui m'ont fait me soulever. On aime bien en France le petit poucet, David contre Goliath », sourit-il. Un parcours à Évry qui lui fait prendre de l'épaisseur sur la scène politique. Manuel Valls se fait un nom, refuse l'approche tentée par Nicolas Sarkozy en 2007 – bien que les deux partagent une affection similaire, celle pour le Paris Saint-Germain – et s'engage dans la primaire de la gauche en vue de 2012. La suite est connue de tous. François Hollande, autre amoureux de foot, remporte la primaire citoyenne de la gauche. Valls devient le directeur de la communication du candidat socialiste avant la victoire finale du 6 mai 2012. Triomphe absolu pour la gauche qui retrouve le pouvoir dix-sept ans après le départ de l'Élysée de François Mitterrand. Pour Manuel Valls, cet Espagnol devenu Français, c'est la consécration politique. Le jeune gamin du Marais, ramenant de l'huile d'olive et des souvenirs de ses vacances d'été de l'autre côté des Pyrénées, tapant dans un ballon dans la cour du lycée Charlemagne quelques années auparavant, devient ministre de l'Intérieur, puis Premier ministre en 2014.

C'est un euphémisme de rappeler que le quinquennat du président Hollande et, par là même, celui de Manuel Valls, est rythmé et marqué par les crises successives. Taxation des hauts revenus, crise des frondeurs, contestations à la loi Macron, baisse vertigineuse dans les sondages et, bien évidemment, les attentats terroristes qui ont frappé la France. Le binôme exécutif souffre, mais ne rompt pas. Manuel Valls a de l'énergie à revendre. Parfois trop pour ses détracteurs qui le jugent très nerveux, trop impulsif. Les polémiques le concernant ne manquent pas, et le football en fait partie intégrante. Nous sommes fin 2015, le pays pleure ses morts du terrorisme. L'union nationale est de mise face au drame.

Les hommages se succèdent, y compris dans les stades, et le football français est confronté à une nouvelle perturbation. L'affaire dite de la *sextape*. Deux joueurs de l'équipe de France sont concernés : Mathieu Valbuena et Karim Benzema. Karim Benzema est mis en examen le 5 novembre pour «complicité de tentative de chantage et participation à une association de malfaiteurs». Le 1er décembre, Manuel Valls est interrogé sur l'affaire au micro d'Europe 1 et déclare : «Un grand sportif doit être exemplaire. Et, s'il n'est pas exemplaire, il n'a pas sa place dans l'équipe de France.» En football, on appelle cela un tacle appuyé. Tempête dans le monde du foot ! Le Premier ministre est accusé d'intervenir dans un domaine qui n'est pas le sien, d'influencer les choix de la FFF et de Didier Deschamps. Le président de la République, François Hollande, avait pourtant demandé à ses ministres de ne pas intervenir. Karim Benzema est privé d'Euro 2016, ses défenseurs et avocats pointent du doigt Manuel Valls. Pire, le joueur lui-même déclare au quotidien espagnol

Marca en juin 2016 que Deschamps et Le Graët ont «cédé à une partie raciste de la France».

La rupture. Inacceptable pour le sélectionneur qui attendra le printemps 2021 avant de faire à nouveau appel à l'attaquant madrilène. «La question de l'exemplarité a aussi ses limites», admet, lors de notre entretien, celui qui n'a aujourd'hui plus de responsabilités politiques. «Maradona s'est foutu de la cocaïne jusqu'au cerveau. Dans le contexte à l'époque, en 2015-2016, le grand sportif joue un rôle de référent. On le demande aussi au politique. On avait encore tous en tête 2010 et ce qui s'était passé en Afrique du Sud. Par la suite, j'ai reconnu dans un papier de *L'Express*[98] que Benzema avait été dépassé par cette affaire. Lui et son entourage ont même inventé l'idée que Didier Deschamps avait cédé à une partie raciste de la France. Ce n'était vraiment pas le sujet. Il y a toute une histoire. Il y a aussi eu les inscriptions racistes sur la maison de Deschamps... Il n'y est pour rien, mais ça existe. La seule chose qui compte, c'est le choix que fait le sélectionneur. Je sais que lui et Le Graët ont mis de l'ordre dans l'équipe de France, dans un certain nombre de pratiques et de comportements» avant d'ajouter, concernant l'échec à l'Euro 2021 : «Sans doute que le retour de Benzema a déstabilisé ce groupe qui avait été formé autour de Giroud et de Griezmann. Giroud n'est pas le meilleur joueur du monde, mais il participe à cette recomposition du vestiaire. On ne peut pas le nier. Sur le terrain, Benzema a fait son job. Mais dans quelle mesure cela a déstabilisé l'ensemble? La question peut se poser. Ça n'a sans doute pas été une idée

98 Tribune publiée le 20 mai 2021 dans *L'Express*.

géniale de Deschamps.» Là-dessus, la victoire en Ligue des nations quelques mois plus tard viendra remettre en cause le constat de Manuel Valls.

Derrière le cas Benzema se cache la question de l'identité et de l'attachement à l'équipe de France. Longtemps décrié pour ne pas chanter la *Marseillaise*, Benzema n'est pourtant pas une exception. Avant lui, Luis Fernandez ou encore Michel Platini ne la chantaient pas non plus. Manuel Valls, franco-espagnol, catalan et amoureux du Barça, visé par les critiques lorsqu'il envisageait un temps d'étendre la déchéance de nationalité aux binationaux nés Français, est forcément concerné par le sujet. Il l'est d'autant plus que, une fois son mandat achevé et sa défaite actée lors de la primaire de la gauche en 2017, il prend la décision de se présenter aux municipales de Barcelone qui ont lieu en mai 2019. Accusé en France de tourner le dos à son pays, qualifié en Catalogne de méconnaisseur de la ville par ses opposants, Valls oscille lui-même dans ses déclarations. Interrogé en septembre 2018 sur sa préférence entre les Bleus et la Roja, voici sa réponse : «L'Espagne!» Trois ans après, nous le relançons donc sur la question. «J'ai toujours dit, même en tant que Premier ministre, que mon pays, ma nation, c'est la France, les Bleus, mais mon club, c'est le FC Barcelone. C'est comme ça.» Difficile de s'y retrouver.

Le football apporte, lui aussi, son lot de contradictions. La notion d'identité est au cœur de ce sport, d'autant plus pour un supporter de Barcelone et de Paris. «Je n'ai eu aucun complexe sur ces sujets-là. Je suis né à Barcelone. En plus, jusqu'à maintenant, il n'y avait pas photo (rires). Quel est le drame que peut connaître un gamin le lundi matin à l'école? C'est que son équipe perde la veille. Mes gamins étaient forcément pour Barcelone, donc ils n'ont pas trop souffert à l'école. Je ne me suis jamais posé de questions. J'étais au Camp Nou lors de la remontada (en 2017). C'était après la primaire, je n'étais pas en grande forme. J'avais demandé au président du Barça des places. Je savais que Barcelone était au-dessus du PSG, mais, au vu du match aller, je n'avais aucune illusion. On assiste à ce qui n'est plus un événement sportif... C'est pas non plus identitaire. C'est un événement statistique. Le match n'est pas beau, Barcelone bénéficie d'un coup de main du sort, de l'arbitre... Il y a un peu de tout, on voit les Parisiens qui ont peur, ils sont tétanisés. Tout se joue à la fin. Les cinq, dix dernières minutes que je revois de temps en temps, c'est incroyable. Il se passe quelque chose, j'y assiste. Les Parisiens autour de moi, il y a Anne Hidalgo, etc. Ils sont totalement démontés. Eux-mêmes subissent l'événement.» Barcelone en un, Paris en deux. Entre la France et l'Espagne, ça semble plus flou. Valls se considère comme assimilé, il fait des Gaulois ses ancêtres. Il ne renie pas ses origines pour autant, parle quotidiennement catalan en privé. En 1984, il soutenait les Bleus d'Alain Giresse, en 2021, il file supporter la Roja de Busquets en quarts de finale contre la Suisse. C'est peut-être cela, la double appartenance. Celle que décrit si bien l'écrivaine franco-hongroise Nina Yargekov.

En plein été et vêtu d'une chemise siglée «MV», ses initiales, Manuel Valls pourrait parler des heures de football, sa deuxième passion, après la politique. Il arrive à ces deux mondes de s'entremêler, au football d'être politique le temps d'un événement, au politique de se mêler de football à des fins diverses et variées. Des parallèles peuvent même être effectués, comme lorsque Lionel Jospin s'incline à la présidentielle de 1995 avant de devenir chef du gouvernement deux ans plus tard et que les Bleus échouent à l'Euro 1996 avant de s'imposer en 1998. L'ancien candidat à l'élection présidentielle refuse toutefois de donner trop de poids à un sport qui doit avant tout en rester un. Une sélection nationale n'est pas indubitablement le reflet de sa nation, elle ne dit pas toujours grand-chose d'un pays. Ainsi, la France «black-blanc-beur» de 1998 a vite été annihilée par le France-Algérie du 6 octobre 2001, marqué par une *Marseillaise* conspuée et l'envahissement du terrain par les supporters algériens. Quelques mois plus tard, le Front national de Jean-Marie Le Pen se qualifie pour le second tour de l'élection présidentielle, une première dans l'histoire de la Ve République. À quoi a servi l'équipe black-blanc-beur? Manuel Valls ne s'y trompe pas. Il connaît ces problématiques. Trop faire dire à une équipe de football n'apporte en général rien de bon. La deuxième étoile obtenue par les Bleus d'Antoine Griezmann en 2018 aura une portée politique bien plus mesurée, pour ne pas dire proche du néant.

Malgré tout, et selon les époques et les territoires, *the beautiful game* demeure inéluctablement politique. «Diego Maradona, qui est un joueur et un personnage fantastique, comme me l'a dit un ami argentin, c'est le meilleur et le pire de l'Argentine. C'est résumé dans le fameux match contre les Anglais en 1986 : la triche et le talent. Comme il est issu d'un monde populaire, il est beaucoup sur la revanche de classe, le nationalisme... la victoire contre l'Angleterre se veut être une revanche contre la guerre des Malouines. Il est populiste, c'est un péroniste [99]. Parfois, le foot dit beaucoup. J'adore aussi l'histoire des Celtics et des Rangers. Ça m'intéresse énormément, tout ça. Mais, de l'autre côté, le fait que l'on dise que le Barça est plus qu'un club, "*Més que un club*", c'est un problème. C'est un problème quand le FC Barcelone est devenu une institution à prendre par les indépendantistes, qu'il prend position sur la question. On est dans quelque chose qui est borderline et qui n'est pas sans effet. Je suis allé beaucoup au stade à Barcelone, je dois dire que la situation est assez désagréable, non pas parce que j'étais candidat, mais en tant qu'observateur. Quand, à la minute 17:14 [100], une partie du stade prend en otage le reste, c'est désagréable. Comme je suis un vrai passionné de foot, je n'aime pas, dans le stade, qu'on parle autre chose que de foot. Dans l'histoire, le foot a certes été parfois utilisé à des fins diplomatiques, on peut citer les deux Allemagnes, par exemple... Mais, avec le temps qui passe, sans rien renier de ce qu'est le foot et sa dimension populaire, j'essaie de mettre de la distance. Parce que c'est une passion, on tombe vite dans la caricature. Mais, cette passion, elle fait partie de la société. » Un cri du cœur. Pas question de voir sa passion, son football, tomber entre les mains de vendeurs de symboles, d'utopies et de visions inappropriées à un titre de champion du monde et, plus généralement, à une performance sportive. Seule exception, peut-être, à la règle. L'hégémonie, la domination européenne en matière de foot, qui permet à la vieille Europe de tenir, épargnée

---

99 De l'ancien président argentin, Juan Perón (1946-1955 et 1973-1974).

100 À savoir : la date de la chute de Barcelone face aux troupes de Philippe V d'Espagne, le 11 septembre 1714. Les indépendantistes font de cette minute celle où il faut crier : « Indépendance ! »

pour l'heure par les États-Unis et la Chine. Le foot comme garant de la culture européenne. On a envie de croire à cette belle histoire.

Plus largement, lorsqu'il est aux responsabilités, que ce soit à Beauvau ou à Matignon, le Catalan de naissance se doit de gérer la sécurité dans et aux abords des stades de foot. Sujet qui revient chaque année, hélas, comme une problématique d'ampleur. Fléau qui fait écho à l'actualité puisque le retour des supporters dans les stades après la pandémie est marqué par un nombre de violences rarement observé auparavant et des interruptions de matchs à l'appel. En 2013, le PSG devient champion de France pour la troisième fois de son histoire, la fête doit être belle dix-neuf ans après le dernier titre du club de la capitale. Pour l'occasion, joueurs et supporters sont attendus au Trocadéro. Fête gâchée par des centaines de casseurs venus jouer les trouble-fête. Trois ans seulement après le départ des groupes ultras du Parc des Princes. Ailleurs en France, les jets de projectiles, à Marseille, à Lyon, à Nice, etc., gangrènent le monde des tribunes. Les interdictions de déplacements se font de plus en plus nombreuses afin d'éviter les échauffourées. Des dérives propres au football, au sport de masse et au sport populaire, selon l'ancien ministre de l'Intérieur, qui a eu à gérer ces dossiers une fois au gouvernement. « Le sens des responsabilités s'impose. Il n'y a pas d'autre choix. Tout en sachant que, moi, je n'ai pas le même lien que Nicolas Sarkozy, par exemple, avec l'équipe dirigeante du PSG. Avec ce qu'il s'est passé par le passé en Angleterre, il a fallu taper dans le vif et exclure des supporters, remettre de l'ordre. Quitte à perdre une partie de sa spontanéité (ce qu'il s'est passé dans le football anglais), mais je crois qu'on n'avait pas le choix. Avec, à certains endroits, des dérives racistes et homophobes qui sont assez insupportables. Sur les libertés de circulation des supporters, je suis un homme d'ordre, je suis intransigeant sur ces questions-là. Je peux comprendre les difficultés pour les supporters quand un groupe minoritaire condamne la majorité qui n'est en rien responsable de la violence, mais chaque fois qu'on a voulu être un peu lâche sur la corde, on a eu des affrontements, par exemple entre Marseillais et Parisiens. Il ne faut pas être trop sentimental à ce niveau-là. Il faut éviter le drame. Le plus difficile au ministère de l'Intérieur, c'est la gestion de la foule, la question de l'ordre public, notamment quand il y a des jeunes, des gamins.» Quitte à ce que les stades deviennent des lieux de spectacle, plus que de ferveur? «Barcelone aussi a dû faire face à une époque à des violences, avec des supporters évincés du stade. Aujourd'hui, les gens vont au stade en famille. Ce qui est impressionnant à Barcelone, d'ailleurs, ce sont les 90000 spectateurs. Car, hormis cela, il n'y a pas de bruit. Pas de kop dans le stade. Ce n'est pas le chaudron des Verts ou encore un match de D2 anglais à Fulham où il y a davantage d'ambiance. À Barcelone, il y a peu d'ambiance, mais, quand ça tape des pieds ou des mains à un moment donné, c'est impressionnant. Forcément, quand il y a autant de monde.»

Barcelone et le Camp Nou feront moins de bruit, désormais. Moins d'étincelles sans lui. Lui, c'est le petit. «Lé petiit», faut-il prononcer pour être exact et conforme à l'intonation de son fan numéro 1, Omar da Fonseca. Lors de notre conversation, il s'agit à peine de bruits de couloir. Lionel Messi et le PSG. Il faudra attendre encore quelques semaines avant que l'union, inimaginable il y a encore quelques mois, se fasse. Sportivement, Valls aurait souhaité un départ du génie argentin plus précoce, un an plus tôt. Pour son bien et celui du club, le Barça. Candidat à la mairie de Barcelone, il a vu le phénomène Messi et surtout son impact. Des Israéliens, des Chinois, des Japonais, des Russes, des Américains, toutes les nationalités présentes en tribune pour admirer la patte gauche du numéro 10 *blaugrana*. Des *socios* qui vendent leur place à prix d'or à des touristes venus voir l'attraction. Tout cela, désormais, c'est à Paris, 24, rue du commandant Guilbaud, au Parc des Princes. Pour le plus grand bonheur des supporters rouge et bleu, mais aussi des touristes, qui peuvent assister aux rencontres du septuple Ballon d'or, dans la plus belle ville du monde. Sur le rectangle vert, la réalité est tout autre, et l'extase ne dure qu'un temps. L'addition, voire l'empilement de stars n'a jamais été la garantie du succès. Valls en a bien conscience. «Quand vous regardez les grandes équipes qui ont gagné plusieurs fois dans l'ère moderne, c'est un coach qui crée les conditions d'un collectif fort, puissant. Il faut une ossature centrale, en général, c'est le milieu de terrain. C'est la Masia à Barcelone, c'est l'école de football. C'est un tout. Ce n'est que mon avis, comme 66 millions de mes compatriotes, je suis sélectionneur. Il manque encore, selon moi, cette ossature au PSG. Ramos peut jouer ce rôle, par exemple. Puyol, que je connais un peu, avait ce truc-là.»

Sélectionneur, il ne le sera jamais, mais observateur avisé, ça, oui. Il aime parler, débattre football, au quotidien, mais aussi avec ses homologues étrangers. L'ancien président argentin, Mauricio Macri, et lui ont ainsi échangé récemment, sachant respectivement que le premier ne soutiendrait jamais l'Angleterre et le second, jamais l'Allemagne. La passion du ballon rond unit, réunit. Valls aime le FC Barcelone, et donc le beau jeu. Un jeu plaisant qui, lui aussi, ne garantit pas toujours la victoire finale. La sélection espagnole en est le symbole ces dernières années après avoir été sur le toit du monde il y a dix ans. A contrario, les Bleus de Deschamps, champions du monde en titre, sont l'objet de critiques pour ce que certains nomment la pauvreté du jeu proposé.

Dilemme pour le binational. «Je vais vous faire une réponse très politicienne : moi, je préfère une équipe qui gagne avec du beau jeu! Quand vous êtes supporter d'un club ou d'une équipe, la victoire finit par l'emporter. Mais, moi, j'aime tellement le foot... donc le jeu compte. Je n'oublierai jamais, d'ailleurs, je pense ne jamais avoir été pour l'Allemagne – je suis bien français de ce côté-là –, le match remporté par la Tchécoslovaquie contre l'Allemagne, avec la *panenka* d'Antonín Panenka... Un match qui reste à tout jamais dans l'histoire. Ce que j'aime à la fin des fins, c'est le plus beau jeu possible.» Une réponse de Normand pour le Catalan. Moins normand et plus tranchant lorsqu'il s'agit d'aborder l'état du football français. La crise sanitaire? Il aurait malgré tout fallu continuer le championnat, d'après lui. Les droits TV? Il dit avoir alerté le président Macron sur le danger que représentait Mediapro. Le projet de Superligue et la course à l'argent? «Les enjeux économiques sont importants. Il faut s'en mêler, car on est pas que dans le symbolique à ce niveau-là. Derrière, il y a des enjeux financiers, d'emplois, pour des villes. On a des clubs et des infrastructures en jeu. Les grandes marques, les stades, les infrastructures permettent d'aménager, de repenser les quartiers, les villages olympiques, etc. On ne peut pas le nier.»

Mais, dans ce cas, s'il est si important, pourquoi une moindre considération du football par les politiques de notre pays? Valls connaît le débat par cœur, notamment en ce qui concerne l'attribution des budgets pour le sport. «Je pense que c'est un problème de culture du sport, que l'on pourrait aussi retrouver avec l'apprentissage de la musique et des arts à l'école. On y arrive pas, c'est ainsi! La place du sport scolaire est moindre. C'est paradoxal quand on voit, à un niveau local auquel j'ai été, la place du sport, ce que ça génère, ce que ça brasse, des milliers et des milliers, à quel point ça socialise... Heureusement que le sport est là!»

Aveu d'échec pour celui dont les enfants ont préféré le rugby au football. Une chose est sûre, s'il est un passionné inconditionnel de foot, l'ancien Premier ministre ne se voit pas jouer un jour un rôle au FC Barcelone. «Non! J'aime trop le foot, je préfère être spectateur que jouer ma tête à chaque match.» Une bien belle manière de retourner en enfance.

10

ZEMMOUR, VERT DE NOSTALGIE

Il les rend tous fous. Journalistes, militants ou bien simples observateurs. Éric Zemmour est assurément le phénomène de la campagne présidentielle 2022. Ses supporters le vénèrent, les autres en ont peur, sont choqués par un tel personnage et ses propos (et gestes) on ne peut plus polémiques, mais la réalité est là. Pas un jour sans un, et souvent plusieurs débats à son sujet sur les chaînes d'information. Il monopolise les regards. Comme s'il avait rendu tous les autres candidats autour de lui has been (au moins dans un premier temps de la campagne). Nous sommes fin 2021 et Éric Zemmour est un sujet de discussion sur les plateaux, dans la rue, les cafés, les foyers. Un ovni dans le paysage politique où les «grands partis» et les hommes politiques traditionnels se disputent habituellement la présidence de la République tous les cinq ans. Seul Emmanuel Macron, auparavant banquier d'affaires, s'était émancipé du gouvernement de François Hollande pour fonder son propre parti En Marche en 2016 et devenir président en 2017. Mais il avait déjà intégré la sphère politique depuis plusieurs années. Zemmour, non. Journaliste, écrivain, commentateur, et soudain homme politique. Bruno Roger-Petit,

Nathalie Iannetta, Robert Ménard... D'autres avant lui ont franchi la frontière, sans pour autant être candidats à la fonction suprême, ou candidats tout court. Zemmour, si. Et puis, derrière ces étiquettes, le sujet qui nous intéresse. Il est, nul doute, parmi les candidats, le plus mordu de football avec Macron. Au moins, le plus connaisseur. Et ce n'est pas difficile, Sarkozy, Hollande et Valls n'étant plus dans la danse.

28 septembre 2021, Parc des Princes. Paris renverse Manchester City en phase de poule de Ligue des champions, 2-0. Ces soirs-là, on a l'habitude de voir Nicolas Sarkozy, supporter assumé, dans la corbeille du Parc, entre Nasser Al-Khelaïfi et Leonardo. En cette soirée européenne, comme l'antre parisienne les aime, c'est bien des vidéos d'Éric Zemmour qui font réagir sur Twitter. «Heureux de retrouver ce bon vieux Parc des Princes», indique-t-il. Vêtu d'une écharpe mauve, lunettes, avec à sa droite l'un de ses plus fidèles, Antoine Diers [101], le pas encore candidat s'affiche, fêtant les buts de Gueye et Messi. Tous ses faits et gestes sont scrutés, et il le sait bien. Le football est éminemment politique et, ça aussi, il se sait bien. Alors que les supputations vont bon train sur sa future candidature, que ses tirades sur les prénoms qu'il souhaite «français» ou encore sur le maréchal Pétain choquent et font réagir, s'afficher au Parc a une dimension stratégique. Gommer, le temps d'un soir, l'image du polémiste le plus vilipendé de France et montrer celle d'un homme comme les autres, proche du foot et donc proche du peuple. L'effet est immédiat. 7000 retweets, plus de

101 Directeur adjoint de la stratégie de campagne d'Éric Zemmour et porte-parole du parti Reconquête.

1000 commentaires sur la vidéo de Zemmour célébrant Messi. Celui qui croit en l'homme providentiel, qui idolâtre Napoléon et admire le général de Gaulle, fête le nouvel homme fort du PSG. «Je ne comprends pas pourquoi ça a fait sourire. Je ne suis pas un supporter du PSG, pour des tas de raisons, mais, quand je vois un beau match et un beau but, je me lève et trouve ça formidable[102]», justifie-t-il. «Personne n'est dupe. On voyait ça, notamment dans les villes de province. À partir du moment où tu avais une élection municipale, on observait tous les candidats arriver au match. C'est de la vieille communication politique, car personne n'est dupe. Personne ne votera pour un candidat parce qu'il était dans la tribune du club de son choix. Ça ne peut pas faire gagner ou perdre une élection», nuance Pascal Praud, présentateur sur CNEWS, qui connaît bien Éric Zemmour.

Pas un supporter du PSG, mais un fou de foot, ça, oui. Dès le plus jeune âge, le natif de Montreuil tape dans le ballon, et plutôt bien. «Pour se défouler, l'adolescent pratique le football. Tous les dimanches, les jeunes gens vont jusqu'à Villeneuve-Saint-Georges, dans le Val-de-Marne, participer à un championnat régional à onze contre onze. Éric Zemmour joue ailier gauche», nous apprend Étienne Girard dans son livre *Le Radicalisé*. Dans un premier temps séduit par le jeu à la nantaise, Zemmour a 17 ans quand Jean-Michel Larqué, Dominique Bathenay, Dominique Rocheteau et tous les autres font rêver la France jusqu'à Glasgow. Son cœur bascule alors dans le vert à tel point qu'il est surnommé Rocheteau par ses

102 Propos recueillis par le site Pierrot le foot.

camarades. Francilien, il fréquente régulièrement le Parc des Princes, vient voir les Verts et les Bleus de Platini, avec son père et son frère. « On se retrouvait entre nous, les garçons. Il y avait une ambiance chaleureuse. J'ai adoré le Parc des Princes ! C'était fraternel. Les gens appelaient Platini par son prénom... J'ai la nostalgie de cette ambiance au Parc que j'ai connue jadis. » Zemmour, mélancolique, adouci même quand il s'agit de parler de football. Ce nostalgique de la France napoléonienne – celle qui dominait l'Europe à coups d'épée – l'est aussi concernant le ballon rond. Deux fois champions du monde en 1998 et 2018, ces Bleus n'arriveront jamais à la cheville de leurs aînées de 1982 et 1986 pour lui. Les souvenirs avant le triomphe national ? Telle est la contradiction de celui qui se définit comme un romantique. « L'équipe que j'aime c'est celle de Platini, mais j'aime la victoire avant tout. Donc, je me dis que c'est Deschamps qui a raison. Là-dessus, je combats mon romantisme, car il faut être réaliste. Deschamps a donné une leçon incroyable en 2018. Je n'ai jamais vu une équipe aussi efficace », concède le candidat au journaliste Pierre Ménès. Éric Zemmour plus ouvert d'esprit en football qu'en politique ? Certains pourraient le lui reprocher, tant son discours fait référence au passé français et à ses grandes figures.

En réalité, Zemmour retombe vite dans un « c'était mieux avant » et met son pragmatisme de côté face à un sport qu'il juge aujourd'hui biaisé. « Depuis l'arrêt Bosman (1995), c'est l'argent qui fait les succès en Coupe d'Europe. L'arrêt Bosman a interdit le quota de joueurs étrangers dans les clubs de foot. Dans la grande équipe de Saint-Étienne en 1976, il y avait deux joueurs étrangers. Oswaldo Piazza l'Argentin et Ivan Ćurković le Yougoslave. Tous les autres étaient Français. Cela permettait d'avoir un vrai vivier de joueurs dans chaque pays. Ils n'étaient pas remplacés par des étrangers venant de partout et ça permettait un équilibre. Ce n'était pas les clubs les plus riches qui achetaient toujours les meilleurs joueurs. Et, enfin, ça permettait à des clubs ayant des centres de formation performants de percer. On avait l'Ajax dans les années 70 par exemple. Et la France pouvait avoir des clubs plus performants et qui gardaient leurs joueurs. Je sais que c'est voué à l'échec, mais, dans l'idéal, moi, je remettrais des quotas de joueurs étrangers.» «Ben voyons», pourrait-on lui rétorquer, son expression favorite. Une utopie... parmi d'autres. Conformément aux convictions de son idole Michel Platini, l'arbitrage vidéo le dérange. «Dieu sait combien j'ai pesté contre des erreurs d'arbitrage, notamment en 1982 avec le France-Allemagne. Mais j'avoue que la VAR me fatigue, ça arrête les matchs tout le temps. On se demande comment ils l'utilisent. Le foot, c'est l'enfance. C'est la part d'enfance en nous. Le foot doit évoluer, mais doit en même temps rester la même chose.»

Encore gamin parfois dans sa tête selon ses dires, Éric Zemmour connaît le foot. Il écoute les différentes théories, aime les discussions autour du «*dribbling game*» et du «*passing game*» qui ont alimenté les premiers débats footballistiques, et qu'il assimile respectivement à un football de droite et à un football de gauche. «Prouesses individuelles, efforts collectifs, le football séduit les gens de droite, les gens de gauche», rappelle l'écrivain Olivier Guez[103].

103 Dans *Une passion absurde et dévorante*, aux éditions l'Observatoire.

Le foot de son enfance, lui, a bien changé. Peut-être trop. Comme la société française pour le «Z», surnom attribué par ses proches. Parfois, les deux sont liés. Difficile, voire impossible de revenir à un temps que les moins de vingt ans ne peuvent pas connaître, celui où le football vivait sans vidéo, sans argent roi, sans arrêt Bosman. «Vivre avec son temps» n'est pas l'expression préférée du polémiste. Pour lui, 1998 et la génération «black-blanc-beur» marquent un tournant. Son «roman national» en prend un coup. L'équipe de France devient plus colorée, plus métissée, à l'image de la société multiculturelle qu'est notre pays. Certaines polémiques alimentent son rejet de l'époque. Le fiasco de France 2010, Knysna, Benzema, la *Marseillaise*, gage de patriotisme pour d'aucuns. Éric Zemmour est un amoureux de l'équipe de France. Mais l'est-il de ces Bleus-là?

«Le football français a toujours été un terrain de jeu privilégié de toutes les immigrations. Kopa le Polonais, Platini l'Italien, Zidane le Kabyle. Ça a toujours été comme ça. Il y a toujours eu aussi des joueurs antillais. Moi, j'adorais Marius Trésor qui était un joueur magnifique. Aujourd'hui, il y a un double problème. Est-ce qu'ils se sentent vraiment Français? Souvenez-vous du discours de Benzema qui disait qu'il jouait en France pour le football, mais que son vrai pays était l'Algérie[104]. Je ne suis pas certain que tous se sentent vraiment français. Mais si c'est le cas, tant mieux. Deuxième chose : comment on sélectionne les joueurs? En vérité, il y a eu des discussions,

104 Le 6 décembre 2006, sur RMC, Karim Benzema, alors convoqué pour la première fois en équipe de France, expliquait qu'il «serait toujours là pour l'équipe de France» et que l'Algérie était «dans son cœur, c'est le pays de mes parents».

Laurent Blanc a fait scandale à l'époque. Depuis 1998, on sait qu'on a changé de critères de sélection. On choisit des types davantage sur le physique que sur la technique. Je pense que c'est une erreur. Il faut en discuter sans tabou. Le foot est un sujet politique, car cela passionne tout le monde, car c'est le sport universel par excellence. Cela a des conséquences. Quand Schumacher bastonne Battiston en 1982, je m'en souviens très bien, tout de suite, on a fait référence à toutes les guerres entre la France et l'Allemagne. Le chancelier Helmut Schmidt a envoyé un mot d'excuse au président François Mitterrand. C'est ça, le foot. Ce n'est pas un sport anodin.»

L'idylle entre Zemmour et le football semble décliner. L'âge, très certainement, mais aussi sa vision du pays y sont pour beaucoup. Aujourd'hui candidat à l'élection présidentielle, il fait du destin de la France, de l'immigration, du grand remplacement et de l'islamisme ses chevaux de bataille.

Tout ce qui touche de près ou de loin à ces sujets, football compris, est utilisé. Le *beautiful game,* si cher à nos voisins britanniques, sert d'argument au discours. L'ancien chroniqueur du *Figaro* regrette que le patriotisme ne soit mis en avant que dans le sport et accuse les «bien-pensants» de «ne pas autoriser à aimer sa nation hormis pour le football». L'amateur de football est donc patriote, ça, on le sait, chauvin, nostalgique... Mais quid du candidat? Quelle vision et quelles propositions pour améliorer le sport français, le football français à la veille des Jeux olympiques 2024, à Paris?

«La France, au départ, n'est pas une nation sportive. On a le goût pour l'intellect, on méprise un peu les matières physiques. C'est une vieille tradition française. Il n'y a pas non plus la passion pour le football qu'il y a en Italie ou en Angleterre. On le sait tous. Maintenant, on s'y est mis. Petit à petit, parce qu'on a compris l'intérêt politique. Il faut donner des vrais moyens au sport, mais pas seulement au sport de loisir. C'est ça, selon moi, le vrai problème du sport en France. Je pense qu'on a une mentalité de sport de loisir. Mais le sport de compétition n'a rien à voir. Et nos gouvernants ne l'ont pas compris. On le voit avec les Anglais, ils ont bien réussi avec les J.O. de Londres à réorganiser la machine de compétition sportive et à avoir de vrais résultats. La France doit imiter ça. En football, si on regarde les Bleus de Platini dans les années 1980, qui reste selon moi la plus belle équipe de France de tous les temps, ça avait été préparé dans les années 1970 par une organisation avec Fernand Sastre [105], Philippe Séguin, Georges Boulogne [106]. Il y avait la mise en place d'une organisation avec une éducation et formation des jeunes. Les premiers résultats sont arrivés dans les années 80. Malheureusement, on n'a pas été au bout au Mondial qu'on méritait de gagner à Séville en 1982. Mais ça s'est concrétisé dans les résultats de 1998 et 2000. Il faut prendre le temps. C'est un peu tard pour Macron de dire : “On va gagner, on va gagner [107].” Il faut suivre l'exemple des Anglais.»

105 Président de la Fédération française de football entre 1972 et 1984.
106 Sélectionneur de l'équipe de France entre 1969 et 1973.
107 Référence au discours d'Emmanuel Macron prononcé aux sportifs le 13 septembre 2021.

C'est presque un événement que d'entendre Zemmour louer les mérites des Anglais, qu'il considère comme les bourreaux de Napoléon, son idole historique. Politiquement, pour certains observateurs, le plafond de verre qu'observent les sondages à son sujet serait causé par le manque de vote des femmes.

En 2019, sur un plateau de télévision, celui qui était encore chroniqueur expliquait, au moment de la Coupe du monde féminine, qu'il ne s'agissait pas de football, en ajoutant avec son habituel sourire : «Elles ne jouent pas au football!»

Candidat à la présidentielle, il a remis ça lors de la campagne sur LCI face à Ruth Elkrief : « Je suis un amateur de football, mais le football féminin, franchement... je ne suis pas ébahi. [...] Comme je l'ai dit, je suis fan de foot, mais le foot féminin, je trouve ça assez médiocre. Maintenant, elles ont le droit de jouer au football, tout le monde a le droit de jouer au football ! J'ai le droit de ne pas regarder[108]... »

Ceci explique en partie cela. Et qui sait? Lui qui rêve d'être l'héritier du général de Gaulle recevra peut-être un jour à l'Élysée les joueuses tricolores, lyonnaises ou parisiennes pour célébrer ensemble le triomphe du football français. Ou pas.

108 https://twitter.com/LoeilMedias1/status/1488990592734580740?s=20&t=L-4Jh4QNRJPncpS650y6-JQ.

11

LE FOOTBALL EST-IL EXTRÊME-COMPATIBLE ? RN-LFI, MÊME COMBAT ?

La parole est d'argent, le silence est d'or. Ces mots semblent convenir à merveille au rapport qu'entretiennent la France insoumise et le Rassemblement national avec le football. Ces deux partis, qualifiés respectivement d'extrême gauche et d'extrême droite, s'estimant chacun dans leur couloir être les meilleurs représentants du peuple, ont décidé de baisser la tête face au sport le plus populaire du monde et de France.

Près de deux millions de licenciés, dans un pays qui compte plus de 67 millions d'habitants, mais une stratégie de l'effacement. Une vie sans football serait bien terne, dénuée de sens pour des millions d'individus. Elle serait absolument identique, totalement similaire pour le parti de Jean-Luc Mélenchon et celui de Marine Le Pen. Si les deux candidats ne partagent pas les mêmes positions sur toutes les problématiques liées au sport, ils se rejoignent sur un point, leur mutisme en la matière. Le sport et le football n'existent pas, ou bien très peu, occasionnellement, à l'approche ou lors d'événements majeurs et médiatisés. Que pensent-ils de l'état du football français, de l'équipe de France de Deschamps, de la Coupe du monde au Qatar, du surpuissant Paris Saint-Germain, des droits TV? Il faut gratter et creuser fort pour trouver une ébauche de réponse. Jeune, Marine Le Pen appréciait l'équitation et la voile, qu'elle pratiquait par moments. Elle s'y retrouvait et y rencontrait une forme de liberté inhérente à tout adolescent. Malgré un physique chétif, Jean-Luc Mélenchon se débrouillait à la course à pied, revendiquant quelques résultats.

Plus vieux, le sport ne constitue une priorité ni pour l'un ni pour l'autre. On connaît les footings de Nicolas Sarkozy et les parties de tennis d'Éric Zemmour. Leur amour du foot aussi, tout comme celui de François Hollande ou encore de Manuel Valls. Les leaders de LFI et du RN, eux, délaissent le sport. Telle une terre d'inintérêt. Au moment où ces lignes sont écrites, aucune proposition sportive dans leur programme de 2022. Peut-être seront-elles ajoutées au dernier moment, dans la marge, histoire de. Il y a cinq ans, en 2017, Mélenchon avait manifesté son hostilité à l'accueil des Jeux olympiques de Paris et aux sportifs français non domiciliés fiscalement en France. Davantage taxer les diffusions sportives pour financer le football amateur figurait également parmi ses idées, tout comme la hausse du budget consacré au sport. Marine Le Pen, elle, laisse le soin à Aleksandar Nikolic, tête pensante du RN en matière sportive, de lui soumettre les mesures éventuelles. Sèchement battue par Emmanuel Macron au second tour de la présidentielle en 2017, Le Pen esquissait un début de programme sportif dont le foot faisait bien entendu partie. Avec l'instauration d'un quota de joueurs français dans les effectifs des sports professionnels, elle pourrait se retrouver avec Éric Zemmour [109], moins avec les clubs de Ligue 1 dont les rangs sont fortement nourris par des athlètes d'autres horizons. Autre idée : la création d'un « contrat sportif de haut niveau » d'une durée de trois ans renouvelable, afin de permettre aux sportifs amateurs qui représentent la France dans les grandes compétitions de pouvoir se consacrer entièrement à leur discipline et de « vivre dignement ». Cela a le mérite d'exister, diront certains. Cinq ans plus tard, nous souhaitions savoir ce qu'il en est de ces propositions.

Rendez-vous est pris avec Aleksandar Nikolic dans un café du 16e arrondissement de Paris, à deux pas du nouveau siège du Rassemblement national. Aleksandar Nikolic, c'est l'histoire d'un fils d'une mère portugaise, d'un père serbe, sans une goutte de sang français donc, mais avec la France qui coule dans ses veines, selon la formule de l'écrivain Romain Gary. Fan de David Ginola et admirateur de Novak Djokovic, il s'engage en politique en 2013 à la mort de son père et rejoint les rangs du Front national jusqu'à devenir candidat aux régionales de 2021 en région Centre-Val de Loire, logiquement devancé au second tour par la gauche. Le football, et le sport plus largement, il en a fait une source d'inspiration, un centre d'intérêt puis une passion. Enfin, un mode de vie. Les souvenirs de

109 *Cf.* chapitre 10, « Zemmour, vert de nostalgie », p. 155.

coupe Davis, l'OM 1993, France-Bulgarie... autant d'événements qui l'ont poussé à faire du sport son fil conducteur. À 35 ans, cet amoureux de la France a pratiqué le foot, le volley, le hand avant l'athlétisme. Il est inscrit dans un club depuis trois ans. Alors, forcément, ce chemin, il détonne au sein d'un parti où le sport est aux abonnés absents. Celui qui incarne la nouvelle génération du RN a longtemps écumé les villes françaises, chaque week-end avec sa petite amie, pour y découvrir un territoire et y voir un match de football. « On organisait ça tout le temps. J'ai dû faire tous les stades de Ligue 1, voire de Ligue 2. Je peux regarder durant des heures le développement des sports dans les pays, que ce soit en Afrique, en Amérique ou ailleurs. Je suis un vrai passionné. »

Pas sûr que sa chef puisse en dire autant. Comme une grande majorité des dirigeants français, MLP [110] réagit plus souvent qu'elle n'agit quand il s'agit de football, elle commente plus qu'elle ne propose, elle fait de la politique, en somme. Comment ne pas faire du sport et du football tricolores une question qui part aux oubliettes face à la prépondérance du pouvoir d'achat, de l'insécurité et du sanitaire ? Nikolic refuse cet aveu d'échec et toute passivité en la matière. Si certains au parti, comme Éric Domard [111], sont aussi fans de foot, lui veut aller plus loin et changer le sport par la politique. « On avait sorti plusieurs mesures. Dans le débat que j'avais pu faire avec d'autres candidats, je voyais qu'on était les seuls à avoir des propositions concrètes. Moi, je sais vers quoi je souhaite qu'on aille en ce qui concerne tous les sports, surtout à deux ans des

110 Diminutif de Marine Le Pen.
111 Conseiller spécial de Marine Le Pen.

J.O. de Paris. Le nombre de médailles à Tokyo était le plus faible depuis trente ans alors que, quand on accueille les Jeux olympiques, on est censé faire plus. Il faut une vraie politique sur dix ans, nous, on a une absence de vision. Ça m'inquiète beaucoup. Durant la présidentielle, j'aimerais des débats avec les représentants des sports. Chaque parti devrait incarner une vision pour le sport. Si c'est juste un truc où on se chambre, on joue, c'est du mépris pour le sport. On s'interdit presque d'avoir ce genre de débats-là. On a toujours vu ça comme du loisir. On est l'un des pays les moins intéressés par le sport. On a même eu longtemps un mépris pour ceux qui s'intéressaient au sport, car ce n'était pas assez intellectuel. Pour moi, le sport est essentiel dans la puissance d'un pays. Personne ne connaît le Premier ministre jamaïcain, mais tout le monde connaît Usain Bolt. Personne ne connaît, je pense, la différence entre Marine et Mélenchon sur la politique sportive qu'ils vont mener. Le politique est censé intervenir en tout. Il a un rôle à jouer dans le sport. » Le constat est juste. Le sport est délaissé. Pareil pour le football. Tous ceux qui, au sein des partis, tentent de s'y intéresser sont en extrême minorité.

Éric Coquerel, amateur de foot qu'il est [112], en est la parfaite illustration. « Je ne le cache pas, il n'y a pas non plus beaucoup de spécialistes qui assument autant et s'y connaissent autant au sein de la France Insoumise. Pour moi, c'est un vrai sujet. Pour les Insoumis, honnêtement, non. Enfin, je ne crois pas. Parfois, je me marre parce que j'essaie d'expliquer à Jean-Luc Mélenchon pourquoi

112 *Cf.* chapitre 8, « Assemblée nationale, terre de foot », p. 117.

il doit s'intéresser un peu plus au sport. Au moins, il a l'honnêteté de dire qu'il n'y connaît rien. Pour le coup, on peut dire que c'est un sujet de société d'ampleur et un sujet politique mineur à l'Assemblée. En plus de ça, les seuls moments où on se souvient de choses sur le foot ces dernières années, c'est sur les polémiques suscitées par l'extrême droite, la *Marseillaise*, etc. Demain, si je devais gouverner le pays, je réfléchirais et j'essaierais de prendre des mesures sur la question de la dérégulation. Mais c'est parce que, derrière, j'ai une certaine vision du foot. Quand je vous dis qu'on n'en parle pas, ça ne veut pas dire qu'on ne considère pas que le sport est un phénomène d'émancipation important, autant que la culture. Donc, à partir de là, oui, il faut un ministère des Sports ! Jean-Luc avait fait les assises du sport au moment de sa campagne en 2012. C'est un sujet qui nous intéresse quand même. » « Quand même ». Parce qu'il existe, ce sujet.

Entre Insoumis et membres du RN, divergences il y a sur certains points. D'une part, la fiscalité à laquelle sont soumis les footballeurs a toujours été source de fantasme. On se souvient de la très controversée taxe à 75 % souhaitée par François Hollande pour les entreprises dont les employés gagnent plus d'un million d'euros par an, donc pour bon nombre de clubs de l'élite. Dans la même lignée, Jean-Luc Mélenchon s'offusquait, dès 2014, qu'un joueur comme Franck Ribéry puisse gagner « un SMIC toutes les quarante minutes » [113] et proposait d'ailleurs dans son programme de 2017 des tranches d'imposition très défavorables aux revenus annuels supérieurs à 400 000 euros.

113 Entretien accordé au site So Foot, le 18 avril 2014.

Lorsqu'on l'interroge sur la question, le député Coquerel est ferme. Refus d'une harmonisation fiscale par le bas qui permettrait aux clubs français de rivaliser davantage avec leurs concurrents européens. Pas d'exception pour le football, mais favorable à plus de régulation à l'échelle européenne afin de protéger les clubs formateurs et de lutter contre le dumping fiscal. Fin d'une « soumission totale aux lois du marché ». « On est pas au niveau quand on voit les moyens mis par l'État face à l'importance qu'a prise le football. Je pense qu'il faudrait taxer les équipementiers face à l'importance qu'ils ont prise. Ils vendent des produits largement générés par des gens qui sont bénévoles », ajoute Éric Coquerel. Résumé : pas de baisse de la fiscalité pour rendre nos clubs plus compétitifs, pas d'exception tout court pour les sportifs en termes d'imposition, mais pour davantage de règles qui régissent le marché du football mondial.

A contrario, Marine Le Pen a surpris tout son monde en novembre dernier en annonçant son souhait d'exonérer d'impôts sur le revenu tous les jeunes de moins de 30 ans. Et ce sans exception, y compris pour Kylian Mbappé, a-t-elle précisé. Un joli cadeau fait aux footballeurs du championnat de France, dont la grande majorité serait concernée par cette mesure, une fois appliquée. Un moyen d'améliorer la compétitivité de nos clubs professionnels, chose qu'elle clamait déjà cinq ans plus tôt. « Je trouve ça bien qu'il y ait des grands joueurs au PSG. J'aurais aimé qu'il y ait des dispositifs fiscaux comme c'est fait en Espagne ou en Allemagne, avec une baisse des impôts dans le foot pour attirer les meilleurs joueurs. Personnellement, je pense qu'il faut adapter fiscalement les clubs français. Quand Zlatan Ibrahimovic coûte cinq ou six fois plus cher en France qu'en Italie ou en Angleterre, cela pose un gros problème. Il faut des aménagements fiscaux, des règles exceptionnelles dans un contexte très concurrentiel», justifie Aleksandar Nikolic. Autre désaccord entre les deux partis, le quota de joueurs étrangers en France désiré par l'extrême droite. 70 % de sportifs français dans les effectifs professionnels, tel était le chiffre proposé en 2017, afin que la France préserve ses meilleurs joueurs. Pour l'heure, rien de prononcé en vue de 2022. La vision ne devrait cependant pas grandement changer. Grand supporter du Paris Saint-Germain avant l'arrivée des Qataris à sa tête en 2011, le représentant sport du RN s'est fortement éloigné depuis du club de la capitale. Il déplore que son ancien club soit la propriété d'étrangers, entraîné par un étranger et incarné sur la pelouse par une majorité d'étrangers. Fruit, selon lui, de l'arrêt Bosman et d'une financiarisation totale. Ce foot, ce n'est plus celui de sa jeunesse, lui qui a vu son patriotisme se développer grâce au sport, malgré un père fan absolu de l'Étoile rouge de Belgrade, et qui rêve pour la France d'un modèle à l'allemande, où les propriétaires ne peuvent posséder plus de 50 % des parts d'un club.

Voilà pour le volet économique. L'interrogation «Le football est-il extrême compatible?» tient déjà sa réponse. Qui imagine voir le football français encore davantage taxé ou un quota de joueurs tricolores dans nos clubs de foot en 2022? Difficile à envisager. La vision plus sociale et sociétale du football pose également question et suscite la controverse. Là encore, nous pouvons citer Olivier Guez dont la justesse des mots se heurte à une réalité parfois capricieuse. «Le football transcende les frontières régionales, sociales et religieuses d'un pays. Dans nos sociétés fragmentées, où l'unité ne tient qu'à un fil, travaillées par les haines de classes et les conflits ethniques, l'envie d'en découdre, l'équipe nationale sert d'ultime liant fondamental.» Dans la société fragmentée qu'est la France, le football peut aussi servir de désunion.

S'il est le plus souvent terre d'inintérêt au RN ou à LFI, le ballon rond est également terre de récupération. Et les exemples ne manquent pas. Tout comme les contradictions. «Le sport est un des espaces précisément où la politique ne doit pas entrer. C'est une dérive à laquelle on a assisté depuis un certain nombre d'années [114].» Tels étaient les mots de Marine Le Pen en marge de l'Euro 2021, alors que Munich souhaitait illuminer son stade en arc-en-ciel lors du match Allemagne-Hongrie [115]. Une intervention contestée et un timing contestable. Quelques semaines plus tôt, son parti était accusé de récupérer politiquement l'hymne des Bleus chanté par le rappeur Youssoupha : «Écris mon nom en Bleu, crie mon nom en Bleu.» Jordan Bardella, alors vice-président du Rassemblement national, déclarait sur France Info : «Je pense qu'on a cédé à une partie racaille de la France en choisissant ce type de propos», clin d'œil évident aux propos passés [116] de Karim Benzema sur Didier Deschamps. Bardella, fan de foot étant gamin, détaché aujourd'hui, reprochait, entre

114 Propos tenus le 23 juin 2021 sur France Inter.

115 Munich voulait afficher sa solidarité envers la communauté LGBT hongroise et dénoncer une loi jugée discriminatoire votée en Hongrie contre les minorités sexuelles.

116 Karim Benzema avait déclaré en 2016 dans le journal espagnol *Marca* que Didier Deschamps «avait cédé à la pression d'une partie raciste de la France», pour expliquer sa non-sélection chez les Bleus.

autres, au rappeur des propos virulents tenus à l'encontre de sa chef[117].

L'Euro 2021, décidément source de réactions et de querelles politiques, avec la décision de plusieurs sélections, dont la France dans un premier temps, de poser un genou à terre avant chaque rencontre, symbole de lutte contre le racisme et les discriminations. Une hérésie pour beaucoup de dirigeants de droite et d'extrême droite qui dénoncent dans le milieu du football une indignation à géométrie variable. «C'est représentatif de la société. Il y a une grande naïveté sur ces sujets-là. C'est bien connu que poser un genou à terre efface le racisme. Il y a un côté ridicule et communautaire. Cela vient de pays qui ont une vision racialiste. Je ne suis pas contre que les sportifs prennent position, mais sur ces prises précises, je trouve cela ridicule», déplore Aleksandar Nikolic. À l'opposé, l'eurodéputée insoumise Manon Aubry montrait sa fierté d'une équipe de France luttant contre le racisme.

Le football comme porte d'entrée au RN pour remettre ses thèmes de prédilection au cœur de l'actualité, du débat et flatter un électorat acquis à sa cause. Un gazon parfait pour développer sa partition. La *cancel culture*, la communautarisation, l'islamisation… Ces sujets que le parti de Marine Le Pen fait siens au quotidien, y compris dans le sport et dans le football. «On souhaite que la France brille à travers le sport. Début 2018, j'avais écrit une tribune : « La France "bleu blanc rouge" plus forte que la France "black blanc beur". » La société française est de plus en

117 «Dans ce rêve où ma semence de Nègre fout en cloque cette chienne de Marine Le Pen», chantait Youssoupha dans son tube «Éternel recommencement».

plus racialisée et donc de plus en plus raciste. Quand il n'y avait pas de racialisation, il y avait moins de racisme. Et de tous bords. Je suis inquiet par rapport à ça, je pense qu'il y en aura de plus en plus. Avec l'islamisme, il y a en plus des collectivités territoriales qui ferment les yeux sur certaines choses. Si on ne se sert pas assez du sport d'un point de vue identitaire, certains le feront à notre place. En équipe de France, j'avais lu un article qui disait que Giroud n'était plus en phase, même en termes de mentalité, avec la majorité des jeunes joueurs. Ça montre qu'il y a une forme de communautarisation culturelle, donc moins d'unité et peut-être moins de cohésion sportive. L'un des problèmes du foot est l'uniformisation de la culture banlieue. Regardez l'évolution : Raymond Kopa avait un prénom français, un nom polonais et un attachement à la France. Michel Platini a un prénom français, un nom italien et un attachement à la France. Zinédine Zidane a un prénom et un nom étrangers et un attachement aux deux. Enfin, Karim Benzema a un prénom et un nom étrangers et un attachement plus fort à l'Algérie qu'à la France. C'est représentatif et intéressant à constater», formule celui dont le prénom Aleksandar et le nom Nikolic ne l'ont pas empêché d'aimer la France et «d'être Français par droit du sol, donc de prendre tout ce qui vient de ce sol». Un discours à l'image du RN aujourd'hui, pleinement ancré dans le programme du parti, et en même temps conforme à une communication minutieusement soignée dans le cadre de la stratégie de «dédiabolisation» entamée il y a plusieurs années. Éviter les dérapages et les propos «choc» de l'ancien président du Front national Jean-Marie Le Pen qui s'offusquait, à la fin des années 1990, de voir des joueurs, selon lui, illégitimes à porter le maillot bleu, à représenter la France.

Parmi les thématiques soulignées par le RN en 2021, il serait inexact de dire que tout est faux et que le football est une terre sainte, dépourvu de tout fléau et de tout danger. Dans son ouvrage *Le Livre noir du sport*[118], le vice-président du Conseil national d'Île-de-France Patrick Karam dénonce la radicalisation, le racisme, mais aussi les violences sexuelles et l'homophobie qui frappent le sport et le football. Il révèle notamment que près de 900 individus signalés comme radicalisés sont aujourd'hui présents dans les clubs de sport et raconte le cas d'un entraîneur de football en région parisienne contraint de laisser ses joueurs prier dans le vestiaire avant la rencontre. Ces problématiques existent, elles ne doivent pas être évincées d'un coup de balai. Elles sont, depuis de nombreuses années, l'objet de dénonciations et, bien entendu, de récupération de la part du RN. Chacun le sait, même au sein du parti. La France insoumise, par la voix d'Éric Coquerel, voit les choses d'une autre façon. « Sur plein de sujets, je trouve qu'il y a un progrès. L'homophobie, c'était très fort dans le sport il y a trente ans, c'est moins admis aujourd'hui. Il n'y a pas presque plus d'homophobie. Le racisme, pareil. Ce n'est pas nouveau. Peut-être qu'aujourd'hui on l'admet moins et heureusement ! Il y a des réactions plus fortes. L'histoire de l'islamisme, ce n'est pas vrai. Je ne le vois pas. Si je regarde le PSG, les évangélistes sont un peu plus marquants, les Brésiliens notamment. Ce sont des phénomènes connus et ils ne sont pas massifs. Je ne pense pas que ce soit une tendance. » Deux sons de cloche distincts.

118 Coécrit avec Magali Lacroze aux éditions Plon, en 2020.

Yacine Hamened, éducateur, directeur technique du CO Cachan et auteur des *Hors-jeu du football français*, a parcouru toute sa vie les terrains de football, en Île-de-France surtout, mais aussi ailleurs. Il témoigne et apporte un regard modéré. Sur la radicalisation, il dit ne pas avoir constaté de phénomène massif. «En symbole, on parle souvent des gens qui se douchent en slip. Nous, à l'époque, on était nus dans les années 1980. Aujourd'hui, le contexte est différent, avec les moqueries sur les réseaux sociaux, etc. Je pense que ça n'a rien à voir avec l'islam, mais c'est une question de générations. D'ailleurs, les petits ne se douchent même plus au foot. Le foot est un sport populaire et, automatiquement, ce sont plus des gens de quartiers qui jouent au foot. Malheureusement, ces gens de quartiers, ce sont plutôt des communautés et des minorités. Je ne pense pas que la communautarisation soit volontaire. Et elle existe depuis toujours. Je pense qu'on exagère beaucoup là-dessus. C'est davantage une question sociétale qu'en rapport avec le foot.» Il estime, en revanche, que le racisme est omniprésent. «Il y en a pour tout le monde. Chacun en prend pour son grade. Tu peux te faire traiter dans un même match de sale Arabe, sale Noir et sale Blanc. Je condamne l'idée que le foot serait le monde des Bisounours où tout le monde est à la même échelle, où il n'y a pas de racisme et où on s'aime tous, etc. C'est évidemment faux. C'est du racisme primaire, c'est-à-dire que ces gens-là pensent que ça fait partie de la provocation pour faire disjoncter l'adversaire d'insulter un joueur sur ses origines. Ça concerne tout le monde[119].»

119 Entretien avec l'auteur.

La récupération politique du football de la part de ces deux partis n'est pas du simple fait de ces phénomènes sociétaux, des «à-côtés» du ballon rond. Chacun, par ses réactions, ses formules dont il a le secret, ses *punchlines* ou ses félicitations, s'attribue une partie d'un résultat positif, d'un titre et montre un intérêt, le temps d'un après-midi ou d'une soirée, pour un football qu'il ne calcule pas le reste du temps. Faire des footballeurs des outils de reflet de sa propre pensée est, hélas, monnaie courante. Lors du Mondial 2018, l'actuel député européen et directeur de campagne de Jean-Luc Mélenchon, Manuel Bompard, attirait l'attention d'un tweet à double sens : «Le dégagisme frappe aussi la Coupe du monde. L'Allemagne est éliminée dès la phase de poule. En 2019, on dégage la politique allemande dès le premier tour!» Dans la même veine, Jean-Luc Mélenchon, plus concis, se félicitait de l'élimination de nos voisins. «Joie pure : la Mannschaft est éliminée. Trop forts, les Coréens.» À un an des élections européennes.

Inutile de rappeler l'ensemble des réactions sur Twitter à l'issue du triomphe de la France face à la Croatie en finale, apportant la deuxième étoile au pays. Finalement, et malgré les discours tenus de part et d'autre, la politique, plus que les politiques eux-mêmes, n'est jamais bien loin d'un sport rempli de symbole. Le devoir de vérité nous impose de préciser que ces phénomènes de récupération et d'inintérêt, s'ils sont plus marquants au RN et chez LFI, existent aussi ailleurs, dans d'autres formations politiques. Par ailleurs, à l'instar d'Aleksandar Nikolic, ces deux partis ont dans leurs rangs quelques passionnés. On peut citer le député de la Somme François Ruffin à l'extrême gauche de l'échiquier politique, ou encore Vikash

Dhorasoo, candidat aux municipales à Paris en 2020, une première pour un footballeur international à la tête d'une liste de gauche en France. Cela aura-t-il une influence à court terme sur l'importance accordée au football? Rien n'est moins sûr.

12

KARL OLIVE : ICI, C'EST POISSY !

Lorsque l'on rentre dans son bureau, au premier étage de la mairie de Poissy, il ne nous faut qu'une poignée de secondes pour vérifier que l'on va passer l'heure en terrain conquis. Un bureau meublé de photos encadrées et habité par les expériences, rencontres de sa vie. Énormément sont liées au football, beaucoup au PSG. Devant son grand écran, à quelques heures seulement du match de Ligue des champions entre Paris et Manchester City, un livre de Michel Hidalgo, son ami, personne importante de sa vie. Nous y reviendrons. Un énorme cadre, aussi, du futur centre d'entraînement du PSG, actuellement [120] en travaux. Une page se tourne pour Saint-Germain-en-Laye et son maire Arnaud Péricard. Une nouvelle page s'écrit pour Karl Olive et Poissy où le club de la capitale devrait s'installer courant 2023.

120 Entretien réalisé le 28 septembre 2021.

Décor planté, c'est le parcours de ce maire, un temps de droite, aujourd'hui macroniste, un temps journaliste, aujourd'hui politique qui nous intéresse. Avec, en fil rouge, quelque chose d'immuable, la passion du football. Son destin, il est lié à la traçabilité de sa famille. Né en 1969, il est le cinquième garçon d'une famille de six enfants. À l'époque, le Paris Football Club et le stade saint-germanois n'ont pas encore fusionné, donnant quelques années plus tard le club que l'on connaît tous aujourd'hui. Karl Olive n'a guère le choix. Dès le plus jeune âge, il est baigné dans l'univers du ballon rond. Son père était dirigeant à l'AS Poissy Football, sa mère, bretonne, était une fervente supporter de l'AS Saint-Étienne. « Une bible des Verts », se souvient son fils, à qui elle apprenait tous les noms des joueurs et des adversaires de l'ASSE, à une époque où on regardait encore les matchs en noir et blanc.

Grâce à ses parents, Karl apprend vite. À l'école et sur le terrain. À 7 ans, il obtient sa première licence de foot. Dans la famille Olive, les filles aiment aussi le football. Sa sœur cadette n'est autre que Brigitte Henriques, ancienne joueuse de l'équipe de France de football et aujourd'hui présidente du Comité national olympique et sportif français (CNOSF). C'est dire que la transmission s'effectue à merveille. « KO », comme l'appellent ses amis et comme il signe ses SMS, ne déroge pas à la règle puisque ses trois fils sont tous dingues de plats du pied et de reprises de volée. Une forme de reproduction sociale pour ce gamin qui a grandi dans le quartier populaire de la Coudraie, à Poissy, tout près du futur centre d'entraînement du PSG. La période vertueuse des Trente Glorieuses est en cours. Des dizaines de milliers de salariés travaillent dans les usines automobiles de Simca et Chrysler, dont le papa de Karl. « La mixité sociale était exceptionnelle avec des familles originaires d'Espagne, de Turquie, du Maroc... Qu'est-ce qu'on faisait, matin, midi et soir ? On jouait au foot sur la dalle du quartier. C'est comme cela qu'on grandissait et c'est comme cela que le football appartient aux footballeurs. » Poissy, c'est l'histoire d'une commune des Yvelines d'environ 40000 habitants, située à une trentaine de kilomètres de la capitale. Les attaches à la ville sont fortes et, en termes de football, les regards se portent rapidement vers le club de la région. Le Paris SG. « Quand j'étais en troisième, ici à Poissy, je prenais mon vélo, avec les copains, on traversait la forêt et on allait serrer des paluches, attendre les joueurs qui sortaient de leur BMW, à l'époque au Camp des Loges. Les Luis Fernandez, Mustapha Dahleb, Patrice Loko, Safet Susic, Michel N'gom, Dominique Baratelli. J'ai presque de l'émotion quand je vous dis ça... (Il s'arrête quelques secondes.) C'est des mecs, tu les attendais deux plombes et ils restaient avec toi un peu de temps. Ce midi, je déjeunais avec "Moumoute" (Jean-Michel Moutier), par exemple. »

L'émotion des années d'enfance dicte les mots de KO, gorge nouée. Ces types, en short blanc et maillot rouge et bleu, c'étaient ses idoles. De toute sa vie, Olive n'a rêvé que d'une chose, devenir un jour footballeur professionnel. Il ne le sera jamais. Alors, depuis, comme le dit Goldman, il vit sa vie par procuration. Devant son poste de télévision, effectivement. Puis à la télévision, en tant que pigiste à la télé départementale Yvelines Première, avant d'en prendre la direction. Enfin, le grand bain. Le service des sports de Canal +, la direction de la programmation, la direction des sports de la chaîne. Contrairement au foot professionnel, et malgré tout heureux de son parcours, il n'a jamais rêvé d'endosser ces casquettes. «Je n'ai jamais eu ce que j'ai voulu et toujours eu ce que je n'ai jamais voulu absolument», résume-t-il. Ce parcours, cette ascension, il la doit à ses rencontres et à des hommes en particulier. Parmi eux, Michel Denisot. Grande figure de Canal et président du PSG entre 1991 et 1998. «J'ai fait des études de communication et de sciences politiques à Saint-Denis. Avant d'aller à Saint-Denis, j'allais à la radio et à RTL. Ça s'appelait *Les Petits Matins* de RTL présenté par Jean-Pierre Imbach. Le week-end, il y avait un monsieur qui s'appelait Michel Denisot qui présentait une émission sur le cinéma. On se croisait de temps en temps comme ça. Puis on s'est recroisés au Camp des Loges. Il était journaliste, mais, de temps en temps, il mettait le short pour taper le ballon à l'époque où c'était possible. Puis Denisot devient président du PSG en 1991. Moi, je n'ai pas de mérite, je suis en pleine bourre, je joue en équipe de France de foot d'entreprise. Denisot fait un truc formidable à l'époque : le matin des matchs de Coupe d'Europe, avec les journalistes qui savent jouer au foot, il faisait des rencontres contre des dirigeants, plus le 18e ou le 19e joueur qui ne jouait pas et l'entraîneur. Un jour, il vient me voir et me parle du club de Chatou dont j'étais président. Il me dit : "Jimmy Algerino m'a parlé de toi, est-ce que tu veux venir poser les questions au bord du terrain?" On était au mois de juin, mais c'était mon 24 décembre.» Il l'avoue, bosser avec Denisot, il en rêvait!

Chez Canal, il fait la connaissance d'un autre personnage qui va beaucoup l'inspirer. Une voix hors du commun, celle d'une époque pour le football français. Thierry Gilardi. «Thierry était une bête de travail, un ayatollah de la rigueur, un bourreau de travail. C'est finalement à cause de ça qu'on l'a perdu. Je me souviens des Jeux olympiques d'Athènes en 2004, Thierry quasiment H24 à l'antenne. Il dormait deux plombes. Il rendait l'antenne à minuit, il bossait déjà à 4 heures du matin. Le mec était encore là. Ce sont des gens qui vous inspirent. Gilardi m'a beaucoup inspiré sur la rigueur, sur l'information versus la péri-information. Il ne supportait pas l'à-peu-près, les plantades dans les prénoms, dans les statistiques. » Pour tous, il restera la voix d'un journaliste et commentateur hors du commun. Pour KO, il reste l'exemple d'un collègue qui ne lâche rien, un modèle de pugnacité dans ses futurs engagements.

Et puis il y a les autres. Ceux qu'il aurait aimé imiter, étant petit. Les acteurs de l'arène. Le métier de journaliste, qui plus est dans le sport, est formidable à cet égard. Il permet des échanges, des rencontres dont tout gosse fan de foot rêverait. Parmi eux, l'un des hommes de sa vie. Michel Hidalgo. Disparu en 2020, Hidalgo est un monument du football tricolore, emmenant les Bleus sur le toit de l'Europe en 1984. « J'ai fait trois bouquins avec lui. Nous étions très proches. C'est quelqu'un que j'idolâtrais quand j'étais môme (je suis de la génération Platini) et avec lequel j'ai construit une amitié indéfectible. Un jour, quand j'étais à Canal, il m'a dit : "KO, sept jours sur sept, tu ne vas pas tenir. Si tu penses que tu vas toujours être toujours aussi efficace, tu te trompes. Arrête deux jours, respire et, après, tu vas revenir en meilleure forme." Le foot m'a permis de rencontrer des gens incroyables. J'ai fait mon premier bouquin avec Hidalgo préfacé par Michel Platini... PLATINI ! Moi, je suis croyant, il y a Dieu et puis il y a Platini ! Platini, quand il vous parle ou quand il bossait avec nous à Canal, il nous disait 45 secondes avant ce qui allait se passer après sur le terrain. Il disait un truc très juste : “voir et recevoir”. France-Allemagne 1982, regardez l’action de Battiston quand il se fait défoncer la gueule par Schumacher. Et regardez l’ouverture de Platini. Avant de faire cette ouverture, il sait déjà ce qu’il va faire. France-Brésil 1986, Guadalajara : ouverture de Platini pour Bellone, qui va dribbler le gardien pour, au final, se casser la gueule. Voir et recevoir ! La vie, c’est l’anticipation. C’est du temps de vie. »

Des leçons de vie qui vont forger la sienne. Le journalisme, le sport… avant la politique. En plein quinquennat de Nicolas Sarkozy, celui qui se définit comme gaulliste et humaniste rejoint l’UMP en 2010. Pas question, cependant, de s’engager loin de ses terres. La politique, oui, mais corrélée à Poissy. Conseiller régional des Yvelines en 2011, il devient trois ans plus tard maire de Poissy, sa ville, celle de ses parents, pour la première fois. Au pouvoir, comme durant notre conversation, la politique politicienne n’est pas son terrain de jeu favori. Devenir maire de Poissy, il n’en avait pas rêvé non plus. Faire de son parcours, de ses rencontres et, a fortiori, du sport une façon de gouverner autrement à l’échelle locale, ça, oui ! Liberté, égalité, fraternité, sportivité. Telle pourrait être la devise inscrite sur l’hôtel de ville de Poissy. Le sport, il ne l’a pas seulement approché en tant que journaliste. Depuis ses premières licences pendant l’enfance, KO continue de jouer. Un temps en équipe de France de foot d’entreprise, il est aujourd’hui membre du Variétés Club de France, si cher à Jacques Vendroux. Il joue une à deux fois par mois avec ses copains du Variétés et pratique la course à pied trois fois par semaine. Il n’est d’ailleurs pas rare de le voir poster une photo de lui, un dimanche matin, à l’issue d'une course francilienne. « Le sport, c'est vraiment un défouloir, ça permet de sortir de sa zone de confort », assure-t-il. « Peut-être que mon destin est lié au foot et, aujourd'hui encore, la gestion de la collectivité est ô combien facilitée au quotidien par le fait d'avoir été sportif en tant que joueur, arbitre, président, directeur des sports à Canal. Aujourd'hui, on est la première ville de France à offrir deux heures de sport à nos agents dans le cadre du temps de travail. J'ai les vertus du sport chevillés au corps. Je n'ai pas inventé la machine à courber des bananes, mais je sais depuis ma première licence que, quand on fait du sport, on est bien dans sa tête et que, quand on est bien dans sa tête, on est bien partout. » CQFD.

C'est le sportif qui vous parle. Conforme à ses convictions, il place le sport au menu de ses équipes municipales. KO ne manque pas d'idées. Ses inspirations et manières de faire viennent de son chemin personnel. Outre le journaliste et le maire, il fut aussi arbitre officielle auprès de la FFF pour le PSG [121] puis, par la suite, président de l'AS Chatou et de l'AS Poissy, en parallèle de ses activités dans les médias. À ces postes, il a appris une chose essentielle, les règles du jeu, les mêmes avec lesquelles il agit en tant que maire… et dans la vie. « Dans tous les domaines, on connaît les règles du jeu. Soit vous êtes dans le jeu, soit vous êtes en dehors des règles du jeu. La loi 11 au football, ça s'appelle le hors-jeu, c'est sanctionné. La société, c'est ça, finalement. Il faut qu'on applique les règles, qu'on ne les interprète pas. Mais, pour les appliquer, il faut que tout le monde les connaisse. Et, pour cela, de temps en temps,

121 En 1986, à l'âge de 17 ans.

c'est bien de faire des piqûres de rappel pour ne pas qu'elles soient interprétées et gommées. Quand j'arrive ici en 2014, devant 1000 personnes, je fais mes règles du jeu. Pourquoi? Parce que je veux expliquer à mes agents le jeu que je vais mettre en place. Tout le monde connaît les règles. L'un des problèmes fondamentaux de la société aujourd'hui, c'est que vous avez ceux qui n'appliquent pas les règles, ceux qui interprètent et ceux qui font semblant de savoir, mais qui ne savent pas. Ça, c'est ma colonne vertébrale.» La loi 11 du sport favori des Français en guise d'état d'esprit général. Beaucoup d'administrés seraient ravis.

L'autre force de Karl Olive? Sa simplicité. Maire d'une ville de près de 40000 habitants, il n'en reste pas moins accessible, vertu qu'il doit une nouvelle fois au sport, creuset social à nul autre pareil. Encore en possession de sa licence au centre hospitalier de Poissy - Saint-Germain-en-Laye, il lui arrive de jouer avec des copains au chômage, brancardiers, médecins, patrons. Lui, le maire. Sans l'écharpe bleu-blanc-rouge, mais avec le même maillot. Et seulement des potes sur le rectangle vert. «C'est formidable, ça vous fait aussi rencontrer des gens et vivre la vie. C'est ça, la singularité du sport.» Alors, une question nous vient à l'esprit. Pourquoi est-ce si rare, une telle considération pour le sport de la part d'un responsable politique, aujourd'hui en France? La réponse pourrait être celle-ci : pendant que la plupart des élus arpentaient hier les bancs de l'ENA ou de Sciences Po, Olive écoutait les sages paroles de Platini, Hidalgo ou encore Denisot. «Michel Hidalgo m'a dit un jour : “Karl, toujours le premier à dire bonjour! Tu montes dans l'ascenseur avec quelqu'un, cette personne ne te dit pas bonjour, tu te dis :

'il est con à ne pas me dire bonjour.' Toi, tu dis bonjour ! Terminé." C'est du temps de vie. Moi, ici, je dis bonjour à tout le monde. Quand j'étais à Canal, j'arrivais à 7 heures. Deux heures où je pouvais bosser. À partir de 9 heures, j'allais dire bonjour à tout le monde. Toujours en premier, c'est formidable. Ça, c'est Hidalgo ! En 1981, quand on se qualifie face aux Pays-Bas avec un coup franc de Platini. Hidalgo, au Camp des Loges, mettait systématiquement sa casquette Argentina. Toujours. Et, derrière, sa casquette España 1982. Il voulait inculquer à ses bons hommes l'objectif qui était le leur inconsciemment. Ce sont des choses qui me marquent. J'essaie de mettre ça en place. J'ai rien inventé du tout, mais, humblement, ça fonctionne. Je fais 78 % aux élections, mais je ne fais pas de politique. Je fais du bon sens. Ce sont les règles du jeu. »

La politique, il dit ne pas en faire. Mais, au fil des années et de son expérience, son influence politique, elle, augmente. À l'image d'un Leo Messi positionné à droite et repiquant dans l'axe, KO se recentre. Soutien d'Alain Juppé lors de la primaire des LR en 2016, il renonce à s'engager derrière François Fillon durant la présidentielle après les révélations le concernant. Peu à peu, il se rapproche d'Emmanuel Macron avec qui le courant passe bien, jusqu'à devenir l'un de ses proches conseillers venus du terrain. Les deux hommes se sont rencontrés en 2014 lors d'un concert d'Elton John à Bercy et échangent aujourd'hui régulièrement au téléphone. Après les élections européennes de 2019, le maire de Poissy signe une tribune en soutien au chef de l'État. Ce dernier, trop seul pour un président, n'hésite pas à l'appeler durant la crise des Gilets jaunes pour prendre le pouls des Français et apprécie le franc-parler de l'élu. « Pendant l'épidémie, on a été la première ville de

France à ouvrir le centre de vaccination communal et l'une des premières villes de France à rouvrir les stades et les gymnases. Au mois de décembre 2020, j'appelle Macron, je dis : "Président, vous venez de décider de commencer à vacciner dans les EHPAD. Et c'est très bien. Qu'est-ce qui vous empêche de faire la même chose avec les maires qui veulent ouvrir des centres de vaccination dans des communes ? On a ouvert le premier centre le 7 janvier[122]. À un moment donné, si on ne défonce pas les portes, c'est le pouvoir, il ne se demande pas, il se prend. Deuxième exemple, les réouvertures de stade. "Président, qu'est-ce qui vous empêche d'ouvrir un stade de football ?" Pareil, je lui fais la démonstration que c'est possible par A + B. À un moment donné, le bon sens, le pragmatisme viennent du terrain. On est des fantassins de la République. On connaît nos administrés. Ils savent que, quand le maire dit quelque chose, c'est un peu le prescripteur. » Depuis, les deux hommes ont disputé ensemble une rencontre caritative avec le Variétés Club de France. Le 27 octobre dernier, Emmanuel Macron élevait Karl Olive chevalier de la Légion d'honneur. Le point d'orgue de leur relation ? Pas forcément. Certains verraient bien le maire de Poissy aller plus haut et jouer un rôle dans un futur gouvernement. Le principal concerné préfère pour l'heure en sourire. « Ma frangine me fait chier, elle est présidente du comité national olympique (rires). Je vous ai dit que je n'ai jamais eu ce que j'imaginais. Ce n'est pas maintenant que je vais vous dire ce dont j'ai envie. Ensuite, je crois à la spécialisation des rôles. Si vous me demandez de changer une

122 Le premier centre de vaccination contre la Covid-19 a été inauguré le jeudi 7 janvier 2020 à Poissy, rebaptisé « Chez Mauricette » du nom de la première personne vaccinée.

prise, je ne suis pas la bonne personne. En revanche, vous me donnez un micro, je vous fais la nuit, parce que je vais m'éclater. » Sous-entendu, ferait-il un bon ministre des Sports ? Un bon ministre tout court ? En attendant, il s'est vu confier, en octobre dernier, une mission de trois mois par le gouvernement : l'insertion des jeunes des quartiers par le sport. Dépasser l'image d'un simple divertissement pour en faire un outil social. Une énième manière de se rendre utile et de se rapprocher encore davantage de l'exécutif. Après tout, des vestiaires au ministère, n'y a-t-il pas qu'un pas ?

Maire et soutien du chef de l'État, Karl Olive n'en garde pas moins un œil avisé sur le football français. Son fonctionnement, ses failles, ses axes d'amélioration, il le connaît tant depuis toutes ces années à le fréquenter. Hormis ministre et footballeur professionnel, y a-t-il une fonction que KO n'a pas exercée ? À 53 ans, l'homme aux mille vies garde un pied dans le milieu du foot. Membre indépendant du conseil d'administration de la LFP, Olive n'hésite pas à sortir du bois quand quelque chose ne va pas. Illustration avec la question des violences dans les stades. « Le sport n'est pas un microclimat à côté de la société. Il est un reflet de la société. Les Gilets jaunes ne s'arrêtent pas aux portes du stade pour aller voir un match [123]. Hors de question pour moi de cliver et d'opposer les uns aux autres. C'est ensemble qu'on va réussir à guérir. C'est compliqué, car, dans les stades comme dans la société, on a une décompensation psychique très importante. On a des farcis dans les stades comme en

123 *Cf.* chapitre 13, « Une Gilet-jaunisation des tribunes ? », p. 197.

dehors. Nous autres responsables du foot, on a un devoir et une responsabilité : c'est de ne pas se cacher derrière son petit doigt à rejeter la faute sur l'autre. Les Français veulent venir au stade avec leurs gosses ou leur épouse sans risquer de recevoir un siège sur la tête. Oui, il faut faire le diagnostic. Derrière, quelles sont les pistes d'amélioration ? Les heurts entre Nice et Marseille, posons-nous la question de savoir comment la sécurité est organisée à l'intérieur du stade, comment les associations de supporters sont organisées par rapport à cela. À l'extérieur du stade, comment est-ce organisé ? Quelles sont les lois du jeu qui permettent ou non à l'arbitre de prendre une sanction ? Les pouvoirs publics peuvent-ils avoir le dernier mot sur une décision arbitrale ? Posons-nous toutes ces questions et jetons tout sur la table. Enfermons-nous dans un bureau, pourrissons-nous la vie et on ressort en disant : "On a pas été bon là, ça ne se reproduira plus." Ce n'est pas les clubs, les fédés, les assos de supporters et l'État qui, chacun dans son couloir, pourront régler ce sujet. »

L'aggravation des incidents en marge des rencontres n'est pas le seul couac auquel a été confronté notre football ces derniers mois. Gestion de la crise sanitaire, arrêt du championnat, fiasco des droits TV... Autant de dossiers [124] que le maire de Poissy refuse d'analyser à charge. À l'instar de l'écrivain et voyageur Sylvain Tesson, il estime que la France est un paradis peuplé de gens qui se croient en enfer, et le foot n'y échappe pas. Les Bleus champions du monde en titre, le PSG finaliste de la Ligue des champions

124 *Cf.* chapitre 18, « L'état du football français » p. 317.

en 2020, Messi en Ligue 1, les stades qui se remplissent, la qualité de nos éducateurs… KO, jamais résigné, préfère voir le verre à moitié plein. « Oui, on peut toujours faire mieux, il faut être humble. Il faut prendre de la hauteur. On est pas dans le Tourmalet en danseuse à se regarder le fond de la pédale. On se calme, on lève la tête et on se dit : "On est pas si mal quand même." Je ne dis pas que tout est parfait. Quand on va droit dans le mur, il faut le dire. Quand on a l'histoire de Mediapro, c'est une connerie. Mea culpa, c'est une connerie. On n'a pas été assez rigoureux. Ici, parfois, je prends des décisions à la mairie, si elles ne marchent pas, je reviens en arrière. »

Les actes, les décisions et les visages. Qui pour incarner le sport phare ? Noël Le Graët, patron de la FFF, Vincent Labrune, président de la LFP, Didier Deschamps sélectionneur de l'équipe de France. Tous trois, à échelle respective, font l'objet de vives critiques de toutes parts. À propos des sujets précédemment évoqués, mais aussi de la politique sportive, du style de jeu, etc. Des reproches injustes pour l'ancien journaliste. Très proche de Michel Denisot, candidat à la présidence de la Ligue en septembre 2020, Karl Olive concède que celui qui fut son adversaire avant d'être élu, Vincent Labrune, est très habile, « à l'écoute, au-dessus de la mêlée ». Noël Le Graët ? « Pour le connaître un tout petit peu, est-ce qu'il n'était pas le personnage qu'il fallait pendant la crise ? Tout homme qui dirige, fait quelque chose a contre lui ceux qui voudraient faire la même chose, ceux qui font précisément le contraire. Quand vous êtes dirigeant, quoi que vous fassiez, vous avez toujours des gens qui vous disent : "C'est pas ça qu'il fallait faire." Le "FC y a qu'à, faut qu'on." C'est la première chose. La deuxième chose, c'est qu'on peut se remettre en question. Mais, moi, je veux communiquer sur les solutions. Ça suffit ! Notre société pâtit de gens qui, à 98 % de leur temps, communiquent sur les problèmes. Communiquons sur les solutions ! Communiquer sur les solutions, c'est aussi assumer ce que l'on fait. Deschamps, c'est un mec qui communique sur les solutions. Et il est champion du monde. Aimé Jacquet, pareil. Le chef, il est là pour cheffer. »

Le sélectionneur des Bleus et ancien coach de l'OM pour qui Karl Olive a beaucoup de respect, même lorsque les doutes ont émaillé son parcours en équipe de France. « À la Coupe du monde en Russie, après le deuxième match, on est qualifiés. Le troisième match, on fait nul contre le Danemark 0-0 après un match en bois. Tout le monde matraque Deschamps, en long, en large, en travers. On pensait qu'on se faisait avoir par l'Argentine en huitièmes. Je me souviens d'avoir dit à la radio : "Une Coupe du monde, c'est pas un 100 mètres, c'est un marathon. On ne va pas te juger au 20e kilomètre, mais au 42e." Je me suis dit : "Deschamps, il va les niquer." Parce que c'est un marathon. Je pense qu'on a tous les atouts, il nous faut une capacité de résilience quand on se plante, une capacité d'humilité, de remise en question et de travail. J'ai toujours considéré que le travail entraîne le talent et le talent, la chance et la réussite. Michel Platini, Jean-Pierre Papin… tous ces exemples. Antoine Kombouaré me disait : "Moi, KO, après chaque entraînement, je fais 30 minutes d'étirement." Le mec n'a pas pris 10 grammes depuis le début de sa carrière. » KO n'accable pas les hommes. Dirigeants, entraîneurs, joueurs, il leur voue un grand respect. Arbitres, également, qu'il considère être les représentants du régalien, des femmes et des hommes à qui on ne peut toucher. Les Hommes[125] du sport, la société devrait davantage s'appuyer sur eux, en tout cas, la société à laquelle il aspire. Ce sont ses règles du jeu. Convoquer le sport pour écrire son histoire. Lui, le gamin de Poissy dont il est devenu maire. Lui, ce mordu de sport depuis toujours. D'ici quelques mois, sa ville sera la nouvelle maison du Paris Saint-Germain. Saint-Germain-en-Laye pour l'histoire, pour l'éternité même, mais Poissy au présent. Des centaines d'emplois créés, des investissements colossaux, une dimension écologique respectée. Poissy sous le feu des projecteurs. Karl Olive a réussi son pari. Son lien avec le PSG ne s'effacera jamais. Petit, à la sortie du Camp des Loges, arbitre, chez Canal +, propriétaire du club de la capitale et désormais à la tête de sa ville. Paris dans les veines et Paris pour la vie. Dans son bureau, un cadre attire notre attention. Un portrait de Nelson Mandela. Un modèle dont les actes et les mots inspirent la jeune carrière politique de KO. « Cela semble toujours impossible, jusqu'à ce qu'on le fasse », clamait la légende sud-africaine. Impossible que Karl Olive devienne footballeur. Reste alors l'ascension politique.

125 Ici, avec un grand H, femmes et hommes confondus.

13

UNE GILET-JAUNISATION DES TRIBUNES ?

La Covid a révélé à tous leur importance. Politiques, partenaires, diffuseurs ou simples amateurs, ils ont tous compris. Sans supporters, le football n'est pas le même. Sans ses ultras, c'est un autre spectacle, un autre sport. Même les footballeurs ont ressenti leur absence. Comme un manque.

« Se faire des passes dans un stade vide, ce n'est pas l'idée que je me fais du football », déplorait Marquinhos, le capitaine du PSG. « Sans public, il y a moins d'émotions, donc, forcément, le football est beaucoup moins intéressant [126]. » Loin d'être les consommateurs passifs dont rêveraient certains dirigeants du football français, ils sont le pouls

126 Mathieu Sauvajot, « Marquinhos "Sans public, il y a moins d'émotions" », *So Foot*, n° 183, disponible dès jeudi 4 février 2021 : https://parisunited.fr/le-club/les-joueurs/marquinhos-sans-public-il-y-a-moins-demotions/.

du pays, le cœur battant d'une certaine vision du sport. Entre frénésie, engagement et dévotion. Dans sa vie, un supporter peut changer de femme, de parti politique ou de religion, mais il ne change pas de club de football. Là est sa véritable identité, sa seule passion.

Sa radicalité est la marque de son investissement. On entre en football comme on s'engage en politique. Sans réfléchir. Et pour de bon. Les ultras et les supporters sont les nouveaux militants de notre temps. Debout dans les gradins, ils votent avec leurs chants.

FIERS DE NOS COULEURS

Parler des ultras et des supporters, c'est penser une culture. Une façon de voir la vie et de la vivre. Avec, en son centre, votre club et vos couleurs, ceux qui les partagent et ceux qui les défendent, les joueurs.

À Saint-Étienne comme à Lens, les vrais savent le raconter. Jérémy des Red Tigers 94[127] est de ceux-là : « Toutes les semaines, tous les jours, nous parlons football et ultras. On a toujours quelque chose à faire et quand on arrive au match le week-end, il n'y a que ça. Je ne prévois rien quand on a un match à Bollaert. Je ne pourrai jamais arrêter d'aller à Bollaert, c'est un vrai besoin. C'est un besoin

127 Quentin Ramelet, « Coronavirus : Des Ultras malheureux mais Ultras mobilisés durant le confinement », France Info, 27 mars 2020 : https://www.francetvinfo.fr/sports/foot/ligue-2/coronavirus-des-ultras-malheureux-mais-ultras-mobilises-durant-le-confinement_4482845.html.

social et vital. » À domicile comme à l'extérieur, le peuple de tribunes constitue une famille, une tribu, un clan uni derrière les mêmes bannières, les mêmes bâches et les mêmes slogans. « *Win for Us.* » « Avec nous, c'est pour la vie. »

Dans la préparation du tifo ou les déplacements, le groupe se soude et s'ouvre. L'ultra lensois poursuit ce qui unit les ultras. « Le déplacement ? C'est unique. C'est dans les déplacements que tu crées ton groupe. Tu découvres les gens. Tu crées une solidarité et un lien particulier. » On se souvient tous d'un parcage, d'une fouille un peu trop appuyée à l'arrivée, de l'odeur des fumigènes et des haltes sur les aires d'autoroute.

L'air n'est pas le même suivant que l'on ait perdu ou que l'on ait gagné. Certains retours sont plus compliqués que d'autres. Mais le fait d'être ensemble compense les soirs mornes de novembre, le travail du lendemain matin alors qu'on sait que les railleries vont suivre ou la tête encore lourde d'un poteau qui n'est pas rentré.

L'important, ce n'est pas le résultat final dans un sens, c'est le voyage ensemble, le trajet de ces hommes et de ces femmes qui se rassemblent autour d'un même maillot et de joueurs qui ne savent pas toujours l'ampleur des sacrifices réalisés. C'est l'humanité des déplacements qui justifie la souffrance et les joies partagées. Intenses, sublimes, uniques.

LE PEUPLE DES VIRAGES

Un ultra, c'est quelqu'un qui voue sa vie à une idée. Comme Depé à Marseille. De son vrai nom, Patrice de Peretti. Membre des South Winners, il fait partie de ceux qui ont donné une identité au fait d'être ultra. Un mode de vie. Bernard Tapie avait bien compris l'importance des fans, c'est d'abord au public, à son public qu'il parlait. Pour Depé [128], l'histoire est encore différente. Il lui a offert sa médaille de la finale de Ligue des champions remportée par l'OM. Cela dit tout de ce que sont les ultras, des supporters à part. Ils sont l'âme d'un club.

Dans le virage sud, à Auteuil où le CUP se fait entendre, au cœur de la Brigade Loire de Nantes, leurs voix résonnent. Dans les larmes des défaites ou dans celles des victoires, ils ne sont pas en présidentielle, mais ils sont toujours fidèles au poste. Au premier rang des applaudissements. Torses nus, écharpes au cou, les ultras sont là. Qu'ils soient rouge et bleu ou marine et blanc, Yellow Flight ou Magic Fans, ils sont toujours présents.

Avec la pandémie, chacun a ressenti plus fortement leur absence et, pour eux, ce fut encore plus dur. Notre Red Tiger lensois s'en ouvre avec émotion au micro de France Info : «Ce manque de tribune, de stade : ça me bouffe! C'est un réel manque. Aller voir mes copains, gueuler dans ma tribune, boire des bières avec mes potes, ça me bouffe vraiment de ne plus pouvoir aller au stade.» Ce vide ne

128 Nous vous conseillons le visionnage de *Virage Depé*, le documentaire produit par l'OM sur Depé, l'un de ses plus emblématiques supporters : https://youtu.be/R1gs6riarQ8.

l'empêche pas d'avoir un certain sens des responsabilités. «J'ai une grosse boule au ventre en permanence, mais, au fond de moi, je suis totalement conscient de ce qui se passe et le confinement est hyperimportant.»

L'ultra est excessif, mais il a le sens des responsabilités, de l'engagement. Parfois, il communie avec ses joueurs dans une folie de fumi et de chants malgré les règles. Tout le monde se souvient des images incroyables du match entre le PSG et Dortmund au Parc des Princes le 12 mars 2020.

«Une soirée magique» en plein couvre-feu, mais qui a donné lieu à l'une des plus belles scènes de communion de l'histoire du club parisien. Entre ses joueurs et ses supporters, ce soir-là, c'est pour la vie et pour la nuit. Des feux d'artifice permanents, des cris qui s'élèvent dans le ciel de Paris et un parvis entièrement rouge et blanc. Comme un contraste violent avec le stade vidé des siens, enfermés dehors. Et pourtant, que ce fut fort. Avec, pour récompense, la qualification et l'apparition folle des joueurs haranguant des coursives, la foule extatique des siens, de ses ultras. Di Maria, torse nu, bras en croix, au balcon du Parc, personne ne l'a oublié. Une image à vous donner les frissons. Parce que c'est ça, le football, et pas seulement.

ENGAGÉS COMME JAMAIS

Les ultras de France méritent que l'on parle d'eux comme des acteurs impliqués et conscients. Ils forment une part de notre société civile que l'on brocarde. Loin des hooligans qui ont envahi Wembley lors du dernier Euro ou des irresponsables violents qui ont pourri le match entre le PFC et l'Olympique lyonnais à Charléty le 3 décembre dernier, les ultras sont des citoyens engagés. Et non la bande d'excités avinés que l'on décrit trop souvent. Trop facilement.

Au moment du confinement, Pierre Revillon, Red Tiger lensois et président de l'Association nationale des supporters (ANS) en France, met en avant la mobilisation des supporters et l'élan de solidarité qu'ils ont impulsé. « En une semaine, chaque groupe ultra a mis en place une action. Cela s'est fait naturellement et de façon spontanée. C'est l'essence même du mouvement ultra. Il y a de la solidarité au sein des groupes, mais aussi sur le plan national. Et notamment dès qu'il y a des catastrophes, les groupes ultras se sont toujours mobilisés [129]. »

Par les temps qui courent, ce n'est pas un vain mot. L'immense majorité des groupes des clubs professionnels se sont ainsi unis dans l'action. Ainsi, une quarantaine de groupes d'ultras se sont impliqués aux quatre coins du territoire national pour montrer que la lutte contre la Covid, c'est aussi une affaire de solidarité et de collectifs organisés. Il y a eu des cagnottes comme à Bastia ou à Lens, des banderoles comme celles que le CUP a déployées devant chaque hôpital d'Île-de-France. Les actions se sont multipliées. Repas préparés, encouragements et soutiens aux professions prioritaires, ils se sont engagés.

129 « Coronavirus : Des Ultras malheureux », *op. cit.*

Que ce soit à destination des enfants dans les hôpitaux, des personnels soignants qu'ils ont encouragés ou des S.D.F. lors de maraudes, les supporters ont fait de leur capacité de mobilisation une force au service de la collectivité. Pierre Revillon abonde dans ce sens en se rappelant la période : « Si les ultras sont malheureux de ne plus pouvoir encourager leur équipe de foot, ils sont heureux, fiers et plus que jamais volontaires pour soutenir tous ceux qui tentent de nous sauver la vie chaque jour. C'est aussi ça, le quotidien d'un ultra. Confinement ou pas[130]. »

Au CUP, le discours ne varie pas. Carlos, l'un de ses membres, rappelle l'un des fondements du mode de vie ultra. Tous unis sous les mêmes couleurs, ce ne sont pas que des mots, notamment lorsqu'ils évoquent les maraudes qu'effectuent les membres du Collectif Ultras Paris. « Comment pouvons-nous sortir indemnes de cette crise en sachant que des milliers de personnes sont mortes de faim ou d'isolement ? Ce sont nos amis, des Parisiens comme nous. En tribune, quand on se tue la voix, on le fait pour tous les Parisiens, sans distinction aucune[131]. »

Leurs actions sont la marque de leur rôle social, la preuve de leurs engagements bien au-delà du seul rectangle vert et du football. Pourtant, ils demeurent méconnus, souvent incompris. Invisibilisés.

---

130 « Supporters et solidaires face au Covid-19 – liste des actions menées par les groupes de supporters », 20 mars 2020 : http://www.association-nationale-supporters.fr/supporters-et-solidaires-covid-19-liste-des-actions-menees-par-les-groupes-de-supporters/.

131 « Coronavirus : malgré le confinement, des ultras du PSG aident toujours les sans-abri », *Le Parisien*, 21 mars 2020 : https://www.leparisien.fr/sports/football/psg/coronavirus-malgre-le-confinement-des-ultras-du-psg-aident-toujours-les-sans-abri-21-03-2020-8284920.php.

CIBLES FACILES ET LABORATOIRE DE LA RÉPRESSION

Les ultras et les supporters en France sont l'angle mort de certaines politiques publiques. Ils ne sont pas considérés pour ce qu'ils sont, mais pour l'image que l'on en a. Depuis bientôt quelques années, ils sont même le laboratoire de pratiques d'exception, qui peuvent conduire à s'interroger sur la réalité de l'État de droit quand on est supporters.

On les empêche d'entrer dans tel ou tel département suivant les rencontres ou d'acheter des places pour suivre leurs équipes. On les oblige à se dissimuler ou on les restreint dans leurs déplacements. Les supporters, et c'est encore plus vrai pour les ultras, ont fait l'expérience, avant l'heure du confinement, des interdictions de déplacements. Le monde politique sur ce sujet-là reste globalement silencieux. Le naufrage démocratique qui accompagne la question des supporters tient pour beaucoup à la gesticulation sécuritaire des élus et des décideurs publics. La petite musique de répression est toujours plus payante que la réflexion face à vos adversaires. Être plus royaliste que le roi plaît à votre électorat, surtout s'il est âgé et ne fréquente pas les stades. On tape d'abord et on ne réfléchit jamais. Il ne faudrait pas paraître laxiste, ma bonne dame. La mélodie fonctionne en termes de communication, mais elle ne donne aucun résultat. Quant aux médias, ils modulent les positions pour construire l'apparence d'un débat alors que le durcissement constitue la règle. Nicolas Soldano en a d'ailleurs tiré un article passionnant [132] en 2020, «La presse française et les interdictions de déplacement de supporters : la prise de conscience d'une polémique». N'oublions pas que les stades ont toujours été des laboratoires du populisme et des pratiques autoritaires. Notre démocratie et notre République méritent de s'intéresser davantage au sort du peuple des tribunes.

Manuel Valls a connu ces problèmes en France en tant que Premier ministre et ministre de l'Intérieur. Droit dans ses bottes, il revient franchement sur le sujet et nous offre un contrepoint qui ne plaira pas à tout le monde. «Sur les libertés de circulation des supporters, je suis un homme d'ordre, je suis intransigeant sur ces questions. Je peux comprendre les difficultés pour les supporters quand un groupe minoritaire condamne la majorité qui n'est en rien responsable de la violence, mais, chaque fois qu'on a voulu être un peu plus lâche sur la corde, on a eu des affrontements. Par exemple entre Marseillais et Parisiens. Il ne faut pas être trop sentimental à ce niveau-là. Il faut éviter le drame. Le plus difficile, au ministère de l'Intérieur, c'est la gestion de la foule, la question de l'ordre public, notamment quand il y a des jeunes, des gamins. À Barcelone, par exemple, les autorités et le club ont dû faire face à une époque à des violences, avec des supporters à évincer du stade. Aujourd'hui, les gens vont au stade en famille et en sécurité. Ça doit être la priorité.» Les visages d'enfants apeurés et pleurant à Charléty lors du match

132 Nicolas Soldano, « La presse française et les interdictions de déplacement de supporters : la prise de conscience d'une polémique », *Questions de communication*, vol. 38, n° 2, 2020, p. 497-526 : https://www.cairn.info/revue-questions-de-communication-2020-2-page-497.htm.

entre le PFC et l'OL sont là pour le rappeler. La peur et la colère de familles, choquées par le spectacle de fous furieux frappant à l'aveugle la foule à coups de ceinturons, ne devraient pas exister. La question de la responsabilité politique s'entend lorsqu'elle est assumée et légitime. Elle se défend même lorsqu'il s'agit d'ordre public pour des matchs classés à haut risque. Est-elle pour autant justifiée systématiquement ?

Expliquons ce qu'il se passe. Les préfets assaillent depuis maintenant quelques années les groupes de supporters d'interdictions de déplacement [133]. Comme si chaque supporter encarté n'était qu'un hooligan avide de violence, un fou patenté. Le phénomène a gagné en ampleur et en régularité. Et jusqu'à preuve du contraire, il n'a rien changé...

Souvent contestées devant les tribunaux administratifs et facilement cassées devant le Conseil d'État par des avocats dévolus à la cause, ces interdictions sont la plupart du temps injustifiées. De véritables dénis de démocratie. Car on ne devrait jamais oublier qu'au rang des libertés fondamentales se trouve celle de se déplacer. Hélas, la liberté de supporter n'est pas encore un droit de l'homme et du citoyen.

L'interdiction de déplacement est souvent subordonnée à un risque pour l'ordre public, la majeure partie du temps,

---

133 Pour tout savoir sur l'interdiction de déplacement des supporters : https://www.demarches.interieur.gouv.fr/particuliers/interdiction-deplacement-supporters#:~:text=L'interdiction%20de%20d%C3%A9placement%20dans%20un%20m%C3%AAme%20d%C3%A9partement%20est%20une,lequel%20le%20match%20a%20lieu.

fantaisiste ou exagéré. Pour des raisons de facilité et pour éviter d'avoir à mobiliser des forces de l'ordre autour d'un stade, il est préférable pour certaines autorités locales, souvent ignorantes des enjeux, d'interdire de déplacement les supporters devenus gênants.

Quand bien même assiste-t-on à un regain de violence et d'actes injustifiables dans les stades et aux alentours, la tendance est politiquement sensible. La fermeté préventive semble faire office de politique. De toutes les façons, elle est toujours plus payante. Dans un pays vieillissant où le bloc réactionnaire pèse 30 % des intentions de vote, on ne risque rien et sans personne pour déborder, aucun risque de débordement. La logique est implacable, la pratique, plus que discutable.

L'usage des interdictions de déplacement s'est tellement systématisé que l'IDS, de son petit nom, est devenue « une solution de facilité pour certaines préfectures », comme le constate le sociologue Nicolas Hourcade dans les pages du *Monde*. Aujourd'hui, on compte plus de trente IDS par an depuis 2016. La situation est tellement gênante que le Conseil d'État s'en était ému en 2019, en parlant d'« une atteinte grave et manifestement illégale aux intérêts » des supporters. Dont acte.

Marie-George Buffet, l'ancienne ministre des Sports, est allée plus loin en remettant son rapport parlementaire sur le supportérisme en 2020. « Je comprends que, pendant les périodes de crise, il est plus facile d'interdire un déplacement de supporters pour consacrer la police à d'autres tâches plus importantes. Mais on s'aperçoit que ces interdictions de déplacement mobilisent aussi des forces de police pour qu'elles soient respectées, parfois avec des motifs qui remontent à très loin alors que ce ne sont plus les mêmes supporters. On a vu des copiés-collés, cette situation n'est plus possible.»

Les ultras n'en peuvent plus d'ailleurs. Comme l'immense majorité des supporters qui sont loin d'être des barbares fascisants et décérébrés. Certains d'entre eux en appellent donc à la «désobéissance civile», quand d'autres parlent d'«assignation à résidence». L'un des porte-parole des ultras niçois de la Populaire Sud va plus loin en parlant d'un traitement plus sévère que pour «certains fichés S». Les supporters azuréens en étaient, avant la pandémie de Covid, à plus de 43 interdictions de déplacements en 10 ans [134]! «Du jamais-vu.» Mais cela ne s'arrête pas là. Les supporters nantais ont été interdits de déplacement… dans leur propre ville. Le 10 février 2022, à l'occasion du match de Coupe de France face à Bastia, le préfet de Loire-Atlantique, Didier Martin, a interdit aux supporters des deux équipes de se déplacer avec leurs couleurs dans le centre-ville de Nantes. Ubuesque.

En cas de violation de l'interdiction, le problème, c'est que les sanctions sont à la hauteur de l'impopularité des décisions : vous risquez néanmoins 6 mois de prison, 30000 € d'amende et 1 an d'interdiction de stade, comme l'affirme le ministère de l'Intérieur! Prises par arrêté du préfet ou par le ministère de l'Intérieur, ces interdictions

134 Clément Le Foll, « Supporters de foot: comment les interdictions de déplacement se sont banalisées », *Libération*, 24 mai 2019 : https://www.liberation.fr/sports/2019/05/24/supporteurs-de-foot-comment-les-interdictions-de-deplacement-se-sont-banalisees_1728989/.

de déplacements, instaurées par la loi Loppsi 2 en 2011, sont devenues un fléau. Elles ne règlent rien et, quand il y a problème, elles sont même contre-productives, car elles déplacent les fauteurs de trouble hors du cadre de protection habituel.

Et on ne parle même pas des IAS, les interdictions administratives de stade, dont l'usage, souvent dénoncé par Pierre Barthélémy et l'ANS, a été dévoyé. Présentées comme une solution idéale pour ceux qui n'y connaissent rien, elles constituent aujourd'hui un problème politique, et non la solution trop souvent vantée pour régler le problème des tribunes. Communication, quand tu nous tiens...

Sacha Houlié reconnaît avec nous que le supporter reste déconsidéré en France alors qu'il est un électeur et un Français comme les autres. « On peut avoir le sentiment que l'on traite le supporter comme un citoyen de seconde zone. C'est lié à la création d'une législation spécifique pour les interdictions de stade, particulièrement liberticide. C'est aussi lié à l'interdiction de l'usage de fumigènes ou encore à cette suspicion tenace dans la société française qu'on a affaire à des gros beaufs ou des casseurs.

Ceci explique les interdictions administratives et les interdictions de déplacement. Sur ces interdictions de déplacement, c'est une grosse bagarre que j'ai notamment menée auprès du ministère de l'Intérieur. On a eu assez vite une circulaire prise par Christophe Castaner pour que l'on rappelle aux préfets que le principe, c'est qu'ils soient contraints d'organiser les déplacements ! Ça paraissait anecdotique, mais c'est une première étape. Je ne veux pas qu'on fasse comme en Angleterre aujourd'hui, où les stades sont tellement atones qu'on entend plus les supporters adverses que les locaux.

On a un peu dénaturé ce qu'est le supportérisme. Il y a un rôle social qui est consacré et reconnu. On a maintenant des fonctionnaires territoriaux payés par les communes pour animer les *fan projects*. L'exemple allemand est assez bon, mais il faut inventer un modèle français. On n'est pas démuni de volonté et d'idées.»

La bataille continue. Le combat n'est pas gagné.

LES PROBLÈMES EXISTENT ET PERDURENT

On ne parle d'eux que lorsque cela va mal, un peu comme pour les quartiers dits «difficiles». Si l'on exagérait comme d'autres le font, les virages pourraient être considérés comme d'autres «territoires perdus de la République». Beaucoup trop encore ignorent ce que c'est d'être ultra ou même de supporter.

La politique s'est toujours invitée dans les stades. Ce n'est pas nouveau, mais cela mérite d'être rappelé autrement. Ceux qui la composent sont des femmes et des hommes comme les autres. Pourvus des mêmes droits que le reste de la population, ce sont des électeurs en puissance. Ils ne vivent pas détachés des réalités du monde et ils ont, tout autant, des convictions. Des passions politiques et des engagements les animent, des inclinations les tentent, qu'elles soient partisanes ou non.

Quant aux ultras, au Vélodrome comme ailleurs, dans les autres stades de France, les groupes sont apolitiques, ils ne se positionnent pas sur l'échiquier politique même s'ils se constituent sur des valeurs communément partagées qui les politisent de fait. Ils sont des acteurs sociaux, investis dans la vie de la cité. Ils contribuent à l'animer, à tisser du lien et parfois à la faire respirer. Demandez aux minots des quartiers combien d'entre eux n'avaient que le stade pour horizon et vous comprendrez pourquoi le supportérisme doit être considéré.

Prenons quelques exemples pour mieux expliquer les valeurs qu'ils portent. Créés en 87, les South Winners marseillais retournent leur Bombers du côté orange pour marquer leur opposition aux supporters les plus extrémistes du PSG, ceux du Kop de Boulogne. Antiracistes, ils font de l'orange une couleur politique et du Che le symbole de leur groupe. Tout un programme dans une région où le FN s'empare de ses premières communes. À Paris, la tribune Auteuil se construit aussi en se différenciant de Boulogne. Comme une contre-proposition. Là où le Kop of Boulogne se revendique du modèle anglo-saxon, les supporters du virage Auteuil se revendiquent davantage des tifosis italiens. Les chants, les animations en tribune ou encore les tifos et les fumigènes les séparent. Autant que certaines valeurs. Auteuil s'impose vite comme une composante essentielle de l'ambiance du Parc et fait davantage l'unanimité auprès de la direction du PSG. À Lille ou à Lens, l'identité locale forte renvoie les groupes à des valeurs communautaires puissantes, celles des usines, des mines et d'une certaine solidarité ouvrière. Tous ne les partagent pas forcément, d'ailleurs. Le 9 janvier dernier, Magou Doucouré, la capitaine du Stade de Reims, a subi des insultes racistes de la part de quelqu'un se présentant comme un supporter lensois au terme du match Lens-Reims de Division 1 Arkema. Le Racing Club de Lens n'a pas tardé à réagir, fidèle à cette identité. « Avec consternation et une profonde indignation », le club a condamné les propos tenus et présenté ce soi-disant supporter comme quelqu'un qui « n'a aucunement sa place dans un stade et encore moins la légitimité à se prétendre sympathisant du Racing tant les valeurs artésiennes sont radicalement opposées à ces agissements nauséabonds[135] ».

Les stades ne sont donc pas des lieux refuges en dehors du monde et de ses tensions. Il ne faut rien idéaliser. Les supporters qui les composent vivent la violence sociale et politique de nos sociétés. Certains la traduisent ou la ressentent dans les stades. De la présence de l'extrême droite au Parc dans les années 80 jusqu'aux signes d'intolérance entrevus à Nice ou à Lyon ces dernières années, les stades n'échappent pas à l'intolérance et à l'extrémisation de notre société.

Loin d'être *gay-friendly*, s'y expriment toujours un certain virilisme et une masculinité toxiques, comme l'a assumé Patrice Evra avec *I Love this Game*, sa biographie. Entre arènes totalitaires et jeux du stade, les stades demeurent le lieu de la catharsis, de la libération des passions. Des plus audibles aux moins avouables. On peut y faire preuve de racisme, même de manière minoritaire, par des cris de singe comme à Dijon en 2019 ou par des jets

---

135 « Le RC Lens condamne les insultes racistes et porte plainte, après le match féminin face à Reims », *La Voix du Nord*, 10 janvier 2022 : https://www.lavoixdunord.fr/1125069/article/2022-01-10/le-rc-lens-condamne-et-porte-plainte.

de bananes comme ceux qui ont marqué l'arrivée à l'OM de Joseph-Antoine Bell en 1989. Quand ce n'est pas un arbitre, Sebastian Coltescu, qui se distingue en Ligue des champions en insultant l'ancien international camerounais, Pierre Achille Webó...

LES SUPPORTERS SONT-ILS DES BARBARES COMME LES AUTRES ?

La question de la violence récurrente, des envahissements de stades en passant par les lancers de bouteilles, interroge autant la majorité des supporters que les pouvoirs publics. À commencer par les ultras.

Pablo Longoria, le plus jeune des dirigeants de clubs en France, a résumé le mieux la situation après Lyon-Marseille, le match du 21 novembre 2021 durant lequel Dimitri Payet a été touché au visage : « Je crois que c'est le moment de se poser les bonnes questions et d'ouvrir le débat sur les responsabilités de chacun. Le niveau du championnat de France est exceptionnel. On doit réfléchir tous ensemble pour que toute cette violence s'arrête, avec tous les acteurs du football français. On doit trouver des solutions. Aucune personne qui aime le football ne peut accepter ce qu'il s'est passé ce soir. » Ce n'était pas une première. Valentin Rongier avait été touché au visage le 8 août dernier lors du déplacement à Montpellier sans parler de l'invasion du terrain et des bagarres du Nice-Marseille du 22 août, match durant lequel le président Rivière s'est fait remarquer.

Sur le sujet, face à «l'urgence absolue», la ministre des Sports Roxana Maracineanu, le ministre de l'Intérieur Gérald Darmanin et Noël Le Graët, le président de la FFF, ont décrété, le 23 novembre devant les caméras, une mobilisation générale autour de quatre axes sécuritaires : les interdictions de stade, la sécurisation des stades, la formation de la sécurité privée qui y opère et le processus décisionnel qui mène à la fin d'un match. Vincent Labrune, le président de la LFP, s'en est félicité, remerciant «le gouvernement pour sa réactivité» sans omettre de se féliciter du fait que le football français «s'est présenté de façon unie, solidaire et déterminée face à ses responsabilités».

Hélas, personne n'a véritablement entendu les acteurs des tribunes, les premiers touchés, et les joueurs, les premiers visés. Pour être écouté, il a fallu que Dimitri Payet signe une tribune dans *Le Monde*[136] le 15 décembre, tribune dans laquelle il dénonce «une forme de démission collective insupportable» et appelle à «une responsabilité collective raisonnable» de tous les acteurs – le gouvernement, la ligue, les clubs. Puis il ajoute : «Le racisme et les actes de violence ont cela en commun qu'ils sont le fruit d'une intolérance à l'autre. Je pense qu'il faut combattre tous les comportements honteux qui vont dans ce sens. Si personne ne prend ses responsabilités, ce sera aux joueurs de le faire.»

136 Dimitri Payet, « Dimitri Payet : "Est-ce que je dois arrêter de tirer les corners ? Est-ce que je dois arrêter de jouer au football ? Dites-moi" », *Le Monde*, 15 décembre 2021 : https://www.lemonde.fr/idees/article/2021/12/15/dimitri-payet-est-ce-que-je-dois-arreter-de-tirer-les-corners-est-ce-que-je-dois-arreter-de-jouer-au-football-dites-moi_6106190_3232.html.

Les supporters et les ultras n'ont pas eu voix au chapitre. Du moins n'ont-ils pas été entendus. Comme s'ils ne comptaient pas.

AUX ARMES, NOUS SOMMES DES CITOYENS ET NOUS ALLONS GAGNER

Quand il s'agit de récupérer le phénomène, la politisation des tribunes est de mise. À mesure que l'on approche de l'élection présidentielle, chacun s'en donne à cœur joie au moindre micro tendu. Mais personne ne sollicite ceux qui connaissent et subissent vraiment le sujet.

Hélas – et c'était prévisible –, quelques semaines plus tard, la réalité n'avait pas changé. Le match interrompu entre le Paris FC et l'Olympique lyonnais en Coupe de France a montré que le cycle de violences continuait. C'était le 17 décembre dernier à Paris, au stade Charléty. Une vraie piqûre de rappel. Et on ne parlera pas des déclarations de Pierre Ferracci et de Jean-Michel Aulas qui ont montré la belle unité du football français et son sens des priorités.

Or, c'est toujours dans les moments où les choses ne vont pas que la loi de Murphy s'applique. Ce qui devait arriver arriva. Éric Zemmour est revenu sur les causes du problème. Le candidat de la nostalgie avait pourtant bien commencé avant de succomber à son discours habituel et à ses obsessions : « Il ne faut pas faire de la violence dans les stades de football une spécificité. La violence est dans le foot, car elle est dans toute la société. On est dans une société hypraviolente. On peut se faire attaquer dans la rue pour un rien. C'est ça, notre société. Il ne faut pas accuser le foot ni les supporters de foot. C'est notre société qui est violente. Pour moi, elle vient du fait qu'on soit une société excessivement multiculturelle qui déclenche des affrontements entre communautés.» Une position qui mériterait un renvoi aux vestiaires. Ce ne fut pas la seule déclaration. D'autres ont rivalisé et le débat sur la violence dans les stades s'est transformé en concours Lépine de la proposition la plus rétrograde et anticonstitutionnelle.

Pourtant, ce n'est pas l'intelligence collective qui manque. Comme l'écrit Nicolas Kssis-Martov dans *So Foot*, «les ultras peuvent endosser les responsabilités inhérentes au rôle qu'ils veulent jouer dans la vie du stade sans pour autant renier leur attitude critique sur la façon dont les instances du foot ou les préfets s'occupent d'eux.» Lors du dernier clasico à Marseille, on a vécu une intrusion sur le terrain et des difficultés pour jouer dans certaines parties du terrain, notamment au niveau des corners. Mais on a vu aussi des kapos marseillais et quelques ultras déterminés remettre à leur place certains supporters indélicats, avant de leur faire comprendre avec une vigueur notable que ce serait la dernière fois.

Il ne faut pas désespérer des supporters et encore moins des ultras. Il faudrait d'abord les écouter et les adresser, comme on dit dans la *start-up nation*. «Penser en dehors de la boîte» fera du bien à toute une génération et contribuera à résoudre ce problème de société.

Les stades français ne sont pas aussi barbares que certains voudraient le faire croire.

UN PROBLÈME EUROPÉEN ET PAS SEULEMENT

La France n'est d'ailleurs pas la seule à affronter ces problèmes. Les jets de projectiles entre Aston Villa et Everton du 22 janvier dernier ne sont pas des actes isolés. L'Angleterre déplore, selon *L'Équipe* [137], 800 arrestations liées au football au cours des six premiers mois de la saison 2020-2021 dans les cinq premières divisions anglaises (+47 % par rapport à la même période en 2019-2020) et plus de 750 incidents signalés, soit un incident lors de près de la moitié des matchs concernés (48 % contre 34 % il y a deux ans) ! Même la NBA a eu à faire à des supporters déchaînés.

Geoff Pearson, maître de conférences à l'université de Manchester et spécialiste des questions de sécurité dans le football, se risque à une hypothèse : « Il se pourrait que nous ayons affaire à un effet post-huis clos, c'est-à-dire que les supporters qui n'ont pas eu l'occasion d'avoir un comportement transgressif pendant cette période se laissent aller maintenant et en rajoutent dans ce type de comportement à la limite de la criminalité. »

Or, plutôt que d'en faire un problème isolé, il faut penser la violence dans les stades comme un sujet social global et envisager des sanctions individuelles proportionnées avec une stratégie fondée sur la prévention, l'éducation et

137 « Flambée des incidents et des arrestations dans le football anglais selon la police », *L'Équipe*, 21 janvier 2022 : https://www.lequipe.fr/Football/Actualites/Flambee-des-incidents-et-des-arrestations-dans-le-football-anglais-selon-la-police/1312085.

pas seulement sur la répression. Aujourd'hui, les pouvoirs publics s'entêtent à sanctionner les clubs dont certains, c'est vrai, sont éminemment laxistes. Mais de là à sanctionner des stades entiers, on avoue, on ne comprend toujours pas.

Les lignes à recopier étaient déjà injustes en primaire et ça n'a jamais marché. Alors, s'attaquer à des collectifs entiers pour quelques individualités, on est certain de l'effet : cela risque de ne pas améliorer les choses. En termes d'acceptabilité et de psychologie sociale, les sanctions collectives rendent tout le monde hystérique. Elles développent le sentiment d'injustice et participent à délégitimer les instances.

Il suffit de voir l'amour qui suinte des banderoles des ultras depuis les prises de position des acteurs du football français. « LFP merda. »

UNE SOUS-REPRÉSENTATIVITÉ PROBLÉMATIQUE

Pourquoi n'y arrive-t-on pas? La vérité est ailleurs. Elle tient à la représentativité démocratique des supporters et des ultras, les plus engagés d'entre eux, dans notre société et dans nos instances.

Trop peu de clubs ont un discours apaisé avec leurs supporters les plus fidèles et les plus engagés et il n'y a pas encore de référent-supporter (*supporter liaison officer*) partout. Leur présence est pourtant appréciée dans la licence club, mais elle reste souvent mal comprise, usante et sous-valorisée en interne. À l'échelle nationale, les supporters se sont constitués en association nationale, l'ANS, mais ils sont peu écoutés et pas assez représentatifs. Défendus par quelques-uns comme Sacha Houlié, les ultras et les supporters sont surtout rares dans nos assemblées. Nous l'avons vérifié. Pour notre personnel politique, l'expérience des stades n'est pas la chose la plus communément partagée. Ce n'est pas simplement une question de générations, c'est avant tout une question de société et de représentation politique. Les deux milieux ne se fréquentent pas.

Éric Coquerel de la France Insoumise était gêné lorsqu'on lui a demandé son avis. Avec sincérité et justesse, il nous a néanmoins répondu : «Je suis bien embêté pour réussir à cerner le sujet des supporters et de l'état des stades en France. Il faudrait que je fréquente les supporters et je ne le fais pas. J'ai quand même l'impression que le fait d'avoir été privé de liberté collective pendant deux ans n'a pas aidé. Tous les événements donnent lieu après cela à une possibilité d'explosion collective. Ça joue. La manière dont la France a traité les événements de la Covid, notamment pour un pays qui aime tant les libertés, je pense que ça joue. Ça se traduit dans bien des domaines, ça ne m'étonne pas dans un stade. L'importance sociale qu'a le foot fait que le besoin de l'exprimer se traduit aussi ainsi. Comment le résoudre? Si quelqu'un commet un délit, je ne vois pas pourquoi ce serait une punition collective. Je suis plutôt favorable au fait qu'un club ne soit pas forcément puni parce qu'il y a un déchaînement, sauf si le club joue avec. En Italie, il y a des clubs qui n'ont eu aucun problème avec des manifestations racistes. À partir de là, les clubs ont des responsabilités, qu'ils les assument.»

Comme nous le raconte Sacha Houlié, le député LREM de la Vienne, le rapport entre le monde ultra et les politiques est compliqué. À titre personnel, celui qui a eu l'honneur d'un portrait dans *L'Équipe* n'a pas pu intégrer les supporters du Commandos Ultras 84 de l'OM en raison de son implication politique. Mais il reconnaît que, en tant que fan de football et personnalité politique, il n'a «aucune animosité à leur égard. Au contraire, ça aurait pu être bien pour eux d'avoir un relais politique qui les connaisse.» Puis, il ajoute qu'il demeure «une méfiance de la part des supporters et une méconnaissance de la part des politiques».

Nos classes sociales les plus favorisées forment les élites socio-économiques du pays. Pour l'heure, elles vont rarement dans les stades de football ou, alors, elles n'y fréquentent que certains types d'hospitalités. Comme à l'opéra et au théâtre, le public du football reste socialement stratifié et déterminé. Et comme, politiquement, les supporters sont sous-représentés, ils risquent peu d'être écoutés, considérés ou défendus.

Ce n'est pas la seule raison, mais cela explique pourquoi notre football reste systématiquement moins politique qu'il ne le pourrait.

RÉCONCILIER LA POLITIQUE ET LES SUPPORTERS

Que faire pour parvenir à rapprocher les supporters et le personnel politique? Laissons la parole à Sacha Houlié.

« J'ai été saisi des dispositions de la loi anticasseur pour essayer de sensibiliser beaucoup de collègues parlementaires à la situation des supporters de foot. En expliquant que ce sont des dispositions appliquées depuis plus longtemps à des gens qui ne sont pas des casseurs, mais juste des supporters ou des gens qui craquent des fumigènes et se retrouvent interdits de stade pendant un an. S'impliquer et en débattre permet de faire connaître un peu le monde des supporters aux parlementaires et l'importance du football pour beaucoup de gens dans notre pays.

Quand j'ai fait le rapport sur le supportérisme avec Marie-George Buffet, je n'ai pas cherché à plaire aux supporters. J'ai voulu donner mon opinion par rapport à ce que je voyais. J'ai été sincère et n'ai pas cherché à leur dire ce qu'ils voulaient entendre. Par exemple, je n'ai pas dit qu'il fallait supprimer de A à Z les interdictions administratives. Mais j'ai dit qu'il fallait les encadrer. En revanche, j'ai dit qu'il fallait légaliser les fumigènes. C'est la chose la plus intelligente à faire et, de ce point de vue-là, la meilleure façon, c'est de parler en toute transparence de ce qu'on peut faire et pas faire. Ça m'a permis d'avoir la confiance de pas mal de groupes de supporters avec qui on a échangé au sein de l'Instance nationale du supportérisme, l'INS. Le ministère des Sports est désormais à l'écoute. C'est inégalable par rapport à ce qu'il y avait avant. Cela reste parfois difficile parce que les supporters peuvent être très remontés. »

Reconnaissance mutuelle, écoute, partage d'expériences et respect des parties, c'est un vaste programme. Établir un climat de confiance entre toutes les parties constituera un bon début.

Espérons que les supporters et les ultras soient conviés et entendus. Et qu'on ne les écoute pas seulement pour leurs chants. Faire preuve de psychologie, de pédagogie et d'empathie n'est jamais un mauvais choix.

DES TRIBUNES POLITISÉES JUSQU'À LA RADICALISATION ?

Avec tant d'éléments à charge et dans le contexte incertain de la pandémie, on aurait pu s'attendre à une radicalisation politique des tribunes. Après tout, les stades sont aussi le lieu d'une expression libérée et, pour certains, d'une résistance.

Que ce soit en Algérie avant le Hirak, en Égypte sous Moubarak ou encore dans les stades d'Espagne et de Catalogne sous Franco, les «cathédrales de béton dévolues au ballon rond» ont souvent symbolisé et permis la contestation. Seuls au milieu d'anonymes, on est toujours plus forts face à la dénonciation ou à la répression.

Dans d'autres circonstances, que ce soit dans l'Argentine de Videla, le Chili de Pinochet ou en ex-Yougoslavie, les stades étaient au contraire les lieux des tortures, de la dictature ou de l'affirmation de passions politiques qui annoncèrent le pire.

En France, on rend hommage aux gloires du club dans son stade, ce fut le cas au Vélodrome pour Bernard Tapie. On y communique, par bâches et banderoles interposées, ses messages à destination de la Ligue, des joueurs ou de l'adversaire. Parfois, on y fait la grève des chants, ou la politique de la chaise vide s'impose pour pousser la direction à reculer.

Il n'y a finalement que peu d'écart entre un ultra dans un stade et un militant. Souvent, ils sont dans le même camp, mais ils s'expriment autrement. Ils investissent d'autres lieux que les gradins et appellent au changement.

Les supporters étant des citoyens comme les autres, on s'attendait, en leur sein, à retrouver des Gilets jaunes. On aurait même pu imaginer une gilet-jaunisation des tribunes. Il n'en fut presque rien. Il y a bien eu quelques banderoles déployées ici et là. Comme celle que l'on a pu voir à Saint-Étienne : «Messieurs les Gilets jaunes, bienvenue dans notre monde de sous-citoyens [138].» Au Vélodrome, quelques groupes de supporters ont revêtu la chasuble jaune chez les Winners. Ailleurs, d'autres s'en sont réclamés, mais ce n'est jamais allé plus loin. Sporadiquement, on a pu les distinguer au fil des gradins. Mais le football a ses limites et les ultras, des engagements qu'ils gardent souvent pour eux.

Malgré l'espoir hypothétique d'une convergence des luttes, les deux mondes ne se sont jamais vraiment trouvés. Les tribunes auraient pu être le lieu de la contestation aux côtés des non-lieux que représentent les ronds-points. Comme une vitrine pour leurs oppositions. Il n'en a rien été.

---

138 Sébastien Louis, « Le ras-le-bol des ultras français, des grèves aux gilets jaunes », *Le Monde*, 7 décembre 2018 : https://www.lemonde.fr/blog/cotetribunes/2018/12/07/greve-et-gilets-jaunes-dans-les-tribunes/.

Les tribunes de nos stades sont finalement plus politiques que politisées. Elles reflètent en effet davantage l'état du pays qu'une appartenance partisane[139].

139 Sur le sujet, nous vous conseillons, pour aller plus loin, la lecture du *Livre vert du supportérisme* (https://www.sports.gouv.fr/IMG/pdf/livre_vert_du_supporterisme.pdf), l'interview d'Olivier Laval et de Ludovic Lestrelin pour Fausse Touche (https://faussetouche.blog/2022/02/06/nombreux-sont-aujourdhui-en-france-les-groupes-ultras-revendiquant-un-credo-apolitique-interview-croisee-de-olivier-laval-et-ludovic-lestrelin), l'article de Nicolas Hourcade sur le hooliganisme (https://www.cairn.info/revue-internationale-et-strategique-2014-2-page-127.htm) et la série de podcasts *Sous le capo* réalisée par 11ème Art (https://www.11art.eu/sous-le-capo).

14

QUI C'EST LES PLUS FORTS, ÉVIDEMMENT, C'EST LES VERTS ? EELV FACE AU FOOTBALL, DE L'IGNORANCE À L'ABSENCE

« Qui c'est les plus forts ? Évidemment, c'est les Verts… On va gagner, ça, c'est juré, allez[140]… »

Avec une telle chanson fleurant bon Manufrance et la déprise industrielle, on voyait converger les luttes et la perspective des beaux jours partagés entre le football et Europe Écologie Les Verts : l'amour était dans le pré et Yannick Jadot à l'Élysée[141]…

Malgré ses relents seventies rappelant les grandes heures de René Dumont, premier candidat écologiste malheureux aux présidentielles, l'hymne stéphanois aurait pu sonner

140 Jacques Monty, *Allez les Verts*, 1976.
141 Yannick Jadot a été contacté ainsi que son staff pour répondre à nos questions. Ils ne nous ont jamais répondu.

l'heure de la victoire et l'accompagner. Comme aux plus belles heures d'*I Will Survive*.

Hélas, il n'en a rien été.

EELV – pour les intimes – a délaissé le ballon rond et tourné le dos au terrain. À l'amorce de la présidentielle de 2022, on s'attendait à voir les Verts s'emparer du football comme un seul homme déconstruit. Que nenni.

Lors des dernières municipales, ils ont participé activement à la victoire du Printemps républicain à Marseille et, aussi indociles que nécessaires, ils ont permis à Anne Hidalgo de conforter sa majorité municipale. Quant à Strasbourg, Bordeaux ou Lyon, elles sont tombées dans leur escarcelle. De là à dire que les Verts aiment les villes de football, il n'y a qu'un pas... que l'on ne franchira pas.

Qu'on se le dise, s'ils ne sont en rien responsables des piteux résultats de leurs équipes locales, leurs réserves d'électeurs se trouvent au cœur des métropoles du football français et de sa ferveur. Pour autant, les grands gagnants des élections municipales 2020 n'ont pas envahi la pelouse. Ils sont restés sagement assis.

Au travers de quelques *punchlines*, on aurait attendu d'eux qu'ils parlent de Gianni Infantino, de Super Ligue, de formation, de discriminations, des droits TV ou du scandale Mediapro, qu'ils s'engagent sur les jauges dans les stades ou abordent la question de la violence qui s'y manifeste à Paris, à Lyon ou à Marseille...

Silence radio, encéphalogramme presque plat.

Ils ont été rayés des feuilles de match comme Hatem Ben Arfa, renvoyés en réserve tel un joueur lambda des Girondins de Bordeaux. Question de lisibilité et de priorités, sûrement.

C'est étonnant, quand on y pense, d'ignorer le premier sport français quand on prétend gouverner et briguer les plus hautes fonctions. Plus encore quand on est élu majoritairement sur les territoires qui fournissent le plus de footballeurs professionnels. À défaut d'être intelligent ou au-dessus de la mêlée, il aurait fallu au moins occuper le terrain comme tous les autres et ne pas refuser le contre-pressing. La tactique n'est peut-être pas leur fort.

Faire du football un terrain de jeu et de revendications a du sens… et un certain effet. À la manière de Sandrine Rousseau, sorte de Marco Verratti du parti, la récupération aurait été risquée, mais elle aurait davantage payé que le 3-5-2 de Laurent Blanc ou les expérimentations de Jorge Sampaoli.

Certes, parler d'écologie et d'environnement lorsque l'on parle de football ne va pas (encore) de soi. Le rectangle vert reste désespérément en dehors des grandes questions de notre temps. Et pourtant sa couleur ne le protège en rien du dérèglement climatique et d'une conscience environnementale qui progresse dans les tribunes et au-delà des terrains.

Si le peuple des tribunes n'est pas encore prêt à abandonner l'usage des fumigènes pour améliorer la qualité de l'air, il y a fort à dire sur le sujet en France comme ailleurs. De la question de l'entretien des pelouses à l'empreinte carbone du footballeur, les sujets ne manquent pas : consommation d'eau, usages des pesticides et risques sanitaires, artificialisation des sols pour des stades dédiés utilisés pas plus de trente jours par an, voyages en avion privé incessants... sans parler des mobilités qu'implique le fait de supporter un club et d'assister aux matchs.

PARLER POUR NE RIEN DIRE ?

À l'échelle nationale, les Verts sont pourtant aux abonnés absents sur le sujet, inaudibles. Ils semblent avoir quitté le terrain à la manière de Robert Duverne lorsqu'il lança de rage son chronomètre à Knysna.

Les seuls moments où les Verts se font entendre lorsqu'ils parlent de football, c'est lorsqu'ils tonnent et accusent. Souvent pour du vent. Dernièrement, ils ont appelé au boycott de la Coupe du monde au Qatar.

Faisant semblant d'ignorer l'inefficacité des stratégies de boycotts sportifs et diplomatiques dans l'histoire, ils ont sûrement voulu peser dans le *beautiful game*. Comme, avant eux, Denis Baupin ou Yves Cochet avec les Jeux de Pékin, ils ont échoué.

Peut-être auraient-ils dû se rappeler qu'un seul boycott a eu lieu dans l'histoire de la compétition. C'était à l'occasion du match de qualification pour le Mondial allemand de 1974 entre le Chili et l'URSS, le 21 novembre 1973. L'équipe soviétique et le régime dirigé par Brejnev et Podgorny entendaient protester contre le coup d'État de Pinochet qui venait d'enlever la vie à Salvador Allende et de renverser la démocratie au Chili pour longtemps. Quant aux tentatives de boycott en France du Mondial argentin sous Videla en 1978, le résultat fut sans appel. Nous y sommes allés.

Dans le sillage d'une Norvège éliminée et concurrente énergétique du Qatar, les Verts espéraient donc être plus efficaces avec Erling Haaland que tous ceux qui se sont vainement opposés aux Coupes du monde organisées par l'Italie mussolinienne en 1934, par l'Argentine de 1978 ou la Russie poutinienne.

Ils ont bien fait de suivre les grandes foulées du cyborg norvégien. Ce dernier a été, pour eux, aussi cohérent et fidèle à ses convictions que Barbara Pompili avec les Verts, en posant quelques semaines plus tard avec un maillot de Boca aux couleurs du Qatar. Au grand dam de son sélectionneur.

Ceci étant dit, on se serait attendu, et à raison, que les Verts appellent au boycott au nom du bilan environnemental catastrophique qui s'annonce dans l'émirat du Golfe, lui qui s'impose comme le plus important pollueur de la planète par habitant.

Et non. Raté. Ils ont choisi un autre terrain. Pour Julien Bayou, le secrétaire national du parti et candidat défait aux élections régionales aux côtés d'Audrey Pulvar et de Clémentine Autain, l'angle du tir est inattendu. À la manière de la frappe de Roberto Carlos qui sidéra Fabien Barthez, il semble venu d'ailleurs : s'il s'appuie, comme beaucoup, sur la surmortalité sur les chantiers de la

Coupe du monde, son appel au boycott tient aussi « à la lutte contre l'islam radical ».

Pour lui, « le Qatar, partisan du wahhabisme, est aussi un des partisans de cette dissémination, soupçonné par la Commission européenne de financement du terrorisme [142] », la Coupe du monde doit donc être boycottée. Avant d'ajouter : « Quand il s'agit d'être cohérent et de dire non à l'Arabie saoudite, qui est responsable du démembrement d'un journaliste, Jamal Khashoggi, ou non au Qatar, accusé de financement du terrorisme, notamment en Somalie, eh bien, là, vive le sport et vive le business. Ce n'est pas possible. »

L'argument peut s'entendre et se défendre légitimement mais, comme l'aurait dit Jacques Chirac, il a fait « pschiiit ». À croire que les Verts ne convainquent pas encore sur les questions diplomatiques et régaliennes.

Même combat et même résultat pour Éric Piolle, le maire de Grenoble, qui a essayé de profiter de l'occasion face à Jean-Jacques Bourdin. En insistant sur « l'occasion de montrer que le mouvement sportif n'est pas hors du monde », il a montré sa méconnaissance du sujet. Pire, s'il a réussi à se faire reprendre, il a échoué à se faire entendre.

Incapables de se placer au niveau de l'événement et de leurs enjeux, les Verts marquent systématiquement

142 « Coupe du monde 2022 : Julien Bayou, le patron d'EELV, appelle au boycott », *Le Parisien*, 31 mars 2021 : https://www.leparisien.fr/sports/football/coupe-du-monde-2022-julien-bayou-le-patron-deelv-appelle-au-boycott-31-03-2021-ZWP53GCH5ZDLTFWTDVF4Y5BW6M.php.

contre leur camp lorsqu'ils tentent d'articuler géopolitique et sport. Une tendance de fond si l'on se souvient des appels aux boycotts des Jeux de Beijing 2008 et… de 2022 de Noël Mamère, l'ancien candidat des Verts, défait lors de la présidentielle de 2002 avec ce qui reste encore aujourd'hui leur plus gros score (5,25 % des voix).

AUX GLORIEUX ANCIENS, EELV RECONNAISSANTE

Mais ceux qui parlent le mieux des Verts et du football, ce sont les anciens Verts eux-mêmes. Ceux qui sont partis.

Au milieu du cimetière des espérances et des sempiternels remaniements, il reste le spectre dérangeant de Daniel Cohn-Bendit, lui qui n'a eu de cesse, ces dernières années, de rappeler sa passion du football et de la placer au même rang que la politique. Au point de préférer le terrain et de fêter le cinquantenaire de Mai 68 avec un livre inattendu : *Sous les crampons… la plage*, publié chez Robert Laffont.

Au micro de France Culture, il est l'un des rares anciens Verts à comprendre les limites de la politisation excessive du football : « On critique jusqu'au moment où le coup d'envoi est donné. Puis on reprend la critique après le match. Entre-temps, on se laisse emporter par le ballon, par l'histoire qui est racontée pendant un match de football[143]. »

143 Caroline Broué, « Daniel Cohn-Bendit : «Je serais pour que les dirigeants politiques ne se rendent pas en Russie pour le Mondial» », France Culture, 16 juin 2018 : https://www.franceculture.fr/emissions/linvite-idees-de-la-matinale/daniel-cohn-bendit.

Loin des quotidiens du soir et du brouhaha politicien, le supporter de l'Eintracht Francfort qu'est «Dany le Rouge» reconnaît dans *L'Équipe* que le pouvoir politique et les siens ont manqué quelque chose avec le ballon rond : «Le football peut changer le climat d'un pays. Il peut rendre les gens heureux ou malheureux pendant un certain temps. Ce n'est pas rien. Mais, ça, ce n'est pas vraiment de la politique, même si je considère qu'après 1998 on a quand même raté quelque chose, quand le pays entier, banlieues comprises, s'est rassemblé pour célébrer la victoire d'une équipe de France multiculturelle.»

Peut-être parce qu'il a cessé toute activité au sein du parti et que sa liberté le lui permet, il reste celui qui parle le mieux de football, comme en témoignent les colonnes du *Temps*[144] : «Le foot incarne, révèle et illustre les espoirs et les contradictions des sociétés. Et les miennes aussi. On pense, bien sûr, à la veille de ce Mondial russe, à l'épopée des Bleus en 1998. Mais je pourrais ajouter beaucoup d'autres exemples. L'arrivée de leur équipe de foot sur le devant de la scène internationale a accompagné l'ouverture politique et démocratique de l'Afrique du Sud ou de la Corée du Sud. En Allemagne, la question de l'immigration et du communautarisme se retrouve dans les stades. Le foot est un sport résolument ancré dans la société. Tu y trouves tout : les fulgurances positives comme le racisme ou le hooliganisme. Regarde comment le foot féminin est en train de se développer : là encore, le ballon rond accompagne la société. Aucun autre sport n'arrive

144 Richard Werly, « Daniel Cohn-Bendit : "Le foot est un bien meilleur fil conducteur de ma vie que la politique" », *Le Temps*, 9 juin 2018 : https://www.letemps.ch/monde/daniel-cohnbendit-foot-un-bien-meilleur-fil-conducteur-vie-politique.

à la cheville du football en termes de succès et d'impact populaires. C'est le spectacle roi. Bien plus que les Jeux olympiques. » Peut-être EELV et Yannick Jadot seraient-ils avisés de s'inspirer de notre boomer.

Loin d'être pourtant une conscience tutélaire irréprochable, Daniel Cohn-Bendit souligne, avec une acuité très politique, les dérives du football et ses limites. « Il y a le risque permanent de manipulations populistes et cette incapacité du foot à suivre certaines évolutions de la société. C'est l'un des sports les plus homophobes. Un des derniers bastions réactionnaires. Triste et insupportable réalité. » Sur la question sociétale du droit des minorités, la question de l'homosexualité dans le football mérite d'être posée et davantage soutenue.

Il ajoute : « Dans le football, la chape de plomb est affreuse, insupportable. » Sur le terrain, dans les vestiaires et dans les tribunes, le football est loin d'être *gay-friendly*. Penser la différence y est difficilement acceptable.

Une nouvelle fois, en négligeant le football, les Verts semblent passer à côté de leur match alors que la question des discriminations est un point saillant de leurs programmes présidentiels de 2017 [145] et de 2022. À force de rater le cadre, la question de l'efficacité de l'attaque doit se poser. À moins qu'ils ne s'agissent de changer d'entraîneur...

145 https://www.eelv.fr/bienvivre/.

Heureusement, dans ce marasme, une autre personnalité écologiste s'est distinguée en son temps. C'est Eva Joly, l'ancienne magistrate franco-norvégienne. Candidate malheureuse à l'élection présidentielle de 2012 (2,31 %), elle n'a jamais surjoué une quelconque passion pour le football, mais elle a su se positionner avec intelligence sur quelques-unes de ses questions fondamentales. Se rendant à un match entre Juvisy et le PSG à l'occasion du championnat de France de D1 féminine, elle avait notamment accordé une interview à *So Foot*[146], prononçant des mots qu'on aimerait entendre aujourd'hui.

Revenant sur les dimensions écologiques liées au football, elle s'était épanchée sans surprise sur «les normes environnementales dans le football», la question énergétique et «l'éducation au tri des déchets», ajoutant que «l'écologie (devait) se refléter dans le sport». Celle qui a eu un temps Yannick Jadot comme porte-parole ne s'est pas simplement contentée d'utiliser le football, a fortiori féminin, pour se montrer à la manière des cartes postales politiques qu'affectionnent les communicants politiques.

Sortant d'un propos convenu et finalement attendu, elle a insisté sur la condition du football et du sport au féminin en France. Une rareté à l'époque. Une prise de position mettant en avant le football au féminin d'autant plus appréciée qu'elle fut suivie d'une autre qui résonne fortement aujourd'hui, sur la question de la violence dans les stades.

146 Antoine Aubry, « On a croisé Eva Joly au match PSG/Juvisy », *So Foot*, 26 mars 2012 : https://www.sofoot.com/on-a-croise-eva-joly-au-match-psg-juvisy-155037.html.

En femme de droit, elle est revenue sur les politiques publiques touchant les supporters et les stades. « Le football est trop important pour que l'on puisse avoir une double peine et être exclu à tout jamais. » Privilégiant le dialogue comme option en vue d'une « seconde chance », et donc l'éducation et le respect des droits fondamentaux, elle proposait alors une approche moins caricaturale que beaucoup aujourd'hui.

Ajoutant avec évidence que le « racisme et le hooliganisme sont insupportables », tout comme l'excès de violence que l'on retrouve dans les stades, elle est une des rares à avoir eu, dans son camp, une parole nationale audible sur ces sujets. C'était il y a dix ans.

On aurait aimé entendre ce qu'elle pense aujourd'hui de la démultiplication des arrêtés préfectoraux empêchant les déplacements de supporters ou des appels à multiplier, au mépris des droits fondamentaux, les interdictions de stade à vie. Avec de telles positions, certains lui pardonneront sûrement d'avoir soutenu la taxe à 75 %, la fameuse taxe Zlatan, mise en place par François Hollande après sa victoire.

MAIS QUE SAIT-ON DES AUTRES ?

Ceux qui parlent le mieux de football ne sont plus aux Verts, c'est peut-être un signe. Daniel Cohn-Bendit, proche du chef de l'État, aime à parler ballon mais il reste un repère souvent encombrant et une relative exception.

Aux côtés d'Eva Joly, Cécile Duflot s'est parfois fait entendre. L'ancienne secrétaire générale des Verts s'est émue de l'intérêt de Nicolas Sarkozy pour les Bleus après Knysna, le tout en pleine réforme des retraites. Entre la rencontre de l'ancien maire de Neuilly du PSG avec Thierry Henry et son annonce d'états généraux du football français, l'actuelle directrice générale d'Oxfam s'étonnait du sens des priorités d'un président faisant de l'équipe de France une « affaire d'État ».

On l'a aussi vue prestement réagir à la suite des paroles sexistes de Bernard Lacombe, l'ancien conseiller spécial de Jean-Michel Aulas. Lorsque ce dernier a déclaré : « Je ne parle pas foot avec les femmes, qu'elles retournent à leurs casseroles », elle a multiplié les tweets ironiques pointant du doigt le « gars misogyne manager général de l'OL qui a la meilleure équipe féminine d'Europe [147] ».

En dehors de *punchlines* bien senties ou de l'intérêt que Yannick Jadot peut avoir pour Keegan ou Rocheteau, une impression demeure : l'écologie, les Verts et le football ne font pas bon ménage.

Faut-il en faire une généralité ? Probablement pas.

Dans les travées du Parlement et au plus près des territoires, c'est différent. Les Verts s'affairent. Certes, tous les écologistes n'ont pas connu la chaleur des tribunes, subi l'odeur des vestiaires ou lutté contre l'idée que le football

147 https://twitter.com/CecileDuflot/status/316448867057029120?s=20.

est un nouvel opium du peuple. Ceci dit, les élus verts et leurs sympathisants sont plus investis qu'on ne le croit.

Certains acteurs et parlementaires agissent et se font entendre autrement, comme Jöel Labbé. Le sénateur vert du Morbihan a donné en 2014 son nom à une loi qui fait cesser l'usage des produits phytosanitaires dès juillet 2022 pour l'entretien des stades et de leurs pelouses. Une révolution silencieuse et nécessaire au plus près du terrain. Comme il l'a dit lui-même à *Ouest France*, « les belles pelouses, vertes jusqu'au bout des brins pour la télé, au détriment de la santé des sportifs, c'est bientôt terminé [148]. » Évidemment, tout n'est jamais si simple. Le football professionnel et les clubs de Ligue 1 vont bénéficier d'un régime dérogatoire qui s'impose jusqu'en 2025... et la Société française des gazons s'est insurgée face à une mesure prise sans étude d'impact ni concertation.

Mais l'essentiel est ailleurs. Loin de l'image clivante de l'écologiste borné, nombreux sont les acteurs du football à reconnaître la qualité de son implication. Évidemment, tous ne sont pas tout aussi prompts à un dialogue soucieux de la filière économique du football et de ses problématiques. Certaines prises de position légitimes mais maladroites en témoignent. Nous sommes en trente-deuxièmes de finale de Coupe de France. Besançon reçoit l'AS Nancy Lorraine, la neige menace la tenue du match, il faut souffler ce qui peut l'être. Des élus EELV de l'opposition

148 Christelle Guibert, « Football. Les stades français à la conquête des pelouses sans pesticides », *Ouest France*, 10 septembre 2021 : https://www.ouest-france.fr/sport/football/football-les-stades-francais-a-la-conquete-des-pelouses-sans-pesticides-96b1181c-1274-11ec-b833-99ca1e7b742e.

sont «choqués devant l'aberration de la solution technique adoptée : souffler de l'air chaud sous une bâche étanche sur la surface d'un terrain de foot et en utilisant du fuel comme carburant [149]». Les deux élus franc-comtois dénoncent «ce choix [qui va] à l'encontre des enjeux climatiques internationaux» et de l'opportunité manquée de «faire entendre au grand public l'importance de cet enjeu, si le grand théâtre du foot, sport populaire par excellence, démontre que l'on peut s'absoudre de toute responsabilité». Rien que ça. Défendre son camp peut s'entendre mais la récupération a ses limites : l'excès d'engagement.

L'ÉCOLOGIE EST UN SPORT DE COMBAT

Dans le combat politique, les élus verts ont un jeu fondé sur l'impact, la ténacité et l'opportunisme. Plus proches dans l'excès d'un Raymond Domenech dans sa période joueur ou de l'agressivité d'un Nicolas Pallois, il faut parfois les féliciter de leur engagement. À la manière de l'intraitable Carlos Mozer, ils demeurent des défenseurs redoutables de leurs causes et parfois du football. Surtout depuis qu'ils sont à la tête de grandes villes de football.

Pierre Hurmic, le nouveau maire de Bordeaux, en est un bon exemple. Des rangs de l'opposition à son élection, ce

149 Jérémy Chevreuil, « Europe Écologie-Les Verts choqué que l'on réchauffe la pelouse du stade de Besançon pour la Coupe de France de football », France 3, 6 janvier 2017 : https://france3-regions.blog.francetvinfo.fr/politiquefranche-comte/2017/01/06/europe-ecologie-les-verts-choque-quon-rechauffe-la-pelouse-du-stade-de-besancon-pour-la-coupe-de-france.html.

dernier a fait des Girondins de Bordeaux un sujet récurrent. Prenant fait et cause pour un futur durable et apaisé pour le club marine et blanc, il s'est d'abord immiscé dans sa vie et sa gouvernance en mettant la pression à ses actionnaires et ses dirigeants.

Prenant le parti des ultras et des supporters du club les plus investis dès juin 2020, il a rappelé qu'«un club ne peut pas se permettre le luxe de se mettre à dos le principal club de supporters et de les traiter avec un tel mépris et une telle arrogance, avec des menaces de peines pénales». Justifiant ses propos en ajoutant que les supporters visés par le club «sont des enfants de Bordeaux, des administrés, il est normal que le maire pèse de tout son poids politique pour aller rencontrer très rapidement l'actionnaire King Street et lui dire de doter ce club d'un nouveau président». Il a ensuite insisté en appelant à débarquer le président bordelais. Rappelant son opposition au plan de reprise mené dès 2018 par GACP et King Street, il a souhaité tout mettre en place pour assurer la pérennité du club pour que «la belle aventure sportive des Girondins de Bordeaux, engagée il y a cent quarante ans, se poursuive[150]».

Après la défection de l'actionnaire en avril 2021 qui ne l'a «nullement surpris», il a mis en place un «comité de soutien, de suivi et de vigilance» rassemblant des partenaires et des décideurs locaux avec pour slogan : «Tous

150 Amaia Cazenave, « Comment les élus verts géreront-ils les grands clubs sportifs de villes comme Bordeaux ou Marseille? », France Inter, 30 juin 2020 : https://www.franceinter.fr/sports/comment-les-elus-verts-gereront-ils-les-grands-clubs-des-villes-comme-bordeaux-ou-marseille.

Girondins ! » L'objectif restant de s'assurer de pouvoir « peser sur le choix » du repreneur.

Sans être dupes, son interventionnisme politique répond, selon lui, à un « devoir » collectif. Il vise à définir « des principes et des valeurs incontournables que nous ne voulons pas voir bradés à l'occasion de la vente du club [151]. » Si les questions ne manquent pas de se poser avec l'arrivée de Gérard Lopez et l'effondrement sportif du club, l'élu écologiste reste lucide et « vigilant », rappelant opportunément qu'avec les Girondins le nouveau propriétaire « n'a pas seulement acheté un club, il a acheté une partie du patrimoine girondin [152] ». Avec la pression politique et sociale qui l'accompagne.

Mettant en avant le modèle lyonnais, il trouve « normal qu'un club sportif s'investisse dans le stade où il joue », il invite le nouvel actionnaire majoritaire à racheter le Matmut Atlantique. Non sans pointer du doigt le fait que, « de tous les stades construits en vue de l'Euro 2016, celui de Bordeaux est celui qui fait le moins d'efforts sur le plan

151 « Girondins de Bordeaux : le maire Pierre Hurmic crée un "comité de suivi et de vigilance » sur le projet de reprise du club" », *20 Minutes*, 1er mai 2021 : https://www.20minutes.fr/sport/3032655-20210501-girondins-bordeaux-maire-pierre-hurmic-cree-comite-suivi-vigilance-projet-reprise-club.

152 Christophe Loubes, « Girondins de Bordeaux : "Gérard Lopez n'a pas seulement acheté un club, il a acheté une partie du patrimoine girondin" », *Sud Ouest*, 9 octobre 2021 : https://www.sudouest.fr/gironde/bordeaux/girondins-de-bordeaux-gerard-lopez-n-a-pas-seulement-achete-un-club-il-a-achete-une-partie-du-patrimoine-girondin-6443394.php.

environnemental. Son bilan carbone est aberrant, sans parler de l'entretien de la pelouse[153]. »

Reprenant évidemment les fondamentaux qu'on attend chez EELV, il faut reconnaître qu'avec Pierre Hurmic on reconsidère la capacité des Verts à parler de football, sans être non plus naïf : les élus écologistes des grandes aires métropolitaines françaises ont un problème avec le foot professionnel. À l'image de Grégory Doucet, le maire de Lyon. Adepte de budgets favorisant la féminisation des pratiques et le développement de cours d'école dégenrées dépourvues de buts pour les jeux de balles trop masculins[154], le maire de Lyon ne laisse pas insensible. Le football professionnel tel que le défend Jean-Michel Aulas à Lyon n'est pas sa tasse de thé.

En dépit de « relations bienveillantes[155] » avec l'OL, le développement du club et d'OL Vallée n'aurait probablement pas été le même. Julie Nublat-Faure, son adjointe aux Sports, ne s'en cache pas dans *L'Équipe* : « Les projets votés sous l'ancienne mandature iront à leur terme, mais

153 « Girondins de Bordeaux. Pierre Hurmic, le maire de Bordeaux, veut vendre le Matmut Atlantique », *Ouest France*, 15 octobre 2021 : https://www.ouest-france.fr/sport/football/girondins-de-bordeaux/girondins-de-bordeaux-pierre-hurmic-le-maire-de-bordeaux-veut-vendre-le-matmut-atlantique-93619a54-2d9c-11ec-806e-9617b2a03500.

154 « Cours de récré dégenrées : le maire de Lyon sans voix face à un élève déçu », *Le Point*, 4 septembre 2021 : https://www.lepoint.fr/education/cours-de-recre-degenrees-le-maire-de-lyon-sans-voix-face-a-un-eleve-decu-04-09-2021-2441500_3584.php#:~:text=Ces%20cours%20de%20r%C3%A9cr%C3%A9%20%C2%AB%20d%C3%A9genr%C3%A9es,am%C3%A9nagements%20soutenus%20par%20le%20maire.

155 Abel Mestre et Adrien Pécout, « Tour de France, JO, foot business... Les relations passionnelles entre les écologistes et le sport », *Le Monde*, 16 septembre 2020 : https://www.lemonde.fr/politique/article/2020/09/16/entre-les-ecologistes-et-le-sport-je-t-aime-moi-non-plus_6052425_823448.html.

nous n'aurions sans doute pas validé un projet aussi vaste qui contribue à la marchandisation du sport et me paraît en décalage avec la crise sanitaire et environnementale actuelle. [...] Notre rôle, c'est que chacun puisse faire du sport dans sa ville gratuitement, de développer les infrastructures municipales. Nous serons très tournés vers le sport au quotidien. » Pour eux, même si « les grands clubs peuvent être moteurs dans la transition écologique en cours, la crise du Covid a mis en lumière la vulnérabilité de notre système économique. Ils peuvent et doivent aussi repenser leur modèle économique[156]. »

L'IMPOSSIBLE RAPPROCHEMENT

Après un tel tour d'horizon, le fossé existe bel et bien entre l'écologie politique, ses enjeux et le football professionnel. Notamment lorsqu'on le considère en termes de filière économique, de vecteur d'identification ou de promotion territoriale. Les valeurs, toujours les valeurs.

Daniel Boy, directeur de recherche émérite au Cevipof à Sciences Po Paris, le confirme : « Les écologistes ne sont pas contre le sport de haut niveau, mais contre le sport à forte empreinte environnementale et dépensier, comme le foot et la Coupe du monde avec son opacité financière[157]. » Leur rapport au foot est une question de culture

156 Régis Dupont, « Avec l'élection de Grégory Doucet, Jean-Michel Aulas se retrouve face à une marée verte », *L'Équipe*, 10 juillet 2020 : https://www.lequipe.fr/Football/Article/Avec-l-election-de-gregory-doucet-jean-michel-aulas-se-retrouve-face-a-une-maree-verte/1151509.
157 *Ibid.*

politique mais aussi de positionnement. L'électorat vert est moins populaire et plus diplômé. Davantage conforme à la composition sociologique des grandes métropoles, il est constitué de classes sociales plus favorisées et privilégiées : le football apparaît plus secondaire. Yannick Jadot a beau déclarer à *So Foot* que «l'ange vert, c'était bien plus Dominique Rocheteau que René Dumont», les Verts parlent à ceux qui les élisent.

Des tweets d'Éric Piolle aux silences de Sandrine Rousseau en passant par les prises de position antagonistes de Pierre Hurmic ou de Grégory Doucet, la cohérence n'est pas évidente. Comme le dit justement Régis Juanico, le député de la Loire et ancien socialiste, «les discours des écologistes sont à géométrie variable et chacun peut dire ce qu'il veut». Le football n'échappe pas à la règle.

Comme l'affirmait la politiste Vanessa Jérome, auteure de *Militer chez les Verts* (Presses de Sciences Po, 2021), en 2021 au *Monde*[158], ces derniers restent des «outsiders sur la scène politique». Au sein du parti écologiste, c'est sempiternellement 50 nuances de vert. «Il existe une pluralité de figures vertes, des notables politiques régionaux, mais pas vraiment de leader national.» Divisé, sans capitaine ni circuits de jeu préférentiels, le parti compte sur ses individualités plus que sur son unité, à la manière du PSG de Mauricio Pochettino. On n'aimerait pas être supporter

158 Sylvia Zappi, « "Si les écologistes veulent gagner l'élection présidentielle, ils vont devoir se contrarier" », *Le Monde*, 5 mai 2021 : https://www.lemonde.fr/politique/article/2021/05/05/si-les-ecologistes-veulent-gagner-l-election-presidentielle-ils-vont-devoir-se-contrarier_6079189_823448.html.

des Verts comme l'est Yannick Jadot au moment de remplir la feuille de match.

15

L'ÉQUIPE DE FRANCE DES PRÉSIDENTS

Les Bleus sont «le visage de la France». La formule n'est pas d'André Malraux, rassurez-vous. Elle est d'Emmanuel Macron et elle raconte plus que la visite d'un président-footballeur à sa sélection, dans l'antre de Clairefontaine. Un visage, des corps, des hommes et des talents, un rapport au pouvoir aussi et au sport, une envie. Et plus que tout, une ambition. Celle d'une équipe, d'un collectif qui fait nation.

Elle dit beaucoup, cette équipe de France, de ce que nous sommes. Depuis son premier match en 1904, elle raconte notre histoire, une autre histoire nationale. 118 ans déjà et ce n'est pas près de s'arrêter. Mais, plus qu'un livre ouvert qui nous conterait le pays, ses affres et ses bonheurs entre deux corners, une *panenka* et l'envahissement des Champs, l'histoire des Bleus dépasse celle de ses témoins, de ses observateurs. La sélection fait partie des acteurs de notre temps. Elle fait l'histoire. Elle est l'histoire. Cela peut paraître grandiloquent, mais, depuis tant d'années, et surtout depuis plus de trente ans, notre équipe de France est au cœur des enjeux qui traversent la République et la société dont elle chante l'hymne et porte les couleurs. Elle est une autre histoire de la France.

Personne n'attend encore nos Bleus aux portes du Panthéon. Du moins pour l'instant. Même si la patrie leur est reconnaissante pour leurs succès, ce ne sont pas eux qui vont venir rejoindre Victor Hugo, Voltaire, Simone Veil ou Joséphine Baker. Le *Hall of fame* tricolore va devoir patienter encore. Pierre de Coubertin, le rénovateur des Jeux, y entrera peut-être avec Alice Milliat. Jules Rimet ou Henri Delaunay n'y entreront probablement jamais. Pourtant, l'équipe de France ne manque pas de grands hommes.

Aux côtés du visage de Jean Moulin et de son cortège d'autres belles ombres, de celles que la France n'oublie pas, leurs noms s'imposent à nos mémoires. Kopa, Zidane, Platini sont évidemment parmi les premiers. Giresse, Djorkaeff et Laurent Blanc suivent, tout comme Patrick Vieira, David Trézeguet, Thierry Henry ou Marcel Desailly. Tigana, Bats ou encore Luis seront de la partie. Quant à Didier Deschamps, parce qu'il a tout gagné, il pourra prétendre aux mêmes honneurs aux côtés de Bernard Lama, de Bixente et de ceux qui formèrent, en leur temps, la «garde noire» du football français. Aimé Jacquet et Michel Hidalgo auront leur nom sur la liste. Et j'en passe, comme Cantona, Papin, Mekhloufi ou Stopyra [159]... Évidemment, chaque génération a ses affinités,

159 Pour aller plus loin sur ce sujet, nous vous conseillons le travail de François Da Rocha Carneiro, le spécialiste français de l'équipe de France. Il a publié, en 2020, *Les Bleus et la Coupe : de Kopa à Mbappé* aux éditions du Détour, un livre remarquable.

ses préférences, mais tous reconnaissent que le football français est une part du patrimoine national, un exemple du génie français.

Ils sont plus de 900 à avoir porté le maillot bleu frappé du coq [160] et, même si plus d'un quart n'a été sélectionné qu'une fois [161], ils forment une famille qui raconte la France comme aucune autre, une famille qui nous dit simplement, crampons aux pieds, ce que cela signifie d'être Français. Au-delà du sang, de la terre séchée, des trajectoires, des lieux de naissance ou d'appartenance.

Être en Bleu, c'est une idée, un certain rapport à la liberté. Une certaine idée de ce qu'est la France. Un rapport viscéralement politique à cette idée.

L'ÉQUIPE DE FRANCE, C'EST LA NATION RASSEMBLÉE

L'équipe de France porte bien son nom. Elle appartient à tous les Français, à tous ceux qui se reconnaissent en elle et en ses joueurs. Elle réunit et rassemble. Elle défend nos couleurs autant qu'elle les porte. Elle fait partie de notre patrimoine et son parcours s'inscrit dans notre présent. Elle est même devenue, depuis plus de trente ans, une partie de ce que la France offre au monde. Notre football

160 Bruno Colombari, « Tableau général des joueurs de l'équipe de France de football », Chroniques Bleues, 16 novembre 2021 : https://www.chroniquesbleues.fr/Tableau-general-des-joueurs.

161 Bruno Colombari, « L'autre moitié du ciel (3/3) : des Bleus à usage unique », Chroniques Bleues, 23 septembre 2019 : https://www.chroniquesbleues.fr/L-autre-moitie-du-747.

et les Bleus sont devenus un facteur de notre rayonnement, une des dimensions de ce que nous sommes à l'étranger. Simon Kuper disait que «l'image de la France fut longtemps associée à son art de vivre, sa civilisation et son histoire, tous auréolés d'un prestige certain. Les Bleus, notamment sous de Gaulle, n'étaient pas à la hauteur de cette idée de la France[162]» mais, aujourd'hui, c'est différent. L'équipe de France donne l'une des meilleures images qui soient du pays, celle d'un pays qui gagne. Depuis 1998, les Bleus sont la sélection qui a le plus gagné derrière l'Espagne des Xavi, Ramos et Iniesta.

Les décennies perdues sont loin. Le sentiment naissant d'être une puissance du football mondial s'affirme. Les honneurs et les titres ne feront pour autant pas oublier France-Bulgarie en 1993, la cuisse de Zidane lors du Mondial 2002, Knysna ou nos Euros piteux, autant de compétitions frustrantes que l'on a quittées en quarts en 2012 ou en huitièmes de finale en 2021.

Avec nos Bleus, on peut écrire que la nation française, c'est une langue, une culture, une histoire communes, une sélection nationale (qui gagne) et l'envie d'être ensemble. Comme un plébiscite de chaque jour, les Bleus, c'est l'ambition de rassembler autour de nos deux étoiles, la France entière et 68 millions de sélectionneurs. Comme l'a si justement écrit l'historien du football Paul Dietschy, «une équipe nationale de football exprime autant l'excellence sportive du football professionnel que la communauté

162 Olivier Guez, *Une passion absurde et dévorante. Écrits sur le football*, Flammarion, 2021.

imaginée qu'est la nation [163]». La sélection et la nation France, c'est la rencontre de Fichte et de Renan avec Deschamps. Avec ce rien de condescendance et d'excès qui nous caractérise lorsque l'on gagne et qui agace le monde.

«Seule la victoire est belle» ou «une finale, ça ne se joue pas, ça se gagne» sonnent tellement français que les Bleus disent beaucoup de notre caractère et de notre inconscient national. Il en va de la sélection comme du pays. «La France ne peut être la France sans la grandeur» et l'arrogance qui l'accompagnent. Et quand la défaite nous saisit, le mot déclin surgit au milieu de l'hystérie. Il faut que des têtes tombent, et vite. Du passé victorieux, il faut faire table rase pour tout refonder. Nous sommes le pays de la Révolution et de la déconstruction permanente. Descartes, Derrida, Cantona, même combat. Heureusement, le ballon rond n'a pas besoin de barricades. Il suffit d'une grève et d'un bus dont les joueurs ne sortent pas. Et d'un trophée pour tout oublier : «on est champions du monde» sert à tout justifier.

163 Paul Dietschy, «De la ville à la nation. Des histoires politiques et sociales du football», *Vingtième Siècle. Revue d'histoire*, vol. 111, n° 3 2011, p. 3-9 : https://www.cairn.info/revue-vingtieme-siecle-revue-d-histoire-2011-3-page-3.htm.

LES BLEUS, C'EST « LE ROMAN NATIONAL DU XXIe SIÈCLE »

Entre la France des Bleus et la nation France, c'est une affaire d'identité [164]. Et de récit commun. «Toute communauté humaine a besoin de son roman national [165]», n'est-ce pas? C'est en cela que les Bleus, en tant qu'équipe nationale, entrent en jeu. Ils participent de ce phénomène d'identification nationale. Ils y contribuent. Ils nous rassemblent autour d'une idée, celle de la nation française et républicaine. Les Bleus l'incarnent lorsqu'ils mettent les maillots tricolores et s'alignent pour chanter la *Marseillaise*. Les Bleus donnent corps à l'idée de nation en France.

«Le récit national traditionnel au fondement de la IIIe République célébrait la glorieuse nation française et ses héros censés l'incarner. Il avait comme fonction de nourrir un imaginaire historique devant être partagé par l'ensemble des citoyens pour former ainsi la communauté nationale [166].» L'histoire et les victoires des Bleus s'inscrivent aujourd'hui dans cette dynamique d'identification. Celle d'une nation en recomposition. Les Bleus sont les héros d'un «nouveau roman national», celui d'une

164 Il faut entendre le mot «identité» dans les deux sens du terme. Ce qui fait que les deux sont identiques et ce qui renvoie à une identité, c'est-à-dire à un ensemble de caractéristiques communément partagées. Il ne faut pas entendre identité comme une référence à l'identité nationale promue par Éric Besson sous le gouvernement de François Fillon lors de la présidence de Nicolas Sarkozy.

165 Dominique Borne, ancien doyen de l'Inspection générale d'histoire, 2007.

166 Sébastien Ledoux est un historien spécialiste des enjeux mémoriels, professeur à Sciences Po et chercheur en histoire contemporaine à Paris I, au Centre d'histoire sociale du xxe siècle. Sébastien Ledoux, « Dans l'enseignement de l'histoire, pensons "un récit national émancipateur et inclusif" », *Le Monde*, 3 septembre 2016 : https://www.lemonde.fr/idees/article/2016/09/03/dans-l-enseignement-de-l-histoire-pensons-un-recit-national-emancipateur-et-inclusif_4992126_3232.html.

période où la guerre s'est effacée avant de muter, dans un monde plus complexe que jamais. Figures de la nation en crampons moulés, ils en portent les symboles. Et comme la rhétorique qu'on leur impose est éminemment guerrière, ils la défendent et combattent jusqu'au bout pour elle, comme une survivance du passé. Rappelez-vous les matchs France-Allemagne depuis la «nuit de Séville» de 82. Souvenez-vous des références historiques qui les accompagnent... Nos Bleus sont surtout la nouvelle image de la nation à l'heure où la France change. Diverse, d'ici et d'ailleurs, l'équipe de France est à l'image de ce que nous sommes aujourd'hui. Elle réunit notre passé et notre présent, ses migrations comme son histoire postcoloniale.

En ces heures de crispation identitaire, la sélection est à l'image du pays. C'est pour ça qu'on l'aime, c'est pour qu'elle fasse réagir. Les Bleus sont les nouveaux hérauts d'un État-nation ouvert sur le monde et confronté à une mondialisation qui le remet en question. Ils montrent l'évolution de la France depuis la fin des Trente Glorieuses et de la guerre froide. Ils sont l'image de son métissage et des usages politiques que l'on fait des Bleus. Le football est, «en raison de ses capacités symboliques, une ressource importante de toute politique étrangère», d'autant qu'il «contribue à exprimer et à affirmer l'identité politique» d'un pays[167].

Partie prenante de la marque France et de son *soft power*, les Bleus incarnent l'une des ambitions de De Gaulle pour qui «la France n'est réellement elle-même qu'au premier

167 Jean-Pierre Augustin, géographe, *Sport, géographie, aménagement*, Nathan, Paris, 1995.

rang». En dehors de nos frontières, ils sont les auxiliaires de l'État et de son *nation branding*. Quand on part à l'étranger, le premier Français qui s'impose dans les *small talks*, ces discussions improvisées, ce n'est pourtant pas de Gaulle, c'est Zidane, c'est Kylian. Jacques Chirac l'avait compris. Un voyage officiel avec Michel Platini, c'est la promesse d'un accueil différent.

À l'intérieur de nos frontières, les Bleus sont un ferment de la cohésion nationale et un moyen pour la construction de son unité [168]. L'équipe de France et ses joueurs sont un trait d'union avec tous les territoires du pays jusqu'aux départements d'outre-mer. Les matchs de l'équipe de France sont aussi l'un des rares moments où, toutes générations et origines confondues, les Français se retrouvent devant leurs écrans, au stade ou dans les bars, pour voir les matchs et parfois fêter la victoire. Même la communication de la FFF et de ses partenaires est à l'unisson. Ne sommes-nous pas «tous unis derrière les Bleus», «plus que jamais réunis grâce aux Bleus» ou «fiers d'être Bleus», comme on le serait d'être Français?

«La véritable naissance d'une nation, c'est le moment où une poignée d'individus déclare qu'elle existe et entreprend de le prouver [169]». Mettre le maillot bleu et s'en revendiquer est donc politiquement sensible à une époque où l'on surjoue la question nationale.

---

168 On parle alors de *nation building*.
169 Anne-Marie Thiesse, *La Création des identités nationales*, Seuil, 1999.

LES BLEUS ET LA V^{E} RÉPUBLIQUE, UNE HISTOIRE PARTAGÉE

Göteborg, Guadalajara, Moscou, Knysna, Séville... Nous ne sommes pas en train de vous égrener les noms de batailles napoléoniennes de la Grande Armée. Ce sont les villes où se sont écrites certaines des plus grandes pages du football français. Douloureuses ou victorieuses, elles constituent des jalons de nos histoires personnelles. Entre les Bleus et la Ve République, c'est d'ailleurs une histoire fusionnelle qui s'écrit. Consubstantielle, conflictuelle, extatique, elle a tout de l'amour passionnel. Parce que c'était lui, parce que c'était elle. Ils sont nés au monde la même année. Pour les Bleus, malgré tout le respect qu'on a pour nos anciens, ce fut en Suède, face à Pelé, là où personne ne les attendait. Quant au nouveau régime, il s'extrait de la Guerre d'Algérie et du 13 mai 1958 qui conduit René Coty à faire revenir le «plus illustre des Français».

L'équipe de France, ce sont des moments historiques inscrits dans l'imaginaire collectif. On pourrait vous parler de France 98 et de la France black-blanc-beur. On n'avait jamais vu autant de monde sur les Champs-Élysées depuis la Libération. Vingt ans plus tard, une autre génération bleue tourne le plus beau des remakes en Russie face aux Croates. La fête repart de plus belle. La communion nationale bat son plein. On voit des gens sourire à Paris.

Il y a aussi le souvenir de la victoire des Bleus face à l'Argentine en huitièmes de finale de la Coupe du monde 2018. Elle a fait connaître Benjamin Pavard et sa frappe de b... mais elle reste aussi mémorable pour l'intervention improvisée d'Antoine Griezmann devant les caméras de TF1. Ce dernier est le premier des Bleus à crier «vive la France, vive la République» après un triomphe. Il recommencera plus tard. Clin d'œil à l'officier de sécurité des Bleus, les paroles de «Grizou» n'en revendiquent pas moins les liens forts entre les Bleus, la nation et le politique. À un moment où le souvenir des attentats reste prégnant en France, les paroles portent. Elles touchent. Elles sont aussi la marque d'un sentiment de responsabilité individuelle et collective.

Le football français, ce sont aussi d'autres moments plus tragiques de notre histoire récente. Le 13 novembre 2015, un France-Allemagne se joue au Stade de France. C'était le soir des attentats de Paris... et de Saint-Denis. Ils ont commencé sur le parvis du Stade de France avant que les terrasses de Paris et le Bataclan ne soient visés et durement touchés. Il y a eu 130 victimes ce soir-là [170]. Manuel Valls s'en souvient pour nous. Le ton est grave, le regard fermé. L'air devient pesant dans la pièce. Il se souvient de tout, il n'a rien oublié, comme nous. «C'est un match amical, je décide de ne pas y aller parce que le président de la République y va. Je suis chez moi, mais je ne regarde pas le match ce soir-là. Très vite, je suis alerté. Au début, on ne sait rien, on ne voit rien. La décision de ne pas alerter les spectateurs a d'ailleurs été prise très intelligemment.

Dans le projet des terroristes du 13 novembre, le premier attentat, c'était au Stade de France... On l'a oublié, tout comme le match. Ça devait être un massacre. Le nombre de morts et de blessés aurait pu être considérable... Il

170 On compte en réalité 131 victimes au moment des procès des attentats du 13 novembre puisqu'un des survivants s'est suicidé deux ans plus tard.

y avait 80000 personnes au stade... S'ils étaient arrivés avant, au moment où les gens rentraient dans le stade ou s'ils avaient pu y pénétrer, ça aurait été terrible.» Cela reste l'une des soirées les plus funestes du football français. Il y eut un mort devant le stade ce soir-là, Manuel Dias, et 63 blessés. Deux des Bleus sont directement touchés. Lassana Diarra perd sa cousine. La sœur de Griezmann sortira indemne du Bataclan.

Faire du football et d'un match à si haute visibilité la cible d'un attentat de masse montre les liens forts entre le jeu et les enjeux que portent les sélections nationales. Ce qui était visé le soir du 13 novembre au travers du football, c'était notre société, notre mode de vie et le pouvoir symbolique et politique de la France. Cibler le stade qui représente le pays, qui porte son nom et qui accueille l'équipe nationale face à son rival historique, révèle l'importance médiatique et sociale du football international et la volonté d'atteindre, au plus profond, le pays. Frapper les chairs et les têtes, c'est la logique même du terrorisme, mais ce qui ressort, c'est aussi la solidarité qui se manifeste après la tragédie. Manuel Valls se souvient aussi avec émotion de ce que le football a permis d'exprimer ensuite : «Quelques jours après, il y a le match Angleterre-France, il y a cette *Marseillaise* chantée par Wembley... et le stade aux couleurs tricolores. On le vit comme un signe d'amitié de nos amis anglais. C'est le lieu, le moment.»

«Liberté, Égalité, Fraternité», notre devise nationale, s'affiche sur le fronton du stade le plus symbolique du football mondial dans le pays du football. Les paroles de la *Marseillaise* ont été mises à la une des tabloïds anglais et s'affichent dans le stade. Des drapeaux tricolores s'animent dans le stade. Le prince William, David Cameron et les deux sélectionneurs, Didier Deschamps et Roy Hodgson, entrent dans le stade sous les applaudissements émus, ils précédent des joueurs émus. *Pray for Paris*. Le silence se fait dans la pièce.

LES BLEUS, UN OBJET DEVENU POLITIQUE AVEC LE TEMPS

Le football est politique en soi. Il est normal que les Bleus le deviennent. En France, cela a pris du temps et, avant les années 1990, le sujet n'en est pas vraiment un. Comme nous le rappelle l'historien François Da Rocha Carneiro, spécialiste de l'équipe de France, les Bleus ne deviennent un sujet politique qu'avec l'extrême droite. Après une parenthèse dans les années 30, ils échappent à la politisation jusqu'aux polémiques lancées par Jean-Marie Le Pen à l'occasion des qualifications pour l'Euro 1996 en Angleterre. Avant cela, il n'y a rien, si ce n'est l'épisode qui conduit, après la tentative d'enlèvement de Michel Hidalgo[171], les Bleus à être pris à partie avant leur départ pour la Coupe du monde 78. L'Argentine, alors sous la dictature de Jorge Videla, accueille le Mondial. La gauche française, fortement mobilisée, mais divisée, manifeste. Elle demande aux joueurs de l'équipe de France de boycotter l'événement alors qu'elle n'était pas parvenue

171 Marjorie Michel, « Le 23 mai 1978, Michel Hidalgo est victime d'une tentative d'enlèvement en Gironde », *Sud Ouest*, 26 mars 2020 : https://www.sudouest.fr/sport/le-23-mai-1978-michel-hidalgo-est-victime-d-039-une-tentative-d-039-enlevement-en-gironde-2016986.php.

à participer aux éditions 1970 au Mexique et 1974 en Allemagne. Michel Platini va prendre la parole. Comme d'habitude, il est explicite : «On pourrait imaginer n'importe quoi, sauf le boycottage. Ça fait quatre ans qu'on s'y prépare et douze ans qu'on n'y a pas participé. Il y en a qui nous demandent de ne pas y aller. Ça ne va pas, non? J'irai à la nage à Buenos Aires s'il le faut.» Michel Hidalgo sera plus mesuré, mais il clôt un débat qui n'en était pas un : «Nous n'allons pas en Argentine à la rencontre d'un régime, mais d'un peuple. Nous ne sommes pas des professionnels de la politique.» Fin de la partie. La France ira en Argentine et ne franchit pas le premier tour.

Et pourtant, le temps des deux Michel où le football semblait apolitique est bel et bien révolu. L'équipe de France est devenue un sujet et un objet politique majeur. Notamment pour le premier des Français. Donnons donc la parole au président-footballeur, Emmanuel Macron. Nous sommes à la veille de l'Euro 2021. «Il ne faut pas mettre trop de pression à cette équipe de France. Mais le sport peut fédérer et créer des moments d'unité nationale qu'on peut transformer en autre chose. Nous sommes fiers d'une équipe où les joueurs ont des origines familiales, géographiques très différentes. C'est le visage de la France. C'est un très bel exemple de ce à quoi j'aspire pour ce pays : de la bienveillance et de l'ambition.» Le discours est gaullien. Il ouvre la question de la représentativité des Bleus et de leurs responsabilités devant les Français, en recourant à une figure de style typique, la dénégation. Il ne peut s'empêcher enfin d'exhorter les Bleus avec un «Allez jusqu'au bout» plein d'entrain et moins protocolaire auquel Antoine Griezmann répondra par une saillie, là encore aussi inattendue et très républicaine : «On va essayer, on représente la France.» Le message est clairement politique. En pleine crise de la Covid, il porte sur ce que les Bleus sont à la France et sur ce qu'ils peuvent faire pour elle. Un discours que n'aurait pas renié JFK : «Ne vous demandez pas ce que votre pays peut faire pour vous, mais demandez-vous ce que vous pouvez faire pour votre pays.»

Emmanuel Macron va même aller plus loin après avoir été invité à réagir à la polémique concernant la nouvelle chanson de Youssoupha qui devait accompagner la promotion de la sélection. «Je pense que personne n'a à utiliser le sport ou le football pour faire passer des messages politiques de division.» À l'heure où l'extrême droite progresse et récupère le football, il souligne, avec ce type de communication, le rôle rassembleur du président, sa capacité paternaliste à prendre de la hauteur. Un bel exercice de communication politique et de positionnement partisan. Ne politisez pas les Bleus. Faites ce que je dis, pas ce que je fais.

De la part du fan de l'OM, faire du football de sélection un enjeu politique n'est pas une première. Avant le départ des Bleus pour la Russie en 2018, il avait déjà filé la métaphore footballistique. Il leur avait lancé : «Ce qui est important, c'est que nous soyons tous derrière cette équipe. Toute une nation de football est derrière elle, tous les clubs amateurs et professionnels qui rêvent et sont portés par cette équipe. Après, une compétition réussie, c'est une compétition gagnée.» Sur le même modèle qu'«une finale, ça ne se joue pas, ça ne gagne», il avait mis une pression politique et médiatique sur le groupe. À bon compte. Cela lui avait réussi puisque personne n'a oublié l'issue du Mondial 2018 et ses réactions très démonstratives. En 2019, alors que la Coupe du monde allait s'ouvrir en France, il avait expliqué aux Bleues que «ces compétitions-là, on les gagne d'abord quand on n'a pas peur».

Le président-footballeur s'est mué en coach dans les deux cas, sortant de son rôle institutionnel. Il a fixé des objectifs sportifs et donné des conseils inattendus, comme le ferait un spécialiste en gestion mentale ou un analyste attentif aux performances des deux sélections. Endossant des habits qu'on n'attribue guère aux présidents de la République, il a transgressé les codes en bon adepte de la disruption politique. Mais, surtout, il a répondu aux attentes médiatiques et peut-être populaires, s'impliquant plus qu'on ne l'aurait demandé. Il a montré qu'il maîtrisait son sujet.

Il n'a pas été le seul à le faire. Jacques Chirac s'y est essayé en 98 avec l'intuition politique qui le caractérisait. Nicolas Sarkozy s'est employé en vain à politiser les Bleus en endossant les habits présidentiels. Mais les Bleus qui lui font face ne veulent pas de lui. «Quelques membres de l'équipe de France, Lilian Thuram en tête, étaient braqués contre lui», comme l'avoue Jean-François Lamour dans *Sarkozy côté vestiaires*. Cela n'aide pas. Après la parenthèse chiraquienne enchantée, les Bleus ont de la mémoire. Ses déclarations passées ne passent pas. Les débats sur la colonisation, la crise des banlieues et l'affaire des sans-papiers ont beaucoup joué. Et Carla n'a rien pu faire.

Non seulement, la victoire n'est pas là mais, en plus, Nicolas Sarkozy, pour son grand malheur, va connaître la *blacklist* des joueurs et les sifflets des spectateurs alors qu'il escomptait un remake de la France black-blanc-beur.

Lors de la Coupe du monde 2010, de passage à Clairefontaine, il avait lancé aux Bleus « c'est toute la France qui sera derrière vous ». La compétition eut Knysna pour résultat. Contrainte politiquement d'assumer, la tâche ingrate est revenue à Roselyne Bachelot qui s'en est pris aux joueurs après l'épisode du bus en allant à leur rencontre : « J'ai indiqué aux joueurs que le football français affrontait un désastre. Non parce qu'il avait perdu un match. Mais un désastre moral. La réalité de la situation, il faut l'affronter de face. Ce n'est pas seulement un mauvais moment à passer. Rien ne sera plus comme avant. Et je l'ai dit aux joueurs dans un entretien extrêmement émouvant. J'ai vu les yeux de chacun d'entre eux. J'ai dit aux joueurs que ce sont nos gosses, nos enfants, pour qui, peut-être, vous ne serez peut-être plus des héros. C'est l'image de la France que vous avez ternie [172]. » La victoire a mille pères, la défaite est orpheline. Surtout quand elle abîme l'image du président.

Sous la Ve République, plus personne ne peut l'ignorer : « Le sport est un phénomène social instrumentalisé par des acteurs qui établissent des stratégies pour en prendre le contrôle et/ou s'en servir [173]. » Le football n'échappe pas à la règle : les Bleus sont une affaire présidentielle.

---

172 « Bachelot aux Bleus : "Vous avez terni l'image de la France" », *L'Express*, 21 juin 2010 : https://www.lexpress.fr/actualite/sport/bachelot-aux-bleus-vous-avez-terni-l-image-de-la-france_900804.html#:~:text=Et%20je%20l'ai%20dit,France%20que%20vous%20avez%20ternie.%22.

173 Pascal Gillon, géographe, spécialiste du sport, « Une lecture géopolitique du système olympique », *Annales de Géographie*, vol. 680, n° 4, 2011.

L'ÉQUIPE DE FRANCE, PASSAGE OBLIGÉ DES PRÉSIDENTS

L'équipe de France est devenue une figure imposée de notre vie politique, et plus encore pour nos présidents-footballeurs. Elle est essentielle dans la panoplie du «premier des Français». Mais tous n'en profitent pas de la même manière. Question de génération.

Depuis 1958, il y a eu huit présidents de la République, mais seulement un Kopa, un Platini, un Zidane et un Kylian. Ils n'ont pas tous eu la chance d'avoir un joueur de classe mondiale au cours de leurs mandats. Pas de bol. Nicolas Sarkozy ne s'en remettra sûrement pas. Il pourra se consoler en disant qu'il aura vu le PSG sauvé par Amara Diané, Ribéry en claquettes et Rama Yade, secrétaire d'État aux Sports. Mais revenons à nos agendas présidentiels.

Parmi les passages obligés, le président doit aller à Clairefontaine avant chaque compétition internationale. De la même manière qu'il doit rendre hommage au plus «illustre des Français» à Colombey ou raviver la flamme du soldat inconnu, le président visite l'équipe de France. C'est une sorte de marronnier présidentiel, un invariant. Une initiative de Jacques Chirac devenue une tradition républicaine.

Il en va de même lorsque les Bleus gagnent. Ils se doivent d'être reçus en grande pompe, décorés et honorés comme lors des défilés militaires du 14 juillet. Là encore, Jacques Chirac a inventé la figure imposée. De la descente des Champs en bus à impérial à la réception prisée des Bleus au château, en passant par la remise des Légions d'honneur, tout est codifié. « Et voici la Coupe de France… euh du monde. » La spontanéité de 98 est passée. Recevoir des champions du monde est devenu une histoire de protocole où tout est pensé, calculé et millimétré. La dernière fois, en 2018, ce fut maîtrisé à l'excès. « Le maître des horloges » voulait avoir le temps d'en profiter, les Bleus voulaient partir en vacances. Alexandre Benalla avait bien compris les impondérables. Du calendrier des joueurs à l'agenda présidentiel surchargé, il fallait trancher. Au bus de se hâter. Malheureusement, les Français réunis sur les Champs ont eu l'impression, ce jour-là, qu'on leur enlevait leurs champions, que le président et ses équipes privatisaient l'événement. La fête fut différente de ce qui s'était passé vingt ans auparavant. Il n'y a jamais qu'une seule « première fois ».

L'aura politique du président-footballeur se joue dans ces moments de retrouvailles et de victoire, et peut-être une part de son mandat. À l'heure des courbes d'audience et des sondages à tout-va, l'affaire est sérieuse. Noël Le Graët, dans une interview donnée à *So Foot* [174], regarde avec un certain détachement le manège présidentiel quand les Bleus montent dedans. Alors que Matthieu Pécot et Vincent Riou demandent au président de la FFF si la dimension politique du football est une spécificité française, sa réponse surprend. « Vous savez, depuis que je suis ici, tous les présidents sont venus, j'ai passé quelques années… Chirac aimait bien venir, François Hollande adorait… Alors, Sarko, je ne vous dis pas ! Et puis le président

174 Matthieu Pécot et Vincent Riou, « Noël Le Graët : "Je viens d'embaucher un Diallo" », *So Foot*, 15 juin 2021 : https://www.sofoot.com/noel-le-graet-je-viens-d-embaucher-un-diallo-500902.html.

de la République actuel, il est très heureux de passer aussi. J'ai l'impression que c'est aussi une détente pour eux, parce qu'il y a tellement de difficultés en dehors du foot, donc une journée ou une demi-journée à Clairefontaine... Nous, c'est agréable, parce qu'il est d'abord courtois, ce qui est bien sûr la moindre des choses, et il se met aussi à la place des joueurs, ses mots ne sont pas du tout politiques, plutôt presque ceux d'un dirigeant. »

On n'y avait pas pensé. L'équipe de France sert à panser les Bleus et les soucis d'un président. Politiquement, c'est inédit et important. Elle lui fait oublier, un temps, son quotidien. Noël Le Graët a raison d'insister. La séquence médiatique et politique n'est pas ce que l'on croit, elle se transforme en récréation, en repos pour un président qui, tel un moine-soldat, ne cesse de guerroyer. La communication ne s'arrête jamais.

Savoir que les Bleus constituent une détente, un soulagement, et non une étape dans une stratégie de communication, est essentiel. Avant de disputer un match, la récupération est toujours nécessaire. Pas besoin de cryothérapie ou de partir à Ibiza, il suffit d'aller à Clairefontaine. Que ce soit en vue de l'Euro 2021 ou d'un Conseil européen, il en va de même. Le président, en changeant de château, n'est plus un président. Il est un Bleu parmi d'autres. Comme les autres. Avec un poste de prédilection : milieu récupérateur. Quant au dépassement de fonction qui transforme un président de la République en coach, on constate que la périodisation tactique appliquée à la communication politique a encore de beaux jours devant elle.

ON NE SIFFLE PAS LA *MARSEILLAISE*

Gagner est important, perdre est un impondérable. Mais il est des choses avec lesquelles on ne plaisante pas. Siffler la *Marseillaise*, envahir un terrain et se servir du football en font partie. Les Bleus sont une affaire sérieuse, une affaire présidentielle.

Manuel Valls se souvient pour nous de la victoire de 1998 : «Je ne sais pas à quel point la victoire de 98 a aidé Chirac à se refaire une image, mais je pense que ça a compté. Je ne suis pas sûr que ça ait changé le destin du quinquennat. Finalement, Jacques Chirac gagne de peu au premier tour, puis il y a eu les attentats de 2001... Mais, pendant ce mois de juin-juillet, durant toute la Coupe du monde, Chirac s'est reconstruit une image. Et pourtant, Dieu sait que Jospin est au stade. On y est régulièrement, mais parce qu'on aime le foot. L'équipe de Jacques Chirac utilise le foot pour autre chose... Lui avait compris ce qu'il pouvait en tirer. Donc, ça a compté.»

Jean-François Lamour nous raconte, côté coulisses et dans l'autre camp, ce moment fort de la présidence Chirac avant un parallèle avec 2018. «Non, 1998, c'est retombé, il ne faut pas donner au football plus qu'il n'est capable de donner. Chirac, à cette époque, ce n'était pas la grande forme. C'est la dissolution ratée. Tout le monde le sait... Jospin arrive à Matignon, les 35 heures sont lancées. Il y a eu une embellie qui a duré deux-trois mois avec la Coupe du monde. Ensuite, les Français ne sont pas idiots et ils ont repris leurs critères d'analyse de la situation politique et puis c'est retombé. Mais ç'a été une bouffée d'oxygène pour tout le monde.

Est-ce que ça a servi Chirac en 2002? Très difficile à dire. Le résultat de 2002, c'est l'échec complet de la campagne de Jospin, la montée du Front national et Chirac qui tenait la barre, car c'est une bête politique qui ne lâche rien.» Jean-François Lamour va plus loin et revient sur les conséquences du match France-Algérie en 2001 qui lui semblent plus importantes et sur la finale de Coupe de France, Lorient-Bastia, de l'année suivante.

«Puisqu'on parle du foot, il y a un événement qui a beaucoup desservi Lionel Jospin. En octobre 2001, le Premier ministre se lance dans une grande opération séduction par rapport à l'Algérie. Avant le France-Algérie, il y a toute une semaine où on fait une visite des banlieues, il envoie des messages au peuple algérien. Ça dure une semaine, une séquence, et ça se termine par le match France-Algérie de début octobre où vous avez la moitié du gouvernement qui est assis dans la tribune officielle du Stade de France. Y a tout le monde. Chirac ne vient pas, on est en cohabitation. À l'époque, le président de la Fédé avait refusé de le faire en Algérie. C'était encore tendu en Algérie à cette époque.

Je m'occupais encore de la jeunesse et des banlieues. Je vois un contact à la mairie du Havre qui me dit : "On a reçu 500 places, on ne sait pas ce qu'on doit en faire, on les distribue dans les quartiers, ça va mal se terminer, il y a des gens qui veulent foutre la m..., c'est bizarre. On ne pourra pas encadrer tout ça." Finalement, la *Marseillaise* est sifflée, il y a des drapeaux algériens dans tout le stade, quasiment pas de drapeaux français. La pelouse est même envahie à la fin. Et, surtout, ce qui m'a laissé les bras ballants. Zidane sifflé! Un an après la victoire à l'Euro et trois ans après la victoire en Coupe du monde, Zidane est sifflé ! Une catastrophe, ce truc ! Ça a été monté de façon artificielle, on a voulu faire faire au sport un truc pour lequel il n'était pas fait, à savoir la promotion d'une action gouvernementale. Un échec sur toute la ligne. Je vais vous dire, la *Marseillaise* sifflée et Zidane sifflé, intuitivement, je crois que ça a coûté des voix à Lionel Jospin moins d'un an plus tard.

Chirac était outré. Très choqué d'entendre la *Marseillaise* être sifflée. À tel point qu'il ne l'a pas oublié lors de la finale de Coupe entre Lorient et Bastia en 2002, le 11 mai. Une semaine à peine après le second tour de l'élection présidentielle. Je suis à peine nommé ministre des Sports. On s'installe avec Chirac en tribune. Simonet, le président de la Fédé, est à nos côtés. Et d'un seul coup, ça siffle à mort du côté corse au moment de la *Marseillaise*. Chirac se tourne vers moi et me dit : « Ils sifflent la *Marseillaise* ? » « Oui. » « C'est qui ? » « Vu les drapeaux, c'est les Corses. » À peine ai-je dit ça qu'il me répond : « On s'en va. » Il marche sur les pieds de Simonet qui se demande ce qu'il se passe. Je lui dis : « Monsieur le président, vous devriez vous dépêcher de me suivre, car ça ne va pas du tout. » Le pauvre Simonet est totalement paniqué. Là, Chirac dit à Simonet : « De deux choses l'une, ou vous prenez le micro et, au nom de la Fédération, vous vous excusez du sifflement de la *Marseillaise*, ou je me barre. » Le pauvre, il transpirait à grosses gouttes. On lui a tendu un micro et il a bégayé trois mots. Ensuite, le protocole reprend et Chirac refuse de descendre sur la pelouse saluer. L'attitude de Jacques Chirac, c'est aussi en réponse à l'inertie de Lionel Jospin un an plus tôt. Il y a un affaiblissement général de l'autorité politique. Un nivellement de l'autorité et du geste politique. Tout est désormais dans la petite phrase, sur les réseaux sociaux, etc. Il n'y a plus de personnalité comme Chirac aujourd'hui. Par son expérience, sa notoriété, son intuition, c'est sûrement l'un des derniers à avoir pu faire un tel geste. Sans faire injure aux autres. Ça se perd. Alors, peut-être qu'Emmanuel Macron va le devenir, je ne sais pas.

Il s'est plutôt bien débrouillé en 2018. À sa manière. Il a créé un lien avec l'entraîneur et un certain nombre de joueurs. En plus, c'est un soutien de l'OM, donc il connaît bien le foot. On retrouve le triptyque indispensable : sincérité, lien, conviction, rapport au pays. On ne peut pas dire qu'il se soit raté sur le coup, lui non plus. Si on peut comparer ce qui est comparable. On se souvient de la photo où on le voit dans un geste très dynamique, très guerrier, debout, le poing tendu vers le ciel. C'est une question de génération et de ressenti. Quand il était en campagne à un moment donné, il avait les mains en croix. Ça lui est propre. En revanche, Chirac en 98, il était toujours les bras levés un peu à la de Gaulle, en forme de V, avec son maillot en écharpe autour du cou. »

Deux hommes, deux générations, deux manières de récupérer la victoire et l'équipe de France.

16

LES BLEUS, UNE AFFAIRE D'IDENTITÉ ET DE SINCÉRITÉ

L'identité en football, c'est d'abord une histoire de règles FIFA et de code de la nationalité fixé par l'État. Le reste, c'est de la politique. Quand on parle d'identité nationale en France, dans le football comme ailleurs, on mélange deux idées, la nationalité administrative et le processus d'identification qui fait que l'on se sent Français et que l'on est reconnu comme tel.

Cela peut en choquer certains et d'autres vont hurler, mais être Français en droit, c'est d'abord et avant tout une question administrative. Respirez profondément. C'est d'abord une question de sol (*jus solis*), de sang et de filiation (*jus sanguinis*), de naturalisation, de volonté personnelle et de droit qui le permet ou pas. Ce qui vaut en France vaut en Allemagne, en Chine ou partout ailleurs. L'attaquant Elkeson est né au Brésil. Il a été naturalisé chinois en 2019, il porte les couleurs de la sélection nationale. Il est surtout devenu le premier joueur sans origines chinoises à y évoluer. Tout ce qui renvoie à la nation, à l'idée nationale au sens culturel et communautaire ici serait secondaire quand il s'agit pour Xi Jinping de gagner.

Le reste ne comptant (presque) pas, c'est là que se joue le débat. Être Français, ce n'est pas lié qu'à un bout de papier, qu'à une feuille de match sur laquelle on inscrit un joueur même si, pourtant, en grossissant le trait, c'est le cas.

Être Français, c'est aussi autre chose. C'est un sentiment d'appartenance commune à la nation, c'est l'envie ou l'opportunité d'en faire partie. En retour, c'est le fait d'être accepté par les autres et reconnu légitimement par eux. Ça y est, vous pouvez souffler. Vous avez maintenant compris pourquoi les Bleus font débat. Et c'est là que l'extrême droite joue sa carte. Elle fait passer le débat du fait d'être Français administrativement et sélectionnable (Trezeguet, Higuain) au fait d'être un « bon Français » et un Français exemplaire, ce qui relève de la morale, du jugement et de la politique – pour ne pas dire autre chose. Et non du droit.

UNE AFFAIRE D'IDENTIFICATION NATIONALE, PAS D'IDENTITÉ

L'historien Paul Dietschy nous en explique les ressorts. « L'équipe nationale n'a jamais été un objet politiquement pur. La représentation sportive de la nation est vite devenue un argument dont les ressorts n'ont cessé de se complexifier depuis le début du XXe siècle. De même, la question du choix de la nationalité sportive participe aujourd'hui de la complexification et du métissage des identités nationales[175].» Et il va plus loin, «la multiplication des équipes nationales ne va pas sans poser de sérieux problèmes d'identités. La nationalité sportive n'a en effet jamais été immuable. Les conséquences de la politique de regroupement familial dans les pays européens ont en particulier placé les footballeurs issus de l'immigration face à un choix sinon cornélien, du moins à un arbitrage entre fidélité familiale, sentiment national et rationalité économique et sportive.» Karim Benzema ou Nabil Fekir illustrent ce dilemme.

«Les équipes nationales sont désormais le reflet des transformations des codes de la nationalité. Les réformes apportées par le gouvernement Schröder ont ainsi permis d'accoucher en Allemagne d'une équipe que l'on pourrait qualifier de « black-blanc-turc » et qui s'est illustrée à la Coupe du monde 2014 par sa fraîcheur et son jeu spectaculaire. Le métissage des équipes nationales a été jusqu'à toucher la Suisse, pays qui conserve un code de la nationalité très strict et où l'Union démocratique du centre (UDC), parti xénophobe, connaît des succès électoraux. La Nati est désormais aussi composée de joueurs d'origines turque et africaine[176].»

Vous avez dès lors compris pourquoi les Bleus font débat. La question de la légitimité à porter le maillot tricolore est

---

175 Paul Dietschy, « Les avatars de l'équipe nationale. Football, nation et politique depuis la fin du 19e siècle», *Vingtième Siècle. Revue d'histoire*, vol. 111, nº 3, 2011, p. 35-47 : https://www.cairn.info/revue-vingtieme-siecle-revue-d-histoire-2011-3-page-35.htm.
176 *Ibid.*

politisée et biaisée. En positionnant la sélection nationale sous cet angle, on s'inscrit dans un courant de pensée qui est celui de l'extrême droite et qui renvoie à un imaginaire politique national conservateur. Ce dernier fait croire que l'on parle d'identité alors qu'on parle de morale, de récupération politique et d'instrumentalisation de la sélection nationale. François Hollande le reconnaissait dans *Le Monde* : « L'équipe de France, à son corps défendant, est devenue une sorte de caisse de résonance des questionnements identitaires. Ce n'est pas un cas isolé. Vous avez des polémiques en Allemagne avec les joueurs d'origine turque. En Italie, des joueurs qui ont pris des positions politiques ont été insultés. D'autres ont été victimes de racisme, comme Balotelli. C'est partout pareil. Le football a une telle importance que tout incident devient un événement. La politique peut donc s'y ajouter [177]. » Jean-Michel De Waele et Frédéric Louault confirment cette tendance. La question de la sélection nationale est un sujet politique de premier plan. « Le football moderne est un important vecteur de politisation et un catalyseur d'expressions identitaires. Il révèle des frustrations, des impensés, des malaises [...]. La place particulière que le football occupe dans les sociétés contemporaines et sa médiatisation outrancière font de ce sport un miroir grossissant et déformant des rapports de force qui se créent au sein d'une communauté nationale [178]. »

177 Rémi Dupré, « François Hollande : "En France, tout est politique. Même le sport" », *Le Monde*, 8 juin 2018 : https://www.lemonde.fr/mondial-2018/article/2018/06/08/francois-hollande-le-mieux-est-que-les-politiques-ne-se-melent-pas-des-bleus_5311486_5193650.html.

178 Jean-Michel De Waele et Frédéric Louault, *Soutenir l'équipe nationale de football : enjeux politiques et identitaires*, université de Bruxelles, 2016.

Il faut donc savoir sciemment ce que l'on dit, d'où l'on parle et ce que l'on entend quand on parle d'identité nationale à propos des Bleus et des modes de sélection pour en faire partie. La confusion entre la dimension administrative de la nationalité et le processus de naturalisation, d'une part, et une conception nationaliste et ethnocentrée de ce qu'est un «bon Français», d'autre part, est redoutable. Le terme d'identité nationale n'est pas neutre. Il a été popularisé par le gouvernement de François Fillon durant le mandat de Nicolas Sarkozy et dans le cadre d'un secrétariat d'État confié à Éric Besson. Par ailleurs, le terme d'identité est étroit. Il fige une condition ad vitam. Le terme d'identification nationale est préférable. Il renvoie à un processus dynamique, évolutif. Il permet à un des joueurs comme Abdou Diallo de changer de maillot. Après 19 matchs chez les Espoirs français, il a pu porter, sans débat, les couleurs du Sénégal.

Toutes ces questions nous renvoient au mythe de la France black-blanc-beur et à la politisation d'une victoire des Bleus en 98. Retour vers le futur.

LA FRANCE BLACK-BLANC-BEUR, UN MYTHE POLITIQUE

L'historien Yvan Gastaut, pour France Culture, revient sur l'expression et sur sa charge politique avant même 1998. «L'expression est en réalité antérieure à la Coupe du monde 1998.» Elle n'a rien à voir avec le football, mais s'utilise, au début des années 1990, pour évoquer une forme de petite délinquance dans les quartiers dits sensibles.

Puis, finalement, elle devient un mot-valise commode pour qualifier, grosso modo, ces jeunes en banlieue issus d'origines variées. Car s'il y a «blanc» dans «black-blanc-beur», c'est aussi parce que l'expression embarque en elle-même l'idée d'une solidarité entre ces jeunes dans une sorte de petite délinquance multiculturelle. En clair, le «black-blanc-beur» du début des années 1990, et notamment après les émeutes de banlieue de 1992, raconte une forme de communauté de destin, perçue comme négative par ceux qui utilisent l'expression.

En 1995, le film *La Haine*, de Mathieu Kassovitz, donne un visage et une iconographie à ce «black-blanc-beur». Même si, à l'époque où sort le film, le terme «beur» est déjà complètement galvaudé, et même disqualifié par les intéressés. Cette stigmatisation, poursuit-il, se retrouve dans les médias de l'époque. «1998 fonctionne alors comme un renversement : le triptyque "black-blanc-beur" peu usité est détourné pour devenir, le temps d'un match gagné, un slogan qui essaime à vitesse éclair. Soudain, la notion est utilisée à des fins plus positives, pour raconter une équipe qui a gagné et qui parvient à faire valser la France [179].»

Le mythe d'une France réunie par le football est né. L'équipe de France l'incarne et elle se présente comme le visage d'un pays apaisé qui serait parvenu à aller au-delà des clivages, des discriminations et de la réalité quotidienne. Paul Dietschy en convient. «Pour beaucoup

179 Chloé Leprince, « "Black-blanc-beur" : petite histoire d'un slogan ambigu », France Culture, 13 juillet 2018 : https://www.franceculture.fr/sociologie/slogan-pejoratif-ou-cri-de-ralliement-dune-france-en-liesse-histoire-du-black-blanc-beur.

d'observateurs, Zidane et ses coéquipiers avaient exorcisé les vieux démons nationaux, en donnant la plus éclatante illustration de la réussite de l'intégration à la française et du modèle de la "nation élective" décrit par Ernest Renan. Pour certains, le 12 juillet 1998, jour de la finale victorieuse, serait même à ranger parmi les seize événements qui ont fait la France du xxe siècle [180].» À la manière de l'aboutissement que présente Yascha Mounk, libéral et professeur à Harvard, dans son livre *La Grande Expérience, les démocraties à l'épreuve de la diversité*. Les Bleus auraient concrétisé l'idée qu'il développe dans son livre, celle de «démocraties multiethniques relativement harmonieuses, où les identités individuelles ou communautaires (dont on doit pouvoir s'émanciper) s'articulent avec une identité collective (qu'il refonde en imaginant un patriotisme civique et culturel) [181]».

Cela a fonctionné en France et pas seulement. Comme le rappelle Albrecht Sonntag, «dans la société allemande, "la victoire de la France en 1998 a été un vrai argument de la réforme de la nationalité en 1999 [182]" passant du droit du sang (*jus sanguinis*) au droit du sol (*jus soli*). L'équipe black-blanc-beur a rendu compréhensible pour le plus grand nombre une décision abstraite» et ses conséquences donnant naissance au concept d'Allemagne *multikulti* que

---

180 Paul Dietschy, « Les avatars », *op. cit.*
181 Thibaut Sadier, « Yascha Mounk: "Je souhaite un futur dans lequel l'origine ethnique et la couleur de peau deviendraient moins importantes" », *Libération*, 30 janvier 2022 : https://www.liberation.fr/idees-et-debats/yascha-mounk-je-souhaite-un-futur-dans-lequel-lorigine-ethnique-et-la-couleur-de-peau-deviendraient-moins-importantes-20220130_JQONYKZ2PZAOTPKEIDHBWTVD5I/.
182 Un article de Laurent Favre, « La France est-elle devenue la nouvelle Mannschaft? », *Le Temps*, 15 juin 2021 : https://www.letemps.ch/sport/france-estelle-devenue-mannschaft.

la Mannschaft avec la Coupe du monde 2014 a mis en avant. Dans un même mouvement que la France en 1998.

Or, on sait tous comment s'est terminée la suite de l'histoire. Si le sacre de 1998 a été prolongé par la victoire lors de l'Euro 2000, comme une parenthèse enchantée, il y a eu une première rupture : le match France-Algérie de 2001 [183]. Pour Aleksandar Nikolic du Rassemblement national et ceux qui se présentaient sous l'étiquette Front nationale, «ce match a constitué le début d'une dynamique qui a conduit Jean-Marie Le Pen au score qui lui a permis d'atteindre le second tour de la présidentielle, le 21 avril 2002».

Paul Dietschy revient sur cet autre moment lié au football français et à la construction du mythe d'une France unie et apaisée : «Les images de jeunes supporters algériens envahissant la pelouse du Stade de France lors du match France-Algérie de novembre 2001, le "coup de boule" de Zinédine Zidane asséné à Marco Materazzi lors de la finale de la Coupe du monde 2006 et, pour finir, la "grève" pendant le Mondial sud-africain à l'été 2010 ont dissipé l'illusion du "moment" 1998.»

Cette victoire de 1998 «passa pour une victoire de la société française sur elle-même». Or, ce ne fut qu'un mythe «révélateur de nos espoirs et de nos inquiétudes [184]». 1998

183 Voir le chapitre 15, la partie « On ne siffle pas la *Marseillaise* », p. 264.
184 « L'effet Mondial de Football? Ce que la France Black Blanc Beur de 2018 pourrait apprendre de Kylian M'Bappé pour ne pas se déliter comme celle d'il y a 20 ans », Atlantico, 12 juillet 2018 : https://www.atlantico.fr/article/decryptage/l-effet-mondial-de-football--ce-que-la-france-black-blanc-beur-de-2018-pourrait-apprendre-de-kylian-m-bappe-pour-ne-pas-se-deliter-comme-celle-d-il-y-a-20-ans-gillesclavreul-eric-deschavanne.

a davantage souligné nos contradictions et nos impensés a posteriori que résolu l'équation d'une France multiethnique, rassemblée et culturellement apaisée.

La victoire en Coupe du monde est devenue une part du «récit national à travers lequel la France parle d'elle-même et projette son identité. Or, nous avons, par principe (constitutif de l'identité républicaine de la France), l'espoir de former une communauté unie, abstraction faite des différences d'origines, de races et de religions.» Le miroir déformant nous a fait rêver. Beaucoup y ont cru. Sincèrement et pendant un temps, cela a fait du bien à tout le monde, ne nous en cachons pas. Mais très vite, chacun s'est rendu compte de la construction du mythe de la France black-blanc-beur et de sa politisation. «Penser qu'une équipe de France diverse par ses origines va rendre la société plus harmonieuse et plus tolérante relève de la pensée magique [185].» Cela n'a effectivement pas duré.

Pour François Hollande [186], «il y a eu un côté positif dans la victoire de l'équipe de France de 1998 : c'est la reconnaissance de la diversité de la société française, alors même que l'équipe de France de football est l'histoire de l'immigration. Polonaise, italienne, africaine. C'était important qu'on puisse dire, de manière colorée : "Voilà, c'est la France." De ce point de vue, 1998 a été une prise de conscience. Ensuite, on a voulu en tirer des conclusions et dire que cette victoire allait changer la société française. Cela ne l'a pas changée, c'était à la politique de la changer. Mais ce temps a été très court. Il faut se souvenir que la

185 *Ibid.*
186 Rémi Dupré, « François Hollande : "En France, tout est politique" », *op. cit.*

droite française, en 1998, Juppé et Pasqua notamment, commençait à dire qu'il fallait régulariser les sans-papiers. Mais ce ne furent que quelques semaines de répit. Les clivages ont vite repris leur cours.»

Plus qu'une victoire, 1998 a constitué un biais cognitif inconscient et un écran pour ne pas voir la réalité du moment. Aujourd'hui, cela reste le souvenir d'un espoir, la mémoire d'une joie nationale intensément partagée et un symptôme d'un *malaise français*[187]. Outre son euphorie, la récupération et l'espoir qu'elle a suscités, cette victoire de 1998 nous a en effet renvoyés, quand on a la regarde avec plus de vingt ans d'écart, à une inquiétude fondamentale et à un besoin, celui de refonder et de penser la nation et la République autrement, pour que s'écrive «un futur où l'origine ethnique et la couleur de peau deviendraient moins importantes», pour reprendre Yascha Mounk.

187 Éric Fottorino (dir.), *Le Malaise français*, Philippe Rey, 2016.

LES BLEUS OU LA POLITIQUE POURSUIVIE PAR D'AUTRES MOYENS

« Le 12 juillet 1998 incarne le rêve français de l'intégration réussie, Knysna, le cauchemar de la dislocation [188]. » La formule est lapidaire, elle claque comme un coup de fouet. Elle illustre bien la politisation de l'équipe de France.

La représentativité de l'équipe nationale, l'honneur de représenter la France et la sincérité des binationaux lorsqu'ils enfilent le maillot bleu est un des premiers sujets qui s'imposent. C'est pourtant une impasse. C'est un sujet qui a été poussé par l'extrême droite depuis que Jean-Marie Le Pen a fait de la sélection nationale un enjeu de campagne. Elle consiste à sous-entendre que les Bleus ne sont pas de « vrais Français », qu'ils ne sont pas de « bons Français » ou qu'ils ne méritent pas de se faire appeler ainsi parce qu'ils ne correspondent pas à la vision ethnique portée par l'extrême droite. En faisant écho aux qualifications de l'Euro 96, François Hollande nous le rappelle : « Personne n'avait critiqué politiquement la composition de 1978 ou de 1982. Le premier, c'est Le Pen qui le fait. Cela n'est pas resté sans conséquence. » Il amorce la récupération politicienne des Bleus par l'extrême droite. Le leader du Front national expliquait alors qu'il était « artificiel de faire venir des joueurs de l'étranger et de les baptiser équipe de France ». Pour le créateur du Front national, « on pourrait les appeler autre chose ». Puis il avait conclu : « Je n'ai jamais cru que onze messieurs représentaient la France ! »

188 « L'effet Mondial de football? », *op. cit.*

L'extrêmisation politique caractérise l'usage politicien des Bleus. Et elle n'est pas près de s'arrêter. À chaque compétition, on peut remettre une pièce. L'obsession identitaire s'est poursuivie même après la victoire de 1998. Dans le prolongement des paroles d'Alain Finkielkraut [189] sur « la France black-black-black » de 2005, le père de Marine Le Pen a poursuivi, à la veille des huitièmes de finale du Mondial 2006 contre l'Espagne. Au micro de Reuters [190], il déclare : « J'ai le sentiment qu'il y a entre la France et cette équipe de France une certaine difficulté d'être. On sent que la France ne se reconnaît pas totalement dans cette équipe », avant de critiquer la sélection construite par Raymond Domenech. « Peut-être que le sélectionneur a exagéré la proportion de joueurs de couleur, peut-être qu'il aurait dû garder dans ce domaine-là plus de mesure, peut-être s'est-il laissé entraîner par ses choix idéologiques. » Nous sommes le 26 juin 2006, Zinédine Zidane va livrer une masterclass, et la France ira en finale quelques jours plus tard. À chaque compétition, la même petite musique revient. Il convient donc de tordre le cou à cette idée de représentativité de la sélection.

Le cofondateur du Printemps républicain, Gilles Clavreul, sur le sujet, est définitif : « Le sport de haut niveau n'est pas représentatif de la société, car telle n'est pas sa vocation : une équipe nationale, c'est la conjonction de talents individuels hors normes, de parcours où la chance a sa

---

189 Jean-Luc Allouche, « Banlieues : Finkielkraut s'explique... et insiste », *Libération*, 26 novembre 2005 : https://www.liberation.fr/evenement/2005/11/26/banlieues-finkielkraut-s-explique-et-insiste_539772/.

190 « Le Pen critique les Bleus, trop "colorés" », *L'Obs*, 26 juin 2006 : https://www.nouvelobs.com/sport/20060626.OBS3172/le-pen-critique-les-bleus-trop-colores.html.

part et d'un système de formation, d'entraînement, de sélection et de compétition qui repose à la fois sur des acteurs publics, des clubs, des investisseurs, etc. Mais l'élite du foot, c'est une élite, justement : elle n'a rien de représentatif et elle n'est pas faite pour cela.»

On n'omettra pas de rappeler que la constitution française considère les citoyens égaux en droits «sans distinction de race, de religion ni de croyance». La Déclaration des droits de l'homme et du citoyen considère, quant à elle, que «les distinctions sociales ne peuvent être fondées que sur l'utilité commune». Or, quand on porte le maillot bleu, on représente la nation parce qu'on est bon, pas parce qu'on est de quelque part. Quant à l'utilité commune, nos souvenirs de 1998 ou de 2018 s'imposent. Mais, sur le sujet, laissons la parole à Emmanuel Macron. De passage à Clairefontaine, avant 2018, il revenait sur l'utilité sociale de l'équipe nationale. «La Coupe du monde est importante pour notre pays, pour notre jeunesse. [...] Le sport fournit des modèles, des figures d'exemplarité. Quand les parents ne sont pas au rendez-vous, que les situations sont difficiles, c'est parfois par le sport que l'on tient. Avoir une équipe qui porte nos couleurs, c'est bon pour la cohésion nationale.»

UNE AFFAIRE DE SINCÉRITÉ ET D'EXEMPLARITÉ ?

Reste maintenant la question de la sincérité et de l'exemplarité. L'affaire Benzema a agité le football français pendant plusieurs années, même après son retour en équipe de France. Elle est un prolongement de cette question[191]. Le sociologue Stéphane Beaud en a d'ailleurs tiré deux livres qui disent beaucoup du rapport des Bleus post-Knysna au pays. Leurs titres sont explicites : *Traîtres à la nation?* et *Affreux, riches et méchants*.

Les premiers à entretenir la confusion, outre les politiques, viennent du monde du football lui-même. En le faisant, ils font parfois montre de responsabilité. Ils insistent sur l'exemplarité sportive et comportementale de ces *role models* que sont les Bleus. Ce que confiait Manuel Valls avant l'Euro dans *L'Express*. «Ne soyons pas naïfs, la vérité du terrain ne suffira pas. Benzema est un symbole qui le dépasse par ses déclarations passées. Personne ne peut l'ignorer, y compris le sélectionneur. C'est aussi son attachement au pays dont il porte les couleurs qui sera observé. Le retour de Karim Benzema n'est pas qu'une affaire sportive. C'est aussi une affaire politique et de cœur. À lui, donc, de jouer.» Les fameuses valeurs du sport. Mais, en les mobilisant, nos dirigeants ouvrent la porte à un jugement moral et une récupération politique en cas de défaite ou de problèmes de comportement. Mais écoutons ce que disait aux Bleus Noël Le Graët, avant le départ pour l'Euro 2021 : «Je veux que vous représentiez votre pays de manière exemplaire. On a besoin de joueurs de très haut niveau qui gagnent et d'hommes de qualité.»

Pour un président qui a dû gérer l'après-Knysna et reconstruire l'attractivité et l'image des Bleus, la démarche s'entend. D'autant que le contexte de la pandémie, le souvenir

191 L'affaire n'étant pas définitivement jugée, nous n'en parlerons pas.

des Gilets jaunes et des sempiternelles polémiques autour des frasques des footballeurs n'arrangent rien. Pour autant, un président ne devrait pas le dire comme cela. Il politise, par son discours, le parcours à venir des Bleus et souligne, autant qu'il le rappelle, leurs risques d'égarement.

Personne n'a oublié la langue tirée de Christophe Dugarry, les paroles de Nicolas Anelka n'ayant jamais été prononcées lors du Mondial sud-africain qui ont fini en Une de *L'Équipe*, la grève de Knysna, le shut up de Samir Nasri lors de l'Euro 2012, les paroles de sa compagne du moment «*Fuck France and fuck Deschamps! What a shit manager!*», après sa non-sélection pour la Coupe du monde 2014, etc. De Cantona traitant Henri Michel de «sac à m…» en passant par l'affaire Zahia, les histoires ne manquent pas.

Au moment où Karim Benzema revient en sélection, auréolé d'un parcours sportif remarquable, le positionnement de Noël Le Graët et son discours sur l'exemplarité ne sont pas tant fédéraux que politiques et médiatiques. Ils visent à prévenir les attaques et les éventuelles critiques. Ils ne rendent pas service aux joueurs et à Didier Deschamps, mais protègent les intérêts de la Fédération, les siens et, pour certains, ceux du football français. Un président ne devrait pas dire ça, au moins publiquement.

LES BLEUS, TERRAIN PRIVILÉGIÉ DE L'EXTRÊME DROITE

La question de l'exemplarité chez les Bleus est toujours liée à un soupçon d'insincérité pour les binationaux lorsqu'ils revêtent le maillot. Entre le droit de le porter et le fait de chanter la *Marseillaise*, les occasions de polémiquer ne manquent pas. La question sous-jacente est clairement politisée : sont-ils de « bons Français » ?

Tout commence toujours avec la *Marseillaise*. Qu'on la siffle ou qu'on ne la chante pas, elle fait toujours son effet. Michel Platini revient sur cette polémique. « Dans notre génération, on ne chantait jamais la *Marseillaise*. Ça a commencé à chanter dans les années 1990, je pense, à cause des rugbymen qui la chantaient. Donc, on se demandait pourquoi les Français ne la chantaient pas en football. Après, on a commencé à regarder les joueurs qui ne la chantaient pas en fonction de leur couleur. Et parce qu'il y en avait un qui était un peu plus coloré, on disait : "Tiens, il ne chante pas. Il ne doit pas aimer la France." C'est faux. Nous, on ne chantait pas en équipe de France, pourtant on était tous blancs. [...] Ce sont des polémiques politiques, qu'on connaît bien. Les gens ne sont pas obligés de chanter la *Marseillaise*. [...] Aujourd'hui, si je ne la chantais pas, peut-être que je me ferais critiquer. Mais, à l'époque, tout le monde s'en foutait, sincèrement[192]. »

Depuis lors, les Bleus vont être systématiquement regardés et scrutés au moment des hymnes. Au point que, après Knysna, Laurent Blanc, le nouveau sélectionneur, va distribuer aux joueurs les paroles de la *Marseillaise*... pour qu'ils la chantent. Il faut reconstruire l'image des Bleus et

192 Alexandre Jaquin, « Équipe de France : "Notre génération ne chantait jamais la Marseillaise", rappelle Platini », RMC Sport, 24 mai 2021 : https://rmcsport.bfmtv.com/football/equipe-de-france/equipe-de-france-notre-generation-ne-chantait-jamais-la-marseillaise-rappelle-platini_AV-202105240425.html.

son attractivité pour les diffuseurs et les sponsors, mais aussi faire baisser la pression politique. Le ver est pourtant dans le fruit depuis l'Euro 1996. Les années suivantes vont le montrer, en dehors de la parenthèse de 1998-2000. L'extrême droite fixe le cadre du débat au sujet des Bleus.

Et ce n'est pas une première, dès les années 1930, ils ont essayé de récupérer l'équipe de France. C'est le premier usage partisan des Bleus. Comme nous le rappellent les historiens, François Da Rocha Carneiro [193] et Yvan Gastaut, tout a commencé avec Auguste Jordan [194]. Autrichien de naissance, joueur en France en 1933, « le baby de Linz » est redoutable sur les pelouses françaises.

La question de la naturalisation de « Gusti » se pose en 1938 juste avant la Coupe du monde qu'organise la France. L'Action française s'empare du sujet. Les attaques contre le joueur du RC Paris sont d'une rare virulence dans le contexte de la Marche à la guerre et de l'Anschluss. Elles l'accusent d'être un mercenaire duplice, insincère et de ne pas mériter de porter le maillot bleu, car il trahit ses premières couleurs. Dans les stades, le joueur est hué et soutenu en même temps. Auguste Jordan polarise les stades et sa question politise les tribunes et les journaux autant qu'elle les divise. Gabriel Hanot, ancien capitaine des Bleus et futur inventeur de la Coupe d'Europe et du Ballon d'or, prend sa défense sans faillir : « Français à tous

193 Entretien avec l'auteur. François Da Rocha Carneiro est vice-président de l'APHG, docteur en histoire contemporaine. Sa thèse porte sur les joueurs de l'équipe de France depuis 1904. Il a publié *Les Bleus et la Coupe, de Kopa à Mbappé*, aux éditions du Détour en 2020.

194 Yvan Gastaut, « Auguste Jordan », We are Football : http://www.wearefootball.org/portrait/69/lire/auguste-jordan.

égards, Français pour le football, pas dans trois mois, pas dans six mois ; mais tout de suite sans discussion ni arguties.» La mobilisation en sa faveur l'emporte, il est naturalisé et va revêtir le maillot bleu. Auguste Jordan répond avec intelligence : «Me voici accueilli dans la grande famille des footballeurs français. Me voici admis à l'honneur de porter le maillot tricolore. J'en suis très touché, heureux et fier.» Alors qu'il va revêtir à 16 reprises le maillot des Bleus entre 1938 et en 1945, l'extrême droite de l'époque ne désarme pas. Lucien Dubech, le journaliste sportif du quotidien de la ligue d'extrême droite, reste venimeux : «Ne sachant pas ce que c'est qu'être Français, il ne peut pas porter haut nos couleurs nationales.» Le mauvais Français rendra pourtant deux fois à la France son engagement. En octobre 1938, il décide de s'enrôler volontairement. Arrêté en tant que soldat français, il devient prisonnier de guerre et ne sera libéré qu'en 1941.

ON VOUS DEMANDE DE VOUS TAIRE

Face à tant d'exemples de politisation et d'instrumentalisation de l'équipe de France, les responsables politiques sont pourtant sans équivoque. «Le mieux est que les politiques ne se mêlent pas de l'équipe de France.» Ces paroles ne sont pas de Didier Deschamps, mais de François Hollande. Tous ceux que nous avons interrogés partagent ce constat. «Les footballeurs sont là pour jouer au foot. On attend qu'ils chantent la *Marseillaise*, mais on n'est pas là pour faire un concours de celui qui chantera le plus fort. Ce n'est pas ça qui compte. Ce qui compte, c'est de défendre les valeurs de la France[195]. »

On ne gagne pas une élection sur un terrain, mais dans les urnes. La seule chose que l'on peut ambitionner de remporter sur un terrain, c'est un trophée ou les trois points.

Chirac l'avait bien compris. En 2006, il retrouve Zinédine Zidane dans le vestiaire des Bleus. Ils viennent de perdre. Ils vont partager un moment que n'importe quel communicant politique aurait exploité. Personne ne sait ce qu'ils se sont dit. Jean-François Lamour nous l'a raconté. « Un moment incroyable ! On est dans le stade de Berlin. C'est hypertendu et on est en train de suivre la contre-attaque. On ne voit pas le geste de Zidane. La seule image que l'on voit, c'est l'arbitre qui tend son carton et Zidane sortir. Chirac se retourne vers moi et me dit : « Qu'est-ce qu'il y a ? » Je réponds : « Écoutez, je ne sais pas, monsieur. » Sans attendre que j'aie fini, il me rétorque : « Bah, renseigne-toi. » Sauf que tout le monde était sur son téléphone et rien ne passait. J'arrive quand même à joindre Paris, mais rien, aucune nouvelle. Personne ne sait ce qui s'est passé. Puis, à un moment donné, sur les petits écrans dans les tribunes, on voit l'image de Zidane mettre un coup de boule à Materazzi. Évidemment, à la fin du match que l'on perd, Chirac descend dans les vestiaires. Et là, chose incroyable, il s'enferme dans une sorte de petite salle et, pendant un quart d'heure, il parle à Zidane. Juste tous les deux. Eh bien, je n'ai jamais, je dis bien jamais, pu savoir ce qu'ils se sont dit. Pourtant, je suis proche de Chirac.

195 Éric Diard.

Dans l'avion de Berlin à Paris, je l'ai cuisiné, il ne voulait pas parler. Une fois qu'il a quitté l'Élysée, j'allais le voir une fois par mois, j'ai tenté une fois ou deux fois, je n'ai jamais réussi. Peut-être que Zidane en parlera un jour.»

La meilleure des relations entre les Bleus et la politique, parfois, ça passe mieux dans un silence.

17

OÙ SONT LES FEMMES AU PAYS DE L'ÉGALITÉ ? GENRE, FOOT ET POLITIQUE

Il n'est nullement question ici de rendre hommage à Patrick Juvet. Il convient de se demander quelle place notre football laisse aux femmes. Que ce soit nos filles, nos sœurs, nos mères ou nos compagnes, lorsque l'on ausculte le cœur battant du foot hexagonal, elles sont présentes et nombreuses. C'est certain. Mais elles sont comme laissées sur le banc.

Pourtant, depuis 1998, il y a plus de femmes dans les tribunes et sur les pelouses. Il y a du talent à revendre et de superbes histoires à raconter. Sans parler des trophées européens de l'OL, des finales de la section féminine du PSG ou de la Coupe du monde 2019 que l'on a eu la chance d'organiser. Même Sepp Blatter, à l'époque où il présidait la FIFA, s'était lâché : la femme était «l'avenir du football».

Avec autant de bonnes nouvelles depuis plus de vingt ans, tout aurait dû changer. Le constat est plus rude. Discréditées, brutalisées, parfois invisibilisées, nos joueuses et les femmes qui s'engagent dans les clubs ou dans l'arbitrage sont souvent moquées et, plus fréquemment encore, ignorées. À dire vrai, les footballeuses et toutes celles qui les accompagnent semblent ne pas toujours compter dans la famille du football français.

LA RÉVOLUTION N'ATTEND PAS

En 2022, la révolution de la féminisation n'a pas encore eu lieu, que ce soit sur les terrains ou dans les mentalités. En on ou en off, les mêmes remarques reviennent : les femmes ne savent pas jouer, elles n'y connaissent rien et j'en passe, de crainte d'énerver...

Depuis l'article [196] «Football féminin : "c'est un jeu d'hommes"», peu de choses ont évolué. Le constat est toujours le même : «la féminisation de ce sport est souvent présentée comme un problème à résoudre» au regard «des transformations matérielles et symboliques» qu'elle engage. C'est joliment dit. Mutatis mutandis, rien ne change vraiment.

196 Stéphane Héas, Dominique Bodin, Karen Amossé *et al.*, «Football féminin : "c'est un jeu d'hommes"», *Cahiers du Genre*, 2004, vol. 1, n° 36, p. 185-203 : https://www.cairn.info/revue-cahiers-du-genre-2004-1-page-185.htm.

Le football au féminin «porte les caractéristiques d'une société dont il est une production sociale, culturelle, économique et il en recèle aussi les potentielles contradictions[197]». En somme, il est «à l'image de la société». Ce n'est pas gagné, pourrait-on penser. Mais est-ce vraiment ce que l'on veut entendre? Un peu de volontarisme ne ferait pas de mal. On ne perdrait rien à essayer! Pari relevé.

Personne n'a oublié les paroles sexistes de Bernard Lacombe, boomer patenté et ancien conseiller spécial de Jean-Michel Aulas : «Je ne parle pas foot avec les femmes, qu'elles retournent à leurs casseroles.» Ces mots ont fait réagir. Dix à vingt ans plus tôt, ils auraient fait marrer.

Aujourd'hui, de tels propos sont contestés. Ils ne passent plus. Pour les femmes, «la honte a changé de camp», et ils valent à leurs auteurs l'indignité et une levée de boucliers généralisée. Certains sont bien placés pour le savoir et ils sont nombreux à payer. Presque aucun média n'y échappe.

Comme le dit justement Nathalie Iannetta dans une tribune pour *Le Monde*[198] : «Non, il ne faut pas laisser s'installer l'idée qu'on aurait mal dit ce qui en réalité a été mal entendu. Comme souvent dans ce genre d'affaires, ce n'est jamais tant la parole qui se libère que les oreilles

---

197 Marie-Stéphanie Nneme Abouna et Philippe Lacombe, «La construction de l'espace du football au féminin : un processus de construction du genre?», *Socio-logos*, vol. 3, 2008 : http://journals.openedition.org/socio-logos/1982.
198 Nathalie Iannetta, « Nathalie Iannetta, sur "Je ne suis pas une salope, je suis journaliste" : "On ne veut détruire personne. On veut juste déconstruire un système" », *Le Monde*, 27 mars 2021 : https://www.lemonde.fr/idees/article/2021/03/27/nathalie-iannetta-sur-je-ne-suis-pas-une-salope-je-suis-journaliste-on-ne-veut-detruire-personne-on-veut-juste-deconstruire-un-systeme_6074649_3232.html.

qui se débouchent. Alors, quitte à entendre, autant que ce soit les choses telles qu'elles sont : des femmes, dans un petit milieu, ont dénoncé des pratiques que toutes les femmes, de tous les milieux, vivent et subissent depuis des millénaires. La domination. Va-t-on continuer encore longtemps à faire semblant de tout mélanger ? Non, nous ne dénonçons pas "les hommes". Nous dénonçons un système dominé par les hommes. [...] Il est là le système. Fabriqué. Asséné. Justifié. Par des hommes pour des hommes. »

Naming et *shaming*[199] produisent leurs effets. Évincés de leur rédaction avec plus ou moins de fracas, licenciés sans bruit ou livrés à la vindicte publique, ils ont eu beau crier au complot, à « la volonté des femmes de reprendre le pouvoir dans le journalisme sportif », leurs propos passés sur le football féminin et leurs attitudes les poursuivent.

Pour eux, le football reste encore et toujours un sport d'hommes, de mecs. Le machisme et la misogynie ont encore de beaux jours devant eux, c'est sûr. Mais, vu le nombre de personnes qui se plaignent qu'on ne puisse plus rien dire au nom de la bêtise crasse ou de l'intolérance, c'est justement que quelque chose s'amorce. Ils ne sont plus qu'une minorité.

Sur ce point, Nathalie Iannetta est expéditive : « Les hommes visés par ce documentaire, mais aussi ceux dénoncés par nos collègues des services politiques, il y

199 Le *name and shame* est une technique de communication et de pression qui consiste à faire porter la responsabilité d'un comportement individuel sur un groupe, une entreprise ou une collectivité pour la mobiliser et l'obliger à réagir.

a quelques années, ou balancés sur les réseaux sociaux à l'occasion de certains hashtags, ne sont nullement victimes d'une époque qui aurait changé. Ils sont au contraire coupables de vouloir coûte que coûte rester ce qu'ils sont, au nom d'un passé qu'ils invoquent pour se couvrir, mais qui, en réalité, dysfonctionnait déjà. Est-ce plus clair? On ne veut détruire personne. On veut juste déconstruire un système.»

Ce sont les femmes qui engagent le combat. Et l'ancienne journaliste de Canal d'en poser les conditions en des termes clairs. C'est «à nous, les femmes, d'oser. Ne plus s'excuser, ne plus se taire, ne plus considérer que "ce n'est pas si grave", ne plus attendre qu'on nous propose une augmentation. C'est à nous de postuler quand un poste de chef se libère. À nous de laisser le linge s'accumuler, la vaisselle pas lavée, à nous de gifler un homme qui se frotte dans le métro, à nous de dire à nos fils et à nos filles qu'on est différents mais égaux. À nous de renoncer à ces clichés qui nous étouffent. À revendiquer ce qu'on veut. À cesser d'attendre que d'autres engagent le combat à notre place.»

Comme un assez bon résumé de la voie qui s'ouvre, elle termine avec énergie et optimisme : «La nouvelle génération, hommes et femmes, est en route vers cette révolution que les conservateurs vont continuer de refuser. Qu'ils se défendent, se protègent ou résistent importe peu, leur défaite est actée et la démolition du système enclenchée. Il nous reste donc à nous concentrer sur le monde, le vrai, le grand dans lequel nous avons tous une place à prendre.»

UNE DYNAMIQUE LOIN D'ÊTRE SILENCIEUSE

Heureusement, tout n'est donc pas si sombre. Des journalistes, majoritairement des femmes d'ailleurs, se font entendre mais pas seulement. On pense au collectif Femmes journalistes de sport et à toutes les autres qui sautent les lignes. Elles sont loin d'être seules.

Des animatrices, des chercheuses et des leaders d'opinion les accompagnent sans oublier les joueuses et la majorité des dirigeantes. Toutes proposent un autre discours, une autre dynamique. Il est impossible de les arrêter. Elles prennent l'espace qu'elles se créent. À la manière des latéraux qui débordent les ailiers, elles dominent et sortent des couloirs dans lesquels on les a si longtemps enfermées.

Que ce soit Assia Hamdi avec son livre *Joue-la comme Megan* (Marabout, 2021), Ambre Godillon qui se présente comme un milieu polyvalent du PSG ou Pia Clemens dans *100 % PSG* sur France Bleu Paris, la relève est là. Candice Rolland, Margot Dumont, Vanessa Le Moigne, Anne-Laure Bonnet sont sur la feuille de match aux côtés de Virginie Phulpin d'Europe 1 ou Sandrine Lefèvre du *Parisien*. Avec l'emblématique Nathalie Iannetta, directrice des sports du groupe Radio France et d'autres, elles ouvrent plus grand les portes. Sans compter toutes celles qu'on ne voit pas ou que l'on n'entend pas (encore).

Les femmes qui parlent de football avec passion et expertise conquièrent une part du pouvoir des antennes (enfin). Elles sont soutenues par des femmes investies comme Béatrice Barbusse à laquelle on doit *Du sexisme dans le sport* (Anamosa, 2016), Carole Gomez de l'IRIS, Aurélie

Bresson qui a lancé *Les Sportives* et préside la fondation Alice Milliat ou encore Carine Bloch, l'ancienne de FARE et de la LICRA. Même les anciennes joueuses aujourd'hui sont écoutées et respectées, comme Laure Boulleau, Melissa Plaza, l'auteur de *Pas pour les filles* (Robert Laffont, 2019), ou Marinette Pichon et son livre au titre évocateur, *Ne jamais rien lâcher* (First Éditions, 2018). Le temps des potiches et des chaises vides est (heureusement) en voie de se terminer. Tout le monde suit la tendance, des réseaux sociaux aux entreprises. Vincent Cottereau, le directeur sponsoring d'Arkema, le sponsor titre de la D1, ne dit pas autre chose : « Pour la notoriété de la marque employeur, investir dans le sport féminin, c'est très bénéfique [200]. »

POLITIQUE QUAND TU NOUS TIENS

La question de la féminisation du football est plus politique qu'on ne le croit dans ce secteur à forte visibilité. Que l'on parle du football qui se pratique, du football que l'on regarde ou de ceux et celles qui le commentent, le sujet est majeur. Manuel Valls nous en parlait justement. « Non sans contradiction et il faut les assumer, le football n'est pas un sport comme les autres. Parce que c'est un sport de masse, un sport populaire, parce qu'il est diffusé et suivi largement, on sait que c'est d'abord un sport, on sait que ça n'est que du sport mais sa dimension populaire, médiatique, sa dimension de masse obligent à ce que

200 Anthony Alyce, « Investir dans le sport féminin : une aubaine pour les marques? », Ecofoot, 3 novembre 2021 : https://www.ecofoot.fr/investissement-sponsoring-sport-feminin-francais-5303/.

le football ne soit pas absent des débats sociétaux.» Et il poursuit. «En 98, tout a changé. La Coupe du monde en France met en avant les femmes et leur participation aux matchs. La part que prend le football féminin est aussi intéressante de ce point de vue. Les grands clubs, à commencer par le Barça depuis 2021, se structurent, mettant fin aux monopoles des Allemandes, de Lyon ou encore du PSG. Les ligues européennes sont, elles aussi, en train de se professionnaliser. Les choses changent. Aux États-Unis, le football féminin a pris une importance remarquable depuis quelques années, y compris dans le débat public, avec la place prise par Megan Rapinoe, la capitaine de Team USA, et ses prises de position contre Donald Trump et son administration.»

L'avenir du football appartient aux femmes. Tout est question de représentation et de poids politique. Il est encore possible de faire mieux. Et les médias constituent l'une des clefs de la situation. Pour détourner NTM, ils ne sont pas qu'une partie du problème, ils font surtout partie de la solution. Comme ils nourrissent les clichés autant qu'ils les construisent, ils sont l'une des conditions des changements de mentalité et de représentativité.

Tout le monde l'a compris. Égalité, parité, sororité, les grands mots sont lancés. Le match n'est pas gagné, mais les femmes iront jusqu'aux prolongations s'il le faut. Pour peser, pour percer, pour exister.

Contrairement aux vociférations de certains éditorialistes nostalgiques, nous ne sommes pourtant pas près d'avoir à hurler au *girl power*. Sauf à avoir quelque chose à se reprocher.

UNE AFFAIRE DE FEMMES

La cause progresse donc et personne ne s'en plaindra. Dans les années 1990, la France était présentée comme «un pays rétrograde en matière de football féminin [201] ». Aujourd'hui, le football n'est plus « une affaire d'hommes ». La page des Thierry Roland et du machisme facile des années 80 est, espérons-le, définitivement tournée. Le temps où l'on pouvait dire que l'on était contre le football féminin sur une antenne nationale est révolu [202]. Comme le fait d'assumer que «le foot se joue avec du poil aux pattes et au menton».

Certaines des pionnières comme Marianne Mako ne sont plus là pour le voir, mais nous sommes très loin aujourd'hui des réflexes douteux et des postures machistes qui ont animé les rédactions et le football français. L'une des rédactrices en chef de *L'Équipe*, Frédérique Galametz, l'évoquait il y a peu. Dans un édito en mémoire à sa collègue, l'ex-journaliste de la rubrique foot se rappelait les années 1990 et la pancarte qui accueillait les femmes postulant à la rubrique foot : «Les femmes sont interdites dans ce campement.»

Les exemples ne manquent pas. Ils sont tous aussi navrants. Hélène Legrais, une autre pionnière, en a trop à raconter. Pour elle, «tous les matins, il fallait enfiler son armure pour aller travailler, pour ne pas se laisser

201 Christine Mennesson, «Le gouvernement des corps des footballeuses et boxeuses de haut niveau», *Clio. Histoire, femmes et sociétés*, n° 23, 2006, p. 179-196, cité dans le rapport de l'UNESCO, *Quand le football s'accorde au féminin*, 2019.
202 Stade 2, « 1977 : pour ou contre le football féminin? », Archive INA : https://youtu.be/rPeivBogChI.

déstabiliser, pour surtout ne pas pleurer, ne pas se plaindre et surtout ne pas s'énerver parce que, dans ce cas-là, on se faisait traiter d'hystériques [203] ».

#MeToo est passé par là. La violence faite aux femmes est présentée comme une grande cause nationale du quinquennat. Et Marie Portolano avec son film *Je ne suis pas une salope, je suis une journaliste* a fini de libérer les voix de celles qui s'étaient trop longtemps tues. On a enfin entendu et cru les femmes qu'on n'écoutait pas, comme Clémentine Sarlat, Aude Gogny-Goubert, Isabelle Moreau et tant d'autres.

Le politique s'en est aussi mêlé à l'occasion. Marlène Schiappa a fait entendre sa voix, celle de ministre déléguée auprès du ministre de l'Intérieur de France, chargée de la Citoyenneté. Une prise de position opportune mais nécessaire. Rappelant que certains actes comme le harcèlement, la discrimination et l'agression sexuelle relèvent de la loi, elle n'a pas manqué d'exprimer un sentiment plus général : l'absence de réactions des autres acteurs est un problème. Tout le monde doit assumer ses responsabilités. Des employeurs aux collègues des femmes visées, tout le monde doit réagir et s'impliquer.

Pour Marie Portolano, l'ancienne du *Canal Football Club*, il ne s'agit pas d'« une chasse à l'homme ». Loin de là. Il ne faut pas faire l'erreur de se focaliser sur un cas particulier, ce serait passer à côté du problème. « Ce n'est pas "un seul homme" le problème, mais le système qui a permis

203 François Kulawik, « Sexisme dans les médias : un témoignage consternant », Sports.fr, 2 novembre 2021 : https://www.sports.fr/football/divers/sexisme-medias-temoignage-edifiant-520743.html#item=1.

à quelques hommes d'agir ainsi pendant des années sans jamais être réprimandés. Et c'est ce système que l'on doit abattre. »

L'édifice semble vaciller et c'est tant mieux. Dans le journalisme et au bord des terrains, la donne est différente. La peur et la honte ont changé de camp. Aujourd'hui, même les champions du monde doivent faire attention à ce qu'ils font et plus encore à ce qu'ils disent.

Rien n'est définitif. Simone de Beauvoir est directe : « N'oubliez jamais qu'il suffira d'une crise politique, économique ou religieuse pour que les droits des femmes soient remis en question. Ces droits ne sont jamais acquis. Vous devrez rester vigilantes votre vie durant. » Les voilà prévenues. En politique comme au football, rien ne dure éternellement. Attention devant, les femmes arrivent. Elles savent ce qu'elles veulent et ce qu'elles font ! À la manière de la tortue de la fable, l'important, c'est de continuer, de « ne jamais rien lâcher ».

ENTRISME ET VOLONTARISME

Avec quelques rares autres comme Brigitte Henriques, Nathalie Boy de la Tour fut longtemps celle qu'on remarquait... avant de l'oublier. Classée par *Forbes* comme l'une des quarante femmes les plus puissantes de France[204], elle

204 « Chris, Brigitte Macron, Jain... : top 40 des femmes FORBES françaises », *Journal des Femmes*, 10 mars 2020 : https://www.journaldesfemmes.fr/societe/agir/2538842-40-femmes-forbes-francaises/.

n'a jamais été ménagée ni considérée à la hauteur par ses pairs. Elle avait beau être présidente de la LFP et avoir été élue à 94 %, elle ne comptait pas autant que le poids de son suffrage.

Première femme à siéger au conseil d'administration dès 2013, elle fut régulièrement court-circuitée et «bypassée» comme il se doit. Didier Quillot, l'homme du fiasco Mediapro, ne fut ni le seul ni le dernier. Un réflexe d'un temps que les femmes d'hier connaissent bien et que les moins de vingt ans connaissent encore.

Les femmes dans le football français sont une denrée rare aux postes de responsabilité. Leur présence est à l'image d'un sport français qui a encore eu toutes les peines du monde à imposer par la loi la parité dans ses instances… En 2022, seules 18 femmes sont à la tête d'une des 113 fédérations sportives en France.

Le ballon rond dans ce domaine n'est ni précurseur ni moteur au pays de Simone de Beauvoir et de Corinne Diacre. On en est loin. Que ce soit en clubs, au sein de la Ligue ou de la Fédération, elles ne constituent pas (encore) cette autre voix qui permettrait d'accéder à la modernité.

Après les départs de la directrice du football féminin, Frédérique Jossinet, et de Brigitte Henriques vers la présidence du CNOSF, Laura Georges est un peu seule au comité exécutif de la FFF. Avec Aline Riera, la trésorière, et Hélène Schrub, la dirigeante du FC Metz, elles ne sont que 3 pour 14 membres [205]. Et, encore, deux sont d'anciennes internationales. Évidemment, il y a aussi Florence Hardouin, la directrice générale qui chapeaute les seize directions qui composent la Fédération [206]. Fuyant la lumière et parfois décriée, l'escrimeuse est pourtant au cœur des enjeux du football français. Activités sportives, administratives, commerciales, institutionnelles, juridiques ou formation, tout y passe.

À ces femmes investies et exceptionnelles par leur faible nombre, il faut ajouter toutes celles qu'on ne médiatise pas. Au bureau exécutif de la Ligue amateur, Véronique Lainé et Marie-Christine Terroni sont, par exemple, les deux seules femmes présentes au milieu de dix hommes. Ultraminoritaires dans les organigrammes des ligues et des districts, les femmes restent (presque) invisibles. Quand il s'agit de prendre des décisions à l'échelle régionale et locale, il faut le dire franchement, elles ne comptent (presque) pas. Pourquoi ? C'est simple. Elles n'y sont pas.

Pour l'ancienne joueuse suisse engagée en politique, Sarah Akanji, « le football reste un monde d'hommes dirigés par des hommes. Il suffit de voir la composition des comités ou des instances dirigeantes des fédérations. Il n'y a pas de femmes. Et, tant que ce sera le cas, le point de vue féminin ne pourra pas émerger. Il ne faut pas oublier que le football est une offre publique, largement financée par les impôts, y compris ceux payés par les femmes ! Elles doivent aussi en profiter. » Il y a là un vrai sujet et c'est par le volontarisme ou la contrainte que la question se réglera.

---

205 https://www.fff.fr/7-la-gouvernance/553-le-comite-executif-de-la-fff.html.
206 https://www.fff.fr/7-la-gouvernance/135-les-directions.html.

La FFF a encore du travail pour sa part, mais ce n'est rien à côté de la Ligue professionnelle. À la LFP, le compte est facile à faire : il n'y a aucune femme au conseil d'administration. Pas une seule [207]. *Nada*, elles n'existent pas. Même le CAC 40, haut lieu de la contre-culture et du wokisme, fait mieux avec 20,37 % de femmes présentes dans les comités exécutifs des entreprises les plus puissantes de France… C'est dire les efforts à fournir.

Comme le dit Nathalie Iannetta, «c'est dur, c'est vrai» mais, comme elle le rappelle justement, malgré cette situation inique, la France a tout de même réussi à organiser la Coupe du monde féminine, à développer la féminisation des pratiques et le nombre de clubs dévolus aux jeunes filles. Le verre n'est pas à moitié vide comme on a tendance à le voir trop souvent. Un réflexe national.

Puis l'ancienne responsable RSE de l'UEFA insiste sur la nécessité de repenser le pouvoir dans le football français et de mettre fin aux processus de domination qui s'y exercent. Il ne faut plus réfléchir à sa conquête mais à son exercice et à ce que l'on veut en faire. Et elle ajoute : «Cela suppose que les femmes ne doivent pas non plus servir d'alibi comme ça a pu être un temps le cas pour moi. Suivant un schéma simpliste : "Je ne suis pas raciste, j'ai un ami noir." Non sans humour, elle continue et, ne reculant pas devant le sujet, elle précise s'être parfois sentie comme la caution féminine que l'on ressort quand le sujet se présente. "Regardez-nous, nous ne sommes pas contre les femmes, nous avons Nathalie Iannetta." Circulez, il

207 https://www.lfp.fr/presentation-lfp/conseil-d-administration.

n'y a rien à voir. Au passage, en l'écoutant, on comprend mieux pourquoi certaines femmes qui ont réussi sont contre les quotas. "Par peur de perdre leur place d'unique, de dégrader leur position", elles ne bougent pas. Elles profitent d'une rente de situation en étant la personne minoritaire de service. Cela arrange tout le monde et plus encore le système du football français, système que toutes appellent à réformer.

Les blocages institutionnels et les barrières mentales qu'il faut affronter seront complexes à dépasser. Pour les hommes comme pour les femmes. Mais il n'y a pas de fatalité. Notre football ne peut pas faire l'économie d'une transformation en profondeur et il y sera obligé. C'est son avenir qui se joue au travers des femmes.

LE BALLON NE ROULE PAS PARTOUT

La représentativité n'est hélas pas la seule difficulté. Comme le rappelait au *Monde* [208] Brigitte Henriques, si le football féminin est devenu attractif, l'accès au football des femmes demeure encore limité malgré des avancées : «Le pourcentage de clubs proposant une formation en football aux jeunes filles est en nette amélioration. Ils étaient 44 % en 2011, en 2018, ils sont 80 %. Il y avait alors 25000 dirigeantes de club contre 38000 aujourd'hui.» Si la tendance est favorable, on est loin de ce qu'offre le

---

208 Lara Baranowski, « Brigitte Henriques : "Le foot féminin est devenu attractif" », *Le Monde*, 20 juin 2018 : https://www.lemonde.fr/idees/article/2018/06/20/brigitte-henriques-le-foot-feminin-est-devenu-attractif_5318111_3232.html.

football masculin aux garçons aux quatre coins de nos territoires. Dans un pays où les femmes représentent 51,5 % de la population et 52,3 % des électeurs, la Fédération qui compte le plus de licenciés en France – un peu moins de deux millions – aurait tout à y gagner. Avec 171 072 licences féminines pour 139 943 joueuses selon le rapport d'activité de la saison 2020-2021 [209], elles représentent seulement 9 % des licenciés affiliées à la FFF. Évidemment, c'est insuffisant. Ada Hegerberg, la première Ballon d'or du football mondial et joueuse de l'OL, l'a dit de manière plus sèche le 7 février dernier en visant la fédération : « Organiser des compétitions internationales, c'est bien. S'investir dans notre championnat, c'est mieux. On est à la ramasse et la Coupe du monde 2019 n'a eu aucun impact. » Dont acte.

Jean-Michel Aulas, membre du Comex, est lucide sur ce point : « Il existe une immense appétence pour le foot féminin, mais un déficit encore important d'infrastructures, entraîneurs, arbitres, dirigeantes, bénévoles… On doit les promouvoir, les valoriser et mieux les former, tout comme les joueuses. Nation forte du foot féminin, la France est confrontée à l'émergence de grands clubs et fédérations européens, qui ont bien compris ses atouts et sa complémentarité avec le foot masculin. Il nous faut donc soutenir et apporter des solutions à nos clubs, changer de braquet et prendre des initiatives non seulement pour le foot féminin de base mais aussi réaliser ce qui l'a été pour les garçons : formations fédérales et de clubs qui soient parmi les meilleures, émergence de sélections

209 Fédération française de football, *Rapport d'activité 2020-2021* : https://media.fff.fr/uploads/document/9419552366829adf521640be51640497.pdf.

nationales fortes et prolongées avec des clubs de très haut niveau en D1 Arkema.»

Quant à Brigitte Henriques, à la tête aujourd'hui du sport français, elle ne dit pas autre chose : «Nous avons encore du chemin à faire, et cela est dû au poids de l'histoire. Avec la Coupe du monde féminine en France en 2019, nous acquerrons une grande visibilité et les lignes bougeront encore, même si le chemin n'est pas facile. Il ne faut pas oublier qu'en 1940 il était interdit aux femmes de jouer au football. Quant aux postes administratifs et décisionnaires, ça doit bouger[210].»

Même pavée d'aussi bonnes intentions, la route promet d'être encore longue.

LE FOOTBALL FÉMININ N'EST PLUS CE QU'IL ÉTAIT

«Le football féminin n'est pas une sous-catégorie», affirmait Melissa Plaza au *Parisien* en 2019. Ou, plutôt, ce n'en est plus une. Il est en train de disparaître, ce temps «où, pour une fille, pratiquer le football restait une passion incongrue.» La docteur en psychologie sociale et ex-internationale insiste : «J'étais une espèce d'immondice dans ce milieu-là, car il n'y avait jamais de petites filles autour de moi, j'étais toujours la seule à jouer au foot avec

210 Lara Baranowski, « Brigitte Henriques : "Le foot féminin est devenu attractif" », *op. cit.*

les garçons [211]. » Dans les clubs comme sur les city stades aujourd'hui, les filles sont présentes.

Malgré la crise de la Covid, l'état du football féminin diffère de ce qu'il était il y a encore cinquante ans. Quand les futures « Pionnières de Reims » ont relancé sa pratique en 1968, personne n'imaginait que les filles de l'équipe rassemblée par Pierre Geoffroy obligeraient la FFF à reconnaître son renouveau. Il était temps aussi de tourner une page liée à son interdiction par le régime de Vichy en 1941. À l'époque, les stéréotypes étaient écrasants : le football était nocif pour les femmes et leur santé, il constituait un danger pour parvenir à la maternité, il remettait en cause leur féminité… Le football féminin était à l'image de la place à laquelle les femmes étaient assignées. Tout ça doit être du passé. Le temps des femmes en cuisine est dépassé. L'heure est à l'égalité des tâches à la maison et sur les terrains.

Aujourd'hui, les regards ont changé. La nouvelle patronne du sport français, Brigitte Henriques, le dit autrement : « Le football féminin n'est pas différent du football masculin, le jeu est le même, le football est le même. J'ai été joueuse, j'ai aussi un diplôme d'entraîneur, et les formations sont les mêmes. On doit bien reconnaître que les hommes courront toujours plus vite et seront toujours plus puissants, mais c'est un tort de comparer. On a des qualités qui sont les nôtres et les hommes ont les leurs. Aujourd'hui, le football féminin dispose de conditions de

211 Sophie Danger, « "Le foot a été l'échauffement de ma vie, mais j'étais promise à autre chose" », À Bloc, 11 décembre 2020 : https://ablock.fr/melissa-plaza-le-foot-a-ete-lechauffement-de-ma-vie-mais-jetais-promise-a-autre-chose/.

pratique de haut niveau plus faciles d'accès, mais ce n'est que la moitié du chemin. » Un chemin qui passe par la professionnalisation et la médiatisation.

Dans ces domaines, les bonnes nouvelles s'accumulent aussi. Outre la création d'un Ballon d'or spécifique, le football féminin obtient des résultats en hausse constante et capte les audiences. La FIFA a annoncé que plus d'un milliard de téléspectateurs avaient regardé en cumulé la Coupe du monde féminine que la France a accueillie en 2019 contre 850 millions pour la précédente édition, qui avait eu lieu en 2015 au Canada. Une réussite. Certes, il faut relativiser ces chiffres en les comparant aux 3,572 milliards qui ont suivi l'édition russe de 2018, mais la progression n'en reste pas moins fulgurante[212]. Chaque match des Bleues a dépassé les plus grosses audiences de Ligue 1, tutoyant même les 12 millions de spectateurs lors de la défaite en huitièmes de finale contre les États-Unis. La demi-finale entre les Anglaises et les Américaines a même constitué la plus forte audience télévisée de l'année de l'autre côté du Channel chez nos amis anglais avec 11,7 millions de personnes devant la BBC. Un signe qui ne trompe pas dans la patrie du *football game.*

Les temps changent, comme le soutient Brigitte Henriques : « Dans les années 1970, les joueuses devaient subir des railleries et le public y allait pour regarder les jolies filles. Aujourd'hui, le public vient pour regarder le

212 Anthony Hernandez et Laetitia Béraud, « Résultats, audiences, stades : le bilan de la Coupe du monde féminine de football », *Le Monde*, 8 juillet 2019 : https://www.lemonde.fr/football/article/2019/07/08/resultats-audiences-stades-le-bilan-de-la-coupe-du-monde-feminine_5486886_1616938.html.

jeu. » Une preuve de cela ? Les stades n'ont pas sonné creux lors de la dernière Coupe du monde de football. Bien au contraire. Alors que la billetterie connaissait, avant même l'épreuve, une demande inédite, la totalité de l'épreuve a affiché un taux de remplissage moyen de 74 %[213]. Une réussite qui a accompagné tous les matchs des Bleues. La mention « guichets fermés » s'affichant sans discontinuer. Quant à la finale, en dépit de l'absence du pays hôte, elle a, elle aussi, affiché complet, se payant même le luxe de battre le record historique d'affluence pour un match de football féminin avec plus de 57000 spectateurs. Le changement, c'est maintenant.

Une évolution qui n'a pas échappé à Géraldine Pons, la directrice des sports Eurosport France : « Le sport féminin ne doit pas être pensé comme un bonus que l'on propose dans la négociation des droits du sport masculin, mais bien comme un produit spécifique avec un potentiel médiatique. Pour faire évoluer la médiatisation du sport féminin, il faut augmenter la couverture médiatique en s'appuyant sur la retransmission de compétitions sportives et sur des contenus non live, mais aussi s'assurer de la qualité du spectacle que l'on propose, notamment sur les horaires de retransmission, les lieux de compétition ou encore le storytelling[214]. »

---

213 FIFA, « Record d'audience pour la finale de France 2019 », 9 juillet 2019 : https://www.fifa.com/fr/tournaments/womens/womensworldcup/france2019/media-releases/record-d-audience-pour-la-finale-de-france-2019.

214 Souad Soulimani, « Sport féminin : de l'adjectif aux objectifs », *Le Figaro*, 20 décembre 2021 : https://www.lefigaro.fr/sports/sport-feminin-de-l-adjectif-aux-objectifs-20211220.

La professionnalisation du spectacle, l'augmentation de l'exposition et la prise de conscience de sa valeur, telles sont les dernières frontières que doit franchir le football féminin. Il n'y a plus qu'à s'y atteler.

LA QUESTION DES VALEURS

Entre récupération et hommage aux Bleues, Ségolène Royal s'est enthousiasmée malgré la défaite précoce des Bleues en 2019 : «En quelques semaines, ces athlètes ont fait plus pour la cause des femmes que des mois et des années de discours et de combats. La projection des petites filles dans ces athlètes fortes, efficaces, joyeuses et féminines – elles gardent les cheveux longs, sont maquillées, ce sont des femmes – est extraordinaire.» Le discours politique sur le football féminin est rare. Plus rare encore, il porte sur les valeurs. Il mérite donc d'être relevé, à défaut de pleinement convaincre[215].

Allons-y plus directement. Ségolène Royal n'a-t-elle pas raison en dépit de son écart sur la féminité préservée des footballeuses? Loin de la «bravitude» qui lui fit tant de mal, elle souligne ce que représentent les Bleues. Des «*role models*», des figures d'autorité, des exemples. Des femmes à admirer, à imiter.

---

215 Certaines féministes ont dû hurler sur la féminité préservée dans le football. Les stéréotypes de genre et la sexualisation des sportives ont la vie longue. Pour aller plus loin, lisez Béatrice Barbusse et l'article de Célia Sommer, « Quand les sportives de haut niveau subissent le diktat de la beauté physique, critère de visibilité et donc de performance », France Info, 24 janvier 2022 : https://www.francetvinfo.fr/sante/sport-et-sante/sportives-de-haut-niveau-quand-le-diktat-de-la-beaute-physique-reste-un-critere-de-visibilite-et-donc-de-performance_4922249.html.

Ce sont surtout des joueuses qui pratiquent un autre football, précise l'ancienne présidente de la région Poitou-Charentes. «Les femmes sont beaucoup plus correctes que les hommes. Elles ne s'insultent pas. Les hommes, dans la proximité, se balancent des insultes sur leur mère, c'est très violent. Là, cela ne conteste pas, c'est fair-play. Les enfants sont dans les stades sans risque de violence ni de machin… Les hymnes nationaux ne sont pas sifflés. Ce sont des exemples citoyens, citoyennes même[216].» Être une actrice politique ne s'oublie pas, mais elle n'exagère pas tant que cela. Les spectateurs, les sponsors et les partenaires sont nombreux à se retrouver dans ses propos. Il faut croire que la féminisation du sport est porteuse d'autres comportements et d'autres valeurs.

Aujourd'hui, sur le sujet, seuls les Verts existent en tant que force politique, les autres sont aux abonnés absents ou trop discrets. Ou bien ils se limitent à de vagues promesses de campagne qui n'engagent que celles et ceux qui y croient. Vous regarderez les programmes des candidats pour les élections présidentielles pour vous en convaincre.

Les soutiens institutionnels sont pourtant au rendez-vous. La FIFA a présenté sa stratégie pour le football féminin[217] en 2018 et l'UNESCO envisage, depuis 2019, le football comme «l'un des outils les plus pertinents pour soutenir,

---

216 Laurent Louët, « Ségolène Royal réclame des équipes mixtes de football et cinq sets pour les femmes à Roland-Garros », *Le Figaro*, 5 juillet 2019 : https://www.lefigaro.fr/le-scan-sport/2019/07/05/27001-20190705ARTFIG00019-segolene-royal-reclame-des-equipes-de-football-mixtes-et-cinq-sets-pour-les-femmes-a-roland-garros.php.

217 La stratégie de développement du football féminin a cependant été envisagée plus d'un quart de siècle après la première Coupe du monde organisée en Chine : https://www.fifa.com/fr/womens-football/strategy/strategy-details.

accélérer et valoriser l'égalité femmes-hommes et l'autonomisation des femmes dans de nombreuses régions du monde, et ce dès le plus jeune âge[218]. » Le football féminin, c'est du football et une certaine idée de la société.

LA QUESTION SPORTIVE COMME HORIZON, COMME MOTIVATION

Reste maintenant à gagner et à faire exploser un plafond de verre plus résistant qu'on ne l'espérait. Alors que les Bleues figurent au quatrième rang mondial du classement FIFA, il leur reste à décrocher le titre qui pourrait tout changer. Elles ont tout pour elles. Cela viendra assurément. Et pourquoi pas chez nos amis anglais. L'Euro 2022 sera peut-être le moment de vérité que l'on attend.

Le football français semble être arrivé en tout cas à un niveau de maturité dont auraient rêvé les premières internationales françaises, elles qui s'inclinèrent 4-0 contre les Pays-Bas en 1971. Des Jeux de 2012 à la contre-performance de 2019, les Bleues progressent et apprennent. Surtout elles séduisent et fidélisent. À défaut de remporter des trophées, elles gagnent les esprits et les cœurs des supporters, des annonceurs et des diffuseurs.

Certes, tout n'est pas parfait. Les femmes peuvent prétendre au même niveau de compétences que les hommes, mais il manque encore des femmes capables d'entraîner.

218 Unesco, *Quand le football s'accorde au féminin*, 2019 : https://www.iris-france.org/wp-content/uploads/2019/06/UNESCO_Rapport_Quand-le-football-saccorde-au-f%C3%A9minin.pdf.

«Salma Al-Majidi, au Soudan, Chan Yuen-ting en Chine et à Hong Kong, Corinne Diacre en France ou Tina Theune en Allemagne jouent un rôle essentiel dans la construction de modèles pour des jeunes filles ou des femmes qui souhaiteraient s'investir dans le domaine du football.»

Mais elles sont trop seules. Les renoncements de Carolina Morace en Italie et d'Helena Costa à Clermont-Ferrand ont souligné en leur temps la difficulté de s'adapter au football masculin, d'assumer sa propre légitimité. Corinne Diacre reste aujourd'hui en France la première et la seule femme à avoir dirigé et entraîné un club professionnel masculin.

Sur le chemin de la professionnalisation et de la visibilité, elles ne manquent pas d'alliées. En dehors des terrains, nos filles et les jeunes femmes d'aujourd'hui peuvent s'appuyer sur de vraies inspirations.

Après Nelly Viennot qui fut en 1996, lors d'un PSG-FC Martigues, la première femme à officier sur la ligne de touche d'un match de première division, Stéphanie Frappart a été élue meilleure arbitre au monde par la Fédération internationale du football et de la statistique! Elle est devenue, dans le milieu de l'arbitrage, une référence, que ce soit pour les femmes et les hommes, mais aussi un modèle pour celles qui pensaient que c'était impossible[219].

219 « Football: Stéphanie Frappart désignée meilleure arbitre de la planète », *Le Figaro*, 7 décembre 2021 : https://www.lefigaro.fr/sports/football/football-stephanie-frappart-designee-meilleure-arbitre-de-la-planete-20211207.

Nadia Nadim, pour sa part, est une autre femme à suivre [220]. L'ancienne joueuse du PSG a vécu plusieurs vies. Aujourd'hui de retour aux États-Unis, elle a connu la répression des talibans et le sort malmené des réfugiés. Perdant son père, exécuté, elle trouve refuge au Danemark et se lance dans le football sans oublier ses autres ambitions. Championne de l'UNESCO pour l'éducation des filles et des femmes en juillet 2019, elle est aujourd'hui footballeuse de niveau international et médecin depuis le début de l'année 2022. Elle incarne tout ce que le football féminin peut donner.

DEMAIN, C'EST MAINTENANT

Alors, oui, il reste beaucoup à faire. La majeure partie des footballeuses en France ne bénéficient pas d'un statut professionnel et les contrats fédéraux sont la norme. La D1 Arkema, la première division féminine française, n'est toujours pas un championnat professionnel. Elle reste gérée par la FFF.

Par ailleurs, beaucoup de joueuses travaillent à côté de leurs entraînements et, même si les encadrements se stabilisent, il est nécessaire d'avoir un double projet pour celles qui s'engagent à plein dans le football. C'est d'autant plus nécessaire que tous les clubs ne priorisent

220 James Lerdorf, « La star du PSG Nadia Nadim, réfugiée afghane, revient sur son extraordinaire parcours », France News Live, 28 mai 2021 : https://francenews-live.com/la-star-du-psg-nadia-nadim-refugiee-afghane-revient-sur-son-extraordinaire-parcours/284962/.

pas le développement de leur équipe féminine. En dehors des deux clubs parisien et lyonnais, le volontarisme d'un club comme Montpellier n'est pas toujours partagé et les moyens manquent.

Les budgets annuels cumulés des clubs en D1 Arkema équivalent à celui du Clermont Foot, le plus petit budget de la Ligue 1 Uber Eats [221]. En 2019, avant Covid, le budget total de la Ligue 1 était ainsi cent fois plus élevé que son homologue féminin.

Les rémunérations sont à l'avenant. En 2019, selon *France Football*, le salaire annuel brut d'Ada Hegerberg, la meilleure joueuse du monde et accessoirement la mieux payée, représentait 230 fois moins que celui de Lionel Messi, le joueur le mieux payé du monde, lorsqu'il était encore à Barcelone. En moyenne, les salaires moyens des footballeurs sont 27 fois plus élevés que ceux des femmes.

Le football féminin a le niveau de rémunération du football professionnel des années 1970 [222]. Il paie aujourd'hui son retard structurel en clubs.

En sélection, c'est différent. Les Danoises, les Américaines, les Allemandes ou encore les Irlandaises ont protesté devant les inégalités de traitement entre sélections. Les réclamations n'ont pas cessé. Les coéquipières

---

221 « Quels sont les budgets des clubs de Ligue 1 pour la saison 2020/2021 », SportBusiness.Club, 8 août 2021 : https://sportbusiness.club/quels-sont-les-budgets-des-clubs-de-ligue-1-pour-la-saison-2021-2022%E2%86%93/.

222 Sur les questions économiques, pour aller plus loin, nous conseillons le livre de Luc Arrondel et Richard Duhautois, *Comme les garçons? L'économie du football féminin*, Éditions Rue d'Ulm, 2020.

de l'emblématique Megan Rapinoe ont obtenu gain de cause. Team USA, la fédération américaine de soccer, fait dorénavant profiter la sélection féminine d'une politique de redistribution plus équitable. À croire que la pression médiatique mais aussi politique fonctionne. L'égalité n'est donc pas pour maintenant. Les avancées existent même si elles demeurent toujours trop lentes.

Beaucoup d'autres questions s'inscrivent à l'agenda. Depuis le 14 janvier dernier, Amel Majri, la footballeuse de l'Olympique lyonnais, est la première joueuse française en activité à profiter pleinement de son droit à la maternité. Une première depuis 1970, cela surprend.

La rareté de la situation s'explique comme le rappelle sa coéquipière Eugénie Le Sommer : « Il y a encore un vide juridique par rapport à la maternité. Une fille sous contrat, qui tombe enceinte, n'est pas protégée comme une salariée normale. Ce sont des choses qui peuvent mettre un frein [223]. » Cela peut étonner, mais le cas de figure n'est pas prévu. Considérée par certains comme une « faute professionnelle [224] », la grossesse était souvent retardée et repoussée à l'après-carrière pour éviter une rupture de contrat ou la mise en échec sportive. La fin de carrière anticipée de la gardienne du PSG, la Canadienne

---

223 Morgane Huguen, « ENTRETIEN. Eugénie Le Sommer : « "Il y a encore un vide juridique par rapport à la maternité" », *Ouest France*, 14 janvier 2022 : https://www.ouest-france.fr/sport/football/equipe-de-france-feminine/entretien-eugenie-le-sommer-il-y-a-encore-un-vide-juridique-par-rapport-a-la-maternite-ac8430c2-721c-11ec-8d9e-588470c235b8#:~:text=Je%20trouve%20qu'il%20y,frein%20par%20rapport%20%C3%A0%20%C3%A7a.

224 Chloé Ripert, « Sportive de haut niveau et mère : un statut et des droits encore à conquérir », *Le Monde*, 29 février 2020 : https://www.lemonde.fr/sport/article/2020/02/29/sportive-de-haut-niveau-et-mere-un-statut-et-des-droits-encore-a-conquerir_6031318_3242.html.

Stéphanie Labbé, pour usure mentale, rappelle également que d'autres risques, psychosociaux cette fois, se retrouvent aussi bien dans les vestiaires masculins et féminins.

Comme d'autres avant elles, la footballeuse Sarah Akanji a vécu ces questions comme un moyen d'émancipation. Il a développé sa conscience politique. « Par le football, j'ai découvert qu'il existait d'énormes inégalités dans la société. J'étais révoltée de les vivre et d'avoir le sentiment de ne rien pouvoir faire. Constater que, dans le football, les femmes étaient désavantagées, ignorées ou même repoussées, a éveillé ma conscience. Et ces inégalités structurelles, on ne peut les combattre que par la politique », dit-elle à la *Tribune de Genève*. Elle en a tiré une leçon, le football favorise l'engagement.

Être une femme sur un terrain, c'est déjà une façon de s'imposer en société.

18

L'ÉTAT DU FOOTBALL FRANÇAIS

Et puis il y a le reste. Les dossiers inhérents au football français sur lesquels le politique pourrait, devrait intervenir. Et ils sont nombreux. Il nous faudrait un ouvrage à part entière pour les disséquer un par un. Tentons d'aborder les principaux d'entre eux.

MONEY, MONEY, MONEY

Difficile d'occulter la fragilité financière de notre football, aggravée par la crise sanitaire et les conséquences qui en découlent. En avril 2020, en pleine première vague de Covid-19, le Premier ministre Édouard Philippe annonçait l'arrêt du sport professionnel pour la saison en cours. Coup de tonnerre. Coup dur surtout pour les clubs français confrontés à un manque à gagner colossal. Baisse des revenus de billetterie en raison des stades vides, du sponsoring ou encore des activités commerciales. Selon l'UEFA, l'activité des clubs de Ligue 1 sur le marché a diminué de 50 % entre l'été 2019 et l'été 2021. Une baisse de 29 % des revenus globaux depuis mars 2020, contre environ 20 % pour l'Angleterre, l'Allemagne et l'Espagne, et 26 % pour l'Italie.

Si, au total, le football français a perçu près d'un milliard d'euros d'aides de l'État – dont une grande partie dans le cadre des prêts garantis par l'État –, la décision politique de ne pas reprendre les championnats est contestable, d'autant plus que les quatre autres grands championnats ont tous rechaussé les crampons. « Comme des cons » titrait *L'Équipe* pendant que Jean-Michel Aulas insistait lourdement. « Il aurait fallu continuer, oui », reconnaît Manuel Valls. « C'est un sujet extrêmement complexe. La manière dont vous gérez la crise sanitaire dans chaque pays donne lieu à des décisions individuelles qui sont toutes critiquables. Finalement, quand vous faites le bilan de l'ensemble de l'œuvre, on ne s'en est pas trop mal tiré. Chaque décision individuelle est compliquée à prendre. En France, on a tendance à beaucoup comparer les décisions entre elles. Si on avait dit : "On va jouer au foot et pas au basket", ça aurait été compliqué. Quid des amateurs ? À un moment, on était quand même sacrément inquiet. Je ne pense pas que l'ouverture du championnat anglais avant d'autres ait accéléré la circulation du virus en Angleterre... mais je pense que les décisions critiquables individuellement doivent être jugées à l'aune de l'ensemble. C'est vrai qu'on s'est retrouvé avec des joueurs moins préparés quand il y a eu la reprise, mais ça n'a pas empêché le PSG d'arriver en finale de la Ligue des champions. Je ne jette pas la pierre... Pour avoir vu ça de l'intérieur, la difficulté des décisions à prendre... Si jamais on avait eu un beau cluster dans un stade de foot, une équipe décimée ou autre, on aurait payé cher aussi», juge Roland Lescure, le député défenseur de la majorité.

Le football français n'avait pas besoin de ça. Le fiasco Mediapro avait déjà assommé tout son monde. Du Ruinart sabré en mai 2018 lors de l'attribution des droits TV contre un montant record de 1,153 milliard d'euros, dont 780 millions pour le nouvel arrivant espagnol, au mousseux de décembre 2020 et à la rupture du contrat avec ce même diffuseur incapable de régler l'ensemble de ses échéances, la France du football s'est encore affichée sous son meilleur visage.

L'histoire aurait pu être comique si elle n'avait pas mis en danger des centaines de salariés ainsi que certains clubs pour qui les revenus télévisuels sont essentiels. Inutile de revenir en détail sur chaque épisode de cette série tragique. D'autant plus tragique que, selon les estimations de *L'Équipe*[225], la Ligue de football professionnel aurait touché le milliard d'euros pour la période 2020-2024 même sans Mediapro. Résultat des courses, avec l'arrivée d'Amazon et le maintien de Canal +, la Ligue 1 va rapporter in fine 663 millions d'euros en droits TV par saison jusqu'en 2024, soit une baisse de plus de 40 %. «Cette diminution est la conjonction de deux phénomènes : la baisse très forte du niveau de concurrence entre les diffuseurs et l'urgence dans laquelle se retrouve le foot français du fait de la crise sanitaire», analyse Christophe Lepetit, responsable des études économiques au CDES Limoges[226].

---

225 Étienne Moatti et Arnaud Hermant, « Même sans Mediapro, la LFP aurait atteint le milliard d'euros pour les droits de la Ligue 1 », *L'Équipe*, 15 décembre 2020 : https://www.lequipe.fr/Football/Article/Meme-sans-mediapro-la-lfp-aurait-atteint-le-milliard-d-euros-pour-les-droits-de-la-ligue-1/1206223.
226 Pour le site *Stratégies*.

Du grand art et une série d'interrogations sur la gouvernance du football français. N'y avait-il pas moyen d'éviter cela? Les politiques ont-ils fermé les yeux? «Je considère que c'est la plus grosse erreur. Moi, j'avais alerté le président Macron, je lui avais dit : "Regardez Mediapro, ce que c'est politiquement, regardez le fonds chinois, l'absence de trésorerie..." Par ailleurs, il y a un autre élément : le prix! On prend le plus gros, mais on a vite compris qu'on n'y arriverait pas. J'étais très étonné que ça se passe ici sans vrai débat», confesse l'ancien Premier ministre Manuel Valls. «Il y a eu une arnaque avec des gens qui ont voulu y croire. Il y a eu une forme de spéculation de la part des dirigeants, et ils l'ont payé cash. Ils ont été mis face à leur responsabilité. Ils ont accepté de signer un contrat sans avoir de garant bancaire, c'est dingue», ajoute le député de la Vienne et amoureux de l'OM Sacha Houlié. Aujourd'hui à la tête de *L'Heure des pros* sur CNEWS, Pascal Praud, longtemps journaliste sportif, ne dit pas autre chose. «Il y a une responsabilité collective des présidents, et sans doute aussi de l'ancienne présidence de la Ligue. Ils ont fait un mauvais choix, ils auraient dû garder le partenaire historique qu'était Canal.»

Ces crises respectives n'ont fait qu'accentuer la fragilité d'un modèle reposant sur les droits TV et, par là même, la vulnérabilité de certains clubs de l'élite. Leur *business model* est d'autant plus fragile que la crise de la Covid a remis en question l'autre poste important de leurs revenus : les transferts. «*Farmers league*», la Ligue 1 est un fournisseur officiel de champions pour le continent européen. Sans clients, la reprise de l'activité s'annonce rude à l'heure où les restrictions ne cessent d'évoluer et les variants de se multiplier.

À ce brillant constat s'ajoute un cadre fiscal compliqué avec un niveau d'imposition record en Europe. Le football français supporte des cotisations sociales très importantes. Le PSG à lui seul en paie plus que l'ensemble des clubs italiens, allemands et espagnols réunis [227]. Si le problème tient davantage à une question d'harmonie fiscale européenne et de modèle social, pour l'heure, cette question défavorise la Ligue 1, que ce soit pour conserver ses talents ou s'étalonner à l'échelle européenne.

TOUT EST À VENDRE

Et que dire des tendances actuelles? En quête perpétuelle de nouveaux revenus et de nouveaux actionnaires, les clubs français rêvent d'investisseurs minoritaires dépensiers et s'ouvrent aux fonds d'investissement pour lesquels le ballon doit être source de profits et non de victoires. Bordeaux a payé pour voir, Lille aussi. Et ce n'est peut-être pas fini. Face au sujet, le pouvoir politique est prudent, étonnamment plus silencieux. Pour ne pas dire absent, impuissant. Saint-Étienne anime un feuilleton qui n'augure rien de bon, comme Lens avant lui, à l'heure où Mammadov faisait tourner les têtes. Des députés s'en mêlent comme Régis Juanico ou Cédric Roussel, rapporteurs d'une commission parlementaire sur les droits TV. Mais la majorité des acteurs ont un regard distant

227 Organisation professionnelle de l'élite des clubs de football, « Les charges sociales : entrave à la compétitivité du football français », https://www.gwendal-rouillard.fr/wp-content/uploads/2019/04/Premi%C3%A8reLigue_Etude-charges-sociales_20190410.pdf.

vis-à-vis de ces sujets quand ce n'est pas l'incompétence qui prédomine.

La volonté de la LFP de s'ouvrir à des fonds d'investissement à hauteur d'un milliard et demi dans le cadre d'une société commerciale ne fait pas non plus réagir tant que cela [228]. L'idée a de quoi séduire et elle pourrait sauver le football français à la manière de ce qu'a pu faire la Premier League trente ans auparavant. La question est de taille dans un pays où le football est si politisé, si important. Le gouvernement est favorable à « la démarche pragmatique de la Ligue ». Il reste « vigilant sur l'objectif de la société, afin qu'elle soit uniquement tournée vers les droits commerciaux, et pas sur les compétitions ». Tout le monde assure qu'« il n'y a pas de risque pour le foot », mais d'autres n'ont pas réussi à l'expliquer. De la Liga à la Serie A, l'ouverture aux fonds est devenue politique pour se transformer en sujet de conflit. Alors que la faillite guette peut-être certains clubs, c'est un sujet important qui est relégué aux oubliettes. Un rien étonnant à l'heure de la présidentielle et des prochaines législatives.

LOIN D'ÊTRE RAYONNANT SPORTIVEMENT

Il y a ceux qui vous diront que l'équipe de France est championne du monde en titre, que les meilleurs joueurs

---

228 Sandrine Cassini, « Le football français cherche à attirer des fonds d'investissement », *Le Monde*, 6 janvier 2022 : https://www.lemonde.fr/economie/article/2022/01/06/le-football-francais-cherche-a-attirer-des-fonds-d-investissement_6108481_3234.html.

du monde sont au PSG et donc en Ligue 1. Cela ressemble grandement à l'expression si bien connue : « se voiler la face ». La réalité n'est pas si éclatante. La sélection reste le cache-misère du football français. Les Bleus ont participé depuis 98 à un peu moins d'une finale sur deux. On ne peut pas en dire autant de nos clubs. Malgré une finale et deux demi-finales de Ligue des champions en 2020 et 2021, toujours aucune Coupe d'Europe à notre actif depuis la Coupe des coupes 1996 remportée par le PSG. Il est toujours bon et désagréable de le rappeler. Le PSG s'était fixé l'objectif, l'obsession même de ramener une C1 dans la capitale sous pavillon qatari. Échec pour le moment. Derrière, pas grand-chose, pour ne pas dire le néant. On pourra toujours se consoler avec la demi-finale de Ligue des champions disputée par l'OL en 2020, ainsi que la finale d'Europa League perdue par l'OM en 2018.

Dans les faits, le constat est rude, nos clubs bataillent chaque saison en championnat pour accrocher les places qualificatives en Coupe d'Europe qu'ils ne disputent le plus souvent pas à 100 %, voire qu'ils bazardent, faute d'ambition. La politique sportive des formations tricolores laisse, elle aussi, à désirer. On recycle souvent les mêmes entraîneurs, même si la hausse du nombre de tacticiens étrangers en Ligue 1 est à signaler, ces dernières années. Concernant les jeunes, on les forme, les fait percer, pour les vendre. Majoritairement en outre-Manche, où les moyens sont bien supérieurs. Nos clubs n'ont pas les moyens de résister et garder leurs pépites. L'argent avant tout. Il y a bien des spécificités chez certaines équipes, mais, globalement, le schéma est celui-ci. « Ce que j'aimais bien dans le foot, c'était quand des joueurs restaient longtemps dans un club, s'identifiaient à l'histoire d'un club. C'est le foot que j'ai aimé. À Nantes par exemple, Henri Michel a fait toute sa carrière au club. Maintenant, la vie a changé. Si je suis supporter de Paris, je me dis que c'est très bien que Messi arrive en Ligue 1, c'est formidable, mais il arrive à 34 ans dans un club pour jouer un ou deux ans. C'est comme Beckham... Je ne vais pas le regretter, mais je trouve que ce n'est pas son histoire. Il ne restera pas dans l'histoire pour avoir été un joueur du PSG, mais d'abord un joueur de Barcelone. Au PSG, j'aime bien l'histoire de Kimpembe, par exemple. Il a été formé au club. J'aime bien ce type d'histoire, les clubs qui forment, qui ont une identité forte. J'aime que Barcelone ne soit pas le Real, ni le PSG, ni le FC Nantes. J'aime avoir des repères. Aujourd'hui, de ce point de vue-là, les choses ont un peu changé.» Nostalgique, Pascal Praud.

Y A-T-IL LES BONS PILOTES DANS L'AVION ?

La question de la gouvernance du football se pose également. Que ce soit à la FFF ou à la tête de certains clubs, les têtes ne changent pas. Les erreurs stratégiques se multiplient. L'inquiétude croît. L'excuse d'un football champion du monde, mais incapable de peser politiquement ne tiendra pas longtemps. Souvenons-nous du coup de gueule d'Ada Hegerberg. Le football féminin doit être davantage accompagné et la féminisation des instances, une priorité. La participation des supporters et des ultras dans la gouvernance large du football est à considérer. La gestion des violences dans nos stades, l'impression d'insécurité qui y règne méritent qu'on y réfléchisse. La question des violences sexuelles et des abus sur nos jeunes est un sujet majeur. Au même titre que l'usure mentale des champions, la question des risques psychosociaux chez nos footballeurs est oubliée. « Chez les footballeurs, la souffrance psychologique est banalisée », elle touchait près de 40 % des joueurs avant la pandémie [229].

L'accompagnement des meilleurs et de ceux qui ne le sont pas, dans leur parcours de formation et, après, leur carrière, reste un autre angle mort de la responsabilité morale et sociale du football français [230]. Sur près de 2 millions de footballeurs licenciés dans un club, 1 % d'entre eux possèdent le statut de footballeur professionnel. Mais, ce qui est plus gênant, c'est le coût humain de l'ensemble pour arriver à cette élite [231]. 80 % des jeunes ne deviennent jamais footballeurs professionnels au sens strict après avoir signé un contrat d'apprenti. Un jeune sur six sort de centre de formation sans formation scolaire qualifiante. Si l'on ajoute que près d'un footballeur sur deux finit en situation de faillite cinq ans après l'arrêt de sa carrière, on

229 Ramsès Kefi, « Frédéric Rasera : "Chez les footballeurs, la souffrance psychologique est banalisée" », *Libération*, 17 novembre 2016 : https://www.liberation.fr/sports/2016/11/17/frederic-rasera-chez-les-footballeurs-la-souffrance-psychologique-est-banalisee_1529119/.

230 Sur le sujet, les travaux de Frédéric Rasera sont passionnants. Outre le *Sociologie du football* coécrit avec Stéphane Beaud, publié aux Éditions de la Découverte dans la collection Repères, et *Des footballeurs au travail* publié chez Agone en 2016, nous vous conseillons de lire son article « Au-delà de "l'échec" en centre de formation. La recomposition des aspirations professionnelles d'un ancien apprenti footballeur » publié dans la revue *Sciences sociales et sport* en 2014, vol. 7, n° 1 : https://www.cairn.info/revue-sciences-sociales-et-sport-2014-1-page-105.htm.

231 Étude menée par Richard Duhautois en 2017 pour le CEET, « Football professionnel : un marché du travail segmenté tout au long de la vie » : https://ceet.cnam.fr/medias/fichier/137-football-professionnel-un-marche-du-travail-segmente-tout-au-long-vie_1507725479426-pdf?ID_FICHE=1049635&INLINE=FALSE.

se dit que le football français peut être plus protecteur [232] avec les siens et les jeunes qu'on lui confie.

Pour ce qui est de la formation, on a suffisamment entendu Yacine Hamened [233] en parler pour vous dire que tout ne va pas pour le mieux dans le meilleur des mondes. La France a beau avoir fourni le plus de joueurs de Coupe du monde au XXIe siècle, avec 216 participants nés sur son sol, bien loin devant le Brésil et ses 148 joueurs [234], des marges de progression existent.

EN FRANCE ET AU-DELÀ

Reste maintenant la question de l'avenir du football au sens large. L'entrisme des États dans le football n'est pas régulé ni même encadré. C'est un *Terrain miné* [235]. Il suffit de réfléchir à ce que l'Arabie Saoudite va faire à Newcastle pour se dire que les choses se sont gâtées. Les fonds souverains qui ont investi dans notre championnat et ailleurs ne sont pas simplement à la recherche du profit et de la rentabilité. Du PSG au PFC en passant par l'ESTAC version City Football Group, la question de l'influence est

232 Pierre Rondeau et Richard Bouigue l'ont notamment souligné dans leur ouvrage *Fin de partie pour le foot ?*, publié aux éditions de l'Aube, comme tant d'autres avec eux.

233 *Les Hors-Jeu du football français* chez Talent Éditions et *Pourquoi le foot français va droit dans le mur* chez Hugo Éditions.

234 Gary Dagorn, « Football : la France est aussi championne de la formation des joueurs », *Le Monde*, 18 juillet 2018 : https://www.lemonde.fr/les-decodeurs/article/2018/07/18/football-la-france-est-aussi-championne-de-la-formation-des-joueurs_5333206_4355770.html.

235 *Terrain miné : quand la politique s'immisce dans le football* est un livre de Chérif Ghemmour publié chez Hugo Sport en 2013.

posée. Comme celle du *sport washing* et d'une certaine vision du *soft power*.

Avec l'arrivée des fonds d'investissement et l'émergence de multinationales du football, les clubs se transforment en plateformes pour d'autres activités que le sport : relations d'affaires, opportunités économiques, entrisme politique, optimisation fiscale, et j'en passe. Le football mondialisé permet beaucoup trop de choses, du blanchiment d'argent sale jusqu'à la traite d'enfants[236]. Il est peut-être temps de faire quelque chose. Le sujet ne peut être réservé à des lanceurs d'alerte, à des journalistes freelance, à des livres ou à des documentaires qui font événement. Le *beautiful game* mérite une gouvernance politique à la hauteur de ce qu'il est devenu, à la hauteur de ce qu'il génère. La FIFA n'y suffit déjà pas.

LE FOOTBALL, BIEN COLLECTIF MONDIAL

Regardez ce que les instances mondiales du football font ou refusent de faire. Vous comprendrez que le pouvoir politique, la société civile et ceux qui aiment le jeu doivent peser sur son futur et se consacrer activement à ces questions. La Super Ligue européenne a été temporairement suspendue dans son élan, mais ce projet de ligue fermée et privée reviendra. La pression des supporters, des dirigeants européens et des responsables de BeIn Sport a eu raison pour l'heure de cette Super Ligue fermée. Poussée

236 Barthélémy Gaillard et Christophe Gleizes, *Magique système, l'esclavage moderne des footballeurs africains*, Marabout, 2018.

par Gianni Infantino, elle remet en cause la viabilité et l'attractivité des championnats nationaux en Europe, le centre du football mondial de clubs. Et par voie de conséquence, si elle se réalisait, elle affaiblirait l'UEFA, opposée aux projets de la FIFA. Un coup de maître de la part de son président. Mais aussi une vraie menace pour le football européen et le financement solidaire du football amateur. Le football européen n'est pas (encore) la NBA. C'est une question de modèle, pas seulement d'argent.

Ce qui a échoué en Europe va pourtant réussir en Afrique. La CAF va lancer sa Super Ligue africaine pour qu'elle «puisse rivaliser avec les meilleurs tournois du monde, en termes de qualité de football, de moyens, d'infrastructures, de stade, d'arbitre», selon les dires de Patrice Motsepe. Si la dernière CAN au Cameroun invite à rester prudent, le milliardaire sud-africain illustre à lui seul les problèmes du football africain et la politisation du football mondial. Son élection a été marquée par le «pacte de Rabat», elle est le fruit de «tractations impliquant des États et le président de la Fédération internationale de football»[237]. Pour le bien de tous, il ne pouvait en rester qu'un. Une drôle de conception des élections et de la gouvernance. Et on ne parlera ni de la remise du trophée de la CAN ni des morts qui ont endeuillé l'épreuve sans qu'on leur rende hommage.

237 Joan Tilouine, « Les dessous très politiques de l'élection de Patrice Motsepe à la Confédération africaine de football », *Le Monde*, 12 mars 2021 : https://www.lemonde.fr/football/article/2021/03/12/les-dessous-tres-politiques-de-l-election-a-la-confederation-africaine-de-football_6072832_1616938.html.

S'ajoute à cela le projet de Coupe du monde tous les deux ans qui sera prochainement examiné à Doha. Ouvert lui aussi à des fonds d'investissement privés. Il se veut plus attentif aux intérêts financiers et géopolitiques de l'institution qu'à ceux du jeu, des joueurs et des spectateurs. Au-delà des artifices de communication et des belles paroles, c'est l'avenir du *football game* qui se joue avec Gianni Infantino. Le football est fort, le jeu est puissant. Mais le risque de le dénaturer est grand, tout comme celui de saturer les gens. L'intérêt des grands matchs de foot, de ses compétitions et la valeur du produit football, c'est une question de rareté, pas de comptabilité. La proposition de Michel Platini d'inscrire le football au patrimoine culturel immatériel de l'UNESCO pour le protéger et le valoriser prend dès lors tout son sens. Et la France doit y prendre sa part.

Alors que s'achève ce livre sur la République du foot, une dernière question reste en suspens : le football est-il partisan? À la question de savoir si le football est de droite ou de gauche, nous aurions pu disserter durant un livre entier. Nous avons préféré une réponse simple.

Il n'est qu'un jeu et il devrait le rester.

Tout le reste, c'est de la politique.

REMERCIEMENTS

Ce projet n'aurait pas été possible sans la confiance accordée par Amphora et l'accompagnement de Renaud Dubois, de Ken Fernandez et de toute l'équipe.

Un merci tout particulier aux intervenants qui ont accepté de raconter avec passion l'histoire qu'ils entretiennent avec le football. Éric Diard, Roland Lescure, Manuel Valls, Sacha Houlié, Éric Coquerel, Aleksandar Nikolic, Karl Olive, Jean-François Lamour, Régis Juanico, François Cormier-Bouligeon, Nathalie Iannetta, Pascal Praud, Jean-Pierre Elkabbach, Thibaud Leplat, Yacine Hamened ainsi qu'à Julien Moreau, Francisco Sporcq, Sven Parailloux et François da Rocha Carneiro.

Merci aux étudiants, aux collègues et aux amis journalistes de RMC, Eurosport, Ma Ligue 2, Foot mercato, News Tank et des autres rédactions qui se reconnaîtront. Merci à tous ceux qui nous ont accompagnés.

Merci aussi à tous ceux qui ne nous ont pas répondu et nous ont montré leur inintérêt pour le plus beau des sports.

Vive la politique, vive le football !

Relecture : Sandrine Harbonnier

Couverture : Lionel Rousseau - Amphora

Illustration couverture : Kevin Rolland

Mise en page : Jeff Renoux - Artemishqc.com

Imprimé en Europe par Sagrafic

Pasaje Carsi n°6 - 08025 Barcelone

978 275 760 529 5